21世紀の
教育改革と教育交流

望田研吾 ―編
Mochida Kengo

東信堂

はじめに

　21世紀の現在における世界の教育改革と教育交流について比較教育学的視点から考察している本書は、2010年3月の私の九州大学定年退職を記念して刊行されたものです。私は、定年退職まで28年間にわたって九州大学教育学部と人間環境学研究院において比較教育学の教育と研究に携わってきました。本書所収論文の執筆者はいずれも、私の九州大学における比較教育学の教育と研究を通じて出会った方々です。その協力によって、退職を記念する本書が刊行されたことは、私にとって望外の喜びであります。こうした本書刊行の趣旨に照らしてみて、私の九州大学における比較教育学との出会いと、その後の研究の道のりをここでたどってみたいと思います。

　九州大学教育学部は1952年に、わが国で初めて比較教育学講座が設置された学部です。またその頃、教育学部には教育文化の比較研究を目的とする比較教育文化研究施設（比研）も設置されていました。このことが示されるように、九州大学教育学部はわが国の比較教育学の教育と研究発祥の地であり、その原点でもあるといえます。私は1965年4月に教育学部に入学しました。専門教育段階での専攻決定に際して、入学以前から外国、特に欧米の文化に強い関心を持っていたこともあって、外国教育研究を旨とする比較教育学を選択しました。未知の異文化や自国とは異なる外国の教育や文化への強い好奇心は、比較教育学研究の最も根底にあるものですが、比較教育学はそうした私の知的好奇心を満たしてくれると思ったからでした。

　教育学部では卒業論文が課されていましたが、比較教育学専攻の場合は、まず、どの国の教育について研究するかを決めなければなりませんでした。もともと私の関心が欧米にあったことや、卒論の指導を受けることになった権藤與志夫先生がイギリス教育の研究もされていたということで結局イギリ

スを選び、その中で最も有名な学校であるパブリック・スクールを卒論のテーマとしました。現在までの40年以上にわたる私の比較教育学研究の長い道のりの中で、時にはイギリス教育以外についても研究対象としてきましたが、継続して取り組んできたのは、イギリスの中等教育に関わるテーマであったことを考えると、この卒論は私の比較教育学研究の出発点と位置づけることができます。

　1969年に教育学部を卒業後、修士課程に進みました。しかし当時は大学紛争の余波がまだ残っており、学生ストライキなどもあって修士課程では十分に勉学や研究に取り組むことが難しい状況でした。しかしイギリス教育研究は継続し、修士論文ではイギリス人の学校観をテーマに選びました。1971年、博士課程進学後は、当時改革が進展していた平等理念に立脚するイギリスの総合制中等学校改革について研究を進めましたが、当時、教育におけるアクセスやインプット、アウトプットの平等、結果の平等など、教育の平等概念に関する議論が盛んとなっていたこともあり、その後その見直しに依拠する教育政策に関心を持ち、アメリカのヘッドスタート・プログラムやイギリスの教育優先地域などの補償教育研究へと向かい、博士課程単位取得退学の修了要件であった特選題目研究では『英米における補償教育に関する研究』という題名の論文を書きました。

　1974年4月に博士課程を終えて教育学部助手に採用されました。その頃比較教育学講座や比研では若い時に留学試験を受けることが義務のような雰囲気があり、私もいくつかの留学試験を受けました。その1つがブリティッシュ・カウンシルのスカラー試験で、同時にフルブライト基金によるハワイ大学での留学試験にも応募しました。幸いその両方とも合格しましたが、イギリスは卒論の頃から継続的に研究してきた国であり、また留学先としてはハワイよりもロンドンの方が魅力的と思われ、結局イギリスに留学することにしました。1975年8月から1年間のイギリス留学ではロンドン大学教育インスティチュート修士課程に入学し、比較教育学科のブライアン・ホームズ教授の指導を受けることになりました。ホームズ教授は、1960年代半ばから世界の比較教育学界で展開されていた、比較教育学方法論確立を目指す

動きの中で活躍していた世界的リーダーであり、当時ロンドン大学教育インスティチュートは比較教育学研究の世界的拠点でした。そのロンドンで勉学できることになり、大きな期待を抱いてイギリスへと向かいました。

　そうしたロンドン大学教育インスティチュートには、世界各国からホームズ教授の指導を受けようと、多くの留学生が集まってきていました。後にオーストラリア・ニュージーランド比較教育学会会長を務め、比較教育学方法論研究で世界的に著名となったシドニー大学のアンソニー・ウェルチ教授も、当時修士課程で一緒に勉強した同級生でした。ロンドン大学での研究テーマに選んだのは、イギリス中等教育改革における最も重要なイシューである総合制中等学校改革で、'Comprehensive Reorganisation in England and Wales in Comparative Perspective' というタイトルで修士論文を書き、最終試験も受け修士課程を修了しました。28歳という若い時に各国の留学生と肩を並べて学び、またイギリスの中等教育改革をテーマとして修論を書いたこのロンドン大学留学は、私のその後の研究の方向性を決定づけ、私の研究生活の中で最も重要な出来事となっています。

　1976年9月帰国後、島根大学教育学部を経て1982年4月母校の九州大学教育学部に戻り、比較教育学講座において比較教育学の教育と研究に専念することになりました。九大では本格的にイギリスの中等教育改革研究に取り組むとともに、比較教育学講座や比研で進められていた海外調査などの共同研究にも参加することになりました。またイギリスの総合制中等学校との比較という視点から、現代のアメリカにおける総合制ハイスクール改革についての考察が必要だと考え、博士課程在学時の補償教育研究以来、再びアメリカ教育研究にも取り組みました。こうしたアメリカ教育研究は、日米友好基金による1987年8月から1年間のカリフォルニア大学バークレー校訪問研究員としての留学に結びつきました。バークレーでは教育大学院に所属し、教育行財政の専門家デビッド・スタイン教授の下、主にアメリカの教育改革について研究を行いました。当時アメリカは1983年の『危機に立つ国家』に続く史上最大規模の教育改革の真っ只中にありましたが、そうした教育改革研究もさることながら、私にとってのアメリカ留学の重要な成果は、

3人の子どもたちが通った現地の幼稚園や小学校の保護者として、ボランティアでESL教師やPTA役員を務めたりするなど、アメリカの学校を内側から見る機会を持てたことでした。そうした生の学校体験は比較教育学研究者として非常に貴重な体験でした。

帰国後、比較の視点からアメリカ教育研究も進めていましたが、研究活動の中心はやはりイギリスの中等教育改革研究に置いていました。その研究は、1920年代から現代に至る中等教育改革に関わる政府、政党などによる政策の分析を中心にしたものでした。特に、1980年代のサッチャー改革については早くから注目し、サッチャリズムによる政策の基盤にあるニューライトの重要な役割など、改革推進にとって大きな力を持つイデオロギーに注目して研究を進めていました。こうしたイギリスの中等教育改革研究を1993年10月九州大学に提出した博士論文『現代イギリスにおける中等教育改革に関する研究』としてまとめました。葛藤パラダイムに依拠したこの研究は、現実の改革によって作り出される制度の根底にある教育や学校に関わるイデオロギーのダイナミズムを浮き彫りにしたものでした。

その後の私のイギリス教育研究は、現代に焦点を当て教育改革の実相の解明に主眼を置きました。その場合、重視したのはできるだけ生の学校現場に密着して、教育改革が学校現場にどのようなインパクトを与えているのかを把握することでした。そうした姿勢は、学校訪問調査によるフィールドワーク主体の研究スタイルをもたらしました。一連の現地調査において訪問した学校は、ロンドンをはじめ南西部のデボンやコーンウォールなどの農村地域を含むイングランドほぼ全域にわたり、中等学校を中心に70校以上に上っています。そうした調査の中で特に印象深かったのは、サッチャリズムによる改革真っ只中のイギリスの学校現場の姿を探るために行った1992年の調査において、競争原理の徹底が図られる中、学校同士が生徒という顧客をめぐって激しく競争し、いかにして親や生徒に学校を売り込むかに、腐心している姿を目の当たりにしたことでした。

その後、私はこうしたイギリス学校調査を科研により継続的に進め「スペシャリスト・スクール（専門中等学校）研究」、「中等学校の多様化・個性化

政策に関する国際比較研究」、「リーディングエッジ・スクール研究」、さらに「トラスト・スクール研究」と、イギリスの中等学校改革に関わる重要な施策について調査研究を行ってきました。それらの研究によって明らかになったのは、イギリスの学校を取り巻く教育文化における競争原理から協働原理への転換でした。こうした研究を通じて、新自由主義に基づく競争原理を世界の先進国の中でいち早く教育に持ち込んだイギリスが、その経験を経て協働原理重視へと大きく転換したという事実から、わが国の教育改革、教育のあり方を考える場合に大きな示唆を引き出せるということを改めて強く感じています。

　以上、学部卒論でイギリスのパブリック・スクールに取り組んで以来、40年以上にわたるイギリス中等教育改革研究を中心とする私の比較教育学研究の道のりを、改めてたどってきました。そうした私の研究生活の大きな区切りである九州大学定年退職を機として刊行された本書が、現代21世紀の教育改革と教育交流を中心とする内容であることは、私の退職記念の書物としてたいへんふさわしいものではないかと思っています。

　本書は全17章で構成されています。グローバリゼーションと教育についてみている序章に続く1章から12章においては、イギリス、アメリカ、韓国、中国、フィリピン、タイ、バングラデシュにおける現代の教育改革に関わる諸問題について論じています。14章から16章においては、教育の国際化、留学生交流といった教育交流に関わる問題を取り扱っています。冒頭で述べたように、私の九州大学での比較教育学の教育と研究において出会い、ともに研鑽を積んできた執筆者の方々の協力によってつくられた本書が、21世紀の世界における教育改革と教育交流の一端を明らかにするのに役立つことができればと願っています。最後になりましたが、編集に際して協力してくれた竹熊尚夫氏と、出版を快く引き受けていただいた東信堂社長下田勝司氏に深く感謝の意を表します。

　2010年4月

望田　研吾

目次／21世紀の教育改革と教育交流

はじめに …………………………………………………………………… i

序　21世紀におけるグローバリゼーションと教育 ……………3
望田　研吾

　はじめに　3
　1．グローバリゼーションとは　3
　2．新自由主義と市場　9
　3．教育に対する新自由主義のインパクト　13
　4．グローバリゼーションの中の教育と国際機関──OECDの場合　16
　5．下からのグローバリゼーション　19
　おわりに　21
　引用・参考文献　22

1　イギリス労働党ブレア政権の教育改革 ……………… 24
　　──競争から協働へ
望田　研吾

　はじめに　24
　1．ブレア政権の教育改革案　24
　2．ブレア政権第1期の教育政策　27
　3．多様性と自律性の中の中等学校　28
　4．多様性と総合制　30
　5．協働へのシフト　32
　6．リーディングエッジ・パートナーシップ・プログラム　35
　7．学校主導のシステム・リーダーシップ　40
　8．トラスト・スクールの展開　41
　9．コーポラティブ・トラスト・スクールの推進　46
　おわりに　50
　注　53
　引用・参考文献　53

2　現代におけるイギリスと日本の学校評価の比較 ……… 56
　　──幼児教育と初等教育における教育課程の接続という視点から
坂本　真由美

はじめに　56
1．イギリスのファウンデーション・ステージと日本の幼稚園教育要領・保育所保育指針の比較　57
2．幼児教育におけるICTの利用について　60
3．日本における教育課程の接続の取り組み　66
まとめ　67
注　68
引用・参考文献　68

3　現在のイギリスの労働党政権における資格制度改革の動向　69

飯田　直弘

はじめに　69
1．2001年から2005年までの政策（第2期）　70
2．2005年から現在までの政策（第3期）　73
3．現在の資格制度改革における労働党政府の強調点　76
おわりに　78
注　79
引用・参考文献　79

4　イギリスの教育における公と私のパートナーシップ　82

木村　ゆり子

はじめに　82
1．PFI、PPP理論導入の背景と動向　83
2．イギリスの教育における公と私のパートナーシップの歴史的展開　87
3．教育における公と私のパートナーシップと教育をめぐる議論　90
おわりに　93
注　94
引用・参考文献　94

5　アメリカにおける民主主義理念と教育改革　96

川野　哲也

はじめに　96
1．民主的共同体と民主的国家　96

2．民主主義概念の変容　101
　　3．教育改革と民主主義　105
　おわりに　107
　引用・参考文献　108

6　アメリカのスタンダード教育改革の
　　　　　　浸透と模索する歴史教育 ……… 110
　　――暗記型か思考型授業か　　　　　　　　　川上　具美
　はじめに　110
　　1．アメリカ教育改革の流れ　110
　　2．標準テストのもたらす歴史教育への影響　114
　　3．スタンダードと標準テストの間にあるギャップ
　　　（ニューヨーク州の事例）　118
　おわりに　121
　注　123
　引用・参考文献　123

7　統計から見る韓国の幼児教育の軌跡……………………125
　　――1962〜2008　　　　　　　　　　　　　松尾　智則
　はじめに　125
　　1．幼稚園の全般的成長の推移　125
　　2．幼稚園における男女の構成　130
　　3．幼稚園における地域構成の推移　131
　　4．園児の年齢構成の推移　133
　おわりに　135
　引用・参考文献　136

8　中国における改革開放以降の教師教育改革について …137
　　――ここ30年の変革と今後　　　　　　　　王　暁燕
　はじめに　137
　　1．改革開放以降の教師教育に関する政策の軌跡と理念　138
　　2．教師教育システム改革の内実　141
　　3．21世紀の中国における教師教育改革の特徴と今後の方向性　148
　おわりに　150
　注　152

引用・参考文献　152

9　フィリピンにおける価値の明確化理論の可能性 ……… 153
　　──米国発教育理論の変容　　　　　　　　　　長濱　博文

はじめに　153
1．価値の明確化理論の成立過程　154
2．フィリピンにおける価値教育の成立過程　157
3．フィリピンと米国における価値の明確化理論の位置づけ　164
おわりに　167
注　167
引用・参考文献　168

10　戦後フィリピンの教育改革と
　　　　国民の受容の特徴について ………… 169
　　──大土地所有制度という社会構造を持つ社会の観点から　中里　彰

はじめに　169
1．大土地所有と貧困　170
2．政府の土地改革政策　174
3．戦後フィリピンの教育政策と経済発展　177
4．ドロニラの衝撃──フィリピンの学校教育はフィリピン人を作っているか？　178
5．戦後の教育改革は成功したか　179
おわりに　183
引用・参考文献　184

11　タイにおけるシティズンシップ教育 …………………… 185
　　　　　　　　　　　　　　　　　　　　　　　　平田　利文

はじめに　185
1．教育改革とシティズンシップ教育（ポンラムアン・スクサー）　185
2．シティズンシップ教育に関する調査研究　190
3．シティズンシップ教育のカリキュラム開発　194
おわりに：課題と展望　197
注　198
引用・参考文献　199

12 タイにおける1999年国家教育法による教育改革……200
森下　稔

はじめに　200
1．1999年国家教育法の内容と背景　201
2．1999年国家教育法による基礎教育改革　209
おわりに：課題と展望　213
引用・参考文献　215

13 バングラデシュ学校教育制度の量的拡大とその諸相…216
日下部　達哉

はじめに　216
1．教育「制度」概念の理論的貧困　218
2．途上国比較教育研究の理論的地平　221
3．政府の視点から見た量的拡大の背景　225
4．NGOによる教育事業　227
5．マドラサ（イスラーム神学校）　229
6．人々の教育へのまなざしと複線的学校制度　231
おわりに　232
注　234
引用・参考文献　235

14 多民族社会における教育の国際化への展望 ………… 236
——民族教育・民族学校を基軸とした国際化に向けて　竹熊　尚夫

はじめに　236
1．民族学校の多様な形態と自立から共存への展開　238
2．民族学校のローカル化から国際化への課題　241
3．民族学校・民族教育と公教育の接点から国際化に向けた課題　245
おわりに　249
注　250
引用・参考文献　250

15 中国と日本の留学交流の将来に関する考察 ……………251
白土　悟

1．中国の将来の留学動向　251
2．日本における中国人留学生の受け入れ動向　258

3．日本の国家戦略としての留学生受け入れ政策　261
　　　おわりに　264
　　　引用・参考文献　266

16　教育の国際化と学生の国際感覚について　　　　　　　　267
　　　　　　　　　　　　　　　　　　　　　　　　　　　　竹熊　真波
　　　はじめに　267
　　　１．教育の国際化に関する諸政策の現状　269
　　　２．学生の国際感覚　276
　　　おわりに　287
　　　注　288
　　　引用・参考文献　288

あとがき　289

索　引　291

21 世紀の教育改革と教育交流

序　21世紀における　　　　　　　　　　グローバリゼーションと教育

望田　研吾

はじめに

　21世紀の世界において、われわれの生活全面にわたって大きな影響を及ぼしている最も大きな潮流はグローバリゼーションである。世界の多くの国の教育もこのグローバリゼーションの流れの中に巻き込まれて、好むと好まざるとにかかわらず、それへの対応を迫られている。では、グローバリゼーションとは、いったいどのようなものであるのか。そして、グローバリゼーションによって影響を受け、対応を迫られている教育の姿とはどのようなものであるのか。ここでは21世紀における教育に対して最も大きな影響を与えているグローバリゼーションと、その教育へのインパクトについて見ていきたい。

1．グローバリゼーションとは

　グローバリゼーションという言葉は、今日、マスメディアをはじめ人々の日常会話の中でもよく使われるようになるほど、われわれの生活に大きな影響を与えつつある。しかし、グローバリゼーションとはどのような現象であり、その実態がどのようなものであるかについて、現在までのところ、確たる定義があるわけではない。さらに、定義が定かではないばかりでなく、ヘルドらのように、グローバリゼーションの存在自体に対してすら異議を唱える立場もある。ヘルドらは、グローバリゼーションのとらえ方における3つ

の異なる立場を識別した（Held et al.1999）。第1は「超グローバル主義者」と呼ばれる立場である。この立場は現在進行しているグローバリゼーションを、歴史的にまったく新しく出現した現象ととらえ、グローバリゼーションは生産、貿易、金融の超国家的ネットワークの確立による経済面における脱国家化の進行と、その中での国家の規制力弱体化やグローバルな市場への人々の組み込みを特徴とする、という見方である。これに対して、第2の「懐疑主義者」は、現在の経済的相互依存の状況は、歴史的に見るとかつて存在した現象と同質のものであり、「超グローバル主義者」は、国家が国際経済の中で依然としてかなりの力を持っていることを見落としているとする。第3は「変容主義者」であり、この立場では現在のグローバリゼーションは急速な社会的、政治的、経済的変動を引き起こす中心的力であると見なされるものの、グローバリゼーションの結果として1つの世界に統合されることには疑問を呈し、グローバリゼーションの進行の中で、従来の国の枠に基づくのではない周辺化される部分が現出する形での成層化が生じるとする。したがって第2の立場に顕著に示されるように、グローバリゼーションをめぐる議論においては、現在でも多くの不確定性が存している。しかし、第3の「変容主義者」がいうように、現在進行しているグローバリゼーションは、経済面だけではなくわれわれの生活の隅々にまで影響を及ぼしつつある新たな潮流であると捉えることの方が、21世紀の世界が置かれている状況をより的確に把握できると考えられる。

　では、歴史的にユニークな、新たな潮流としてのグローバリゼーションはどのように定義されているのであろうか。グローバリゼーションの持つ多面性、複雑性を反映してグローバリゼーションについての定義は専門分野によっても異なり、さらに同じ分野でも研究者によってさまざまな定義がなされているのが現状である。

　経済分野は最も早い時期からグローバリゼーションが進展した領域であることもあって、経済的変動の観点に基づくグローバリゼーションの定義は比較的多く見られる。例えば、オマーンは「グローバリゼーションは国家的及び地域的な境界を越える経済活動の成長、あるいはより正確には加速された

成長である。グローバリゼーションは、貿易や投資を通じての所有権を含む有形、無形のモノやサービスの移動と、しばしば移民による人の移動の増大として表現される。グローバリゼーションはその移動に対する政府による障害の削減、特に交通とコミュニケーションにおける技術的進歩によって促進される。個々の経済的行為者、企業、銀行、人々が、しばしば競争の圧力によって拍車をかけられる利潤追求において、グローバリゼーションは推進される」と定義している（Oman, 1996, p.5）。また、OECDによる定義は「'グローバリゼーション'という言葉は金融市場とモノやサービスの市場の国際化の拡大を表すために広汎に用いられてきた。とりわけグローバリゼーションは、国家経済がますます相互依存的になる一方で、国家資源がますます国際的に移動するようになるようなダイナミックで多元的な経済的統合を意味する」と、やはり経済面に焦点を当てたものである（OECD, 2005, p.11）。

　こうした経済面での変動を重視したグローバリゼーションの定義に加えて、社会的、文化的側面への影響も視野に入れた定義もある。例えばフェザーストーンは「グローバリゼーションのプロセスは同時に２つのイメージを示唆する。最初のイメージは、ある特定の文化が地球という枠の中一杯にまで広がることを描き出している。その場合、異質の諸文化が統合され、最終的に全世界をカバーする一つの支配的文化へと統合される。第２のイメージは文化の圧縮に関わるものである。以前はばらばらだった諸文化がお互い接触するようになり併存するようなる」と、グローバリゼーションが文化的統合へと結びつくことを強調した（Featherstone, 1995, pp.6-7）。またヘルドらは「社会的諸関係と社会的交渉が生じる空間が、大きく、速く、さらに強いインパクトを与えながら変容する結果、行動、相互作用、権力行使における大陸間または地域間のフローとネットワークが生まれるプロセス」（Held et al., 1999, p.16）と、われわれの社会的関係と社会的空間の変容をもたらすものとしてグローバリゼーションを定義している。さらに地理的制約を超えたグローバルな結びつきという点に焦点を当て簡潔な定義を行ったのはギデンズである。その定義は「一地方での出来事が、何千マイルも離れたところでおこる出来事に影響を受けるようなやり方で、遠く離れた場所がつながるような全世界

的な社会関係の強化」(Giddens, 1990, p.64)であるが、この定義にはグローバリゼーションが時間、空間の制約を乗り越えて、世界中を結びつけるまでに至っている状況が端的に表されているのである。

　地理的制約の縮減に焦点を当てて、グローバリゼーションという言葉に付与されているいくつかの意味を区別する中で、現在進行しているグローバリゼーションの特質の明確化を試みたのがショルテである。ショルテはグローバリゼーションのもつ性質を次の5つの定義で分類した。(Sholte, 2000, pp.15-17)

①「国際化」(internationalization)としてのグローバリゼーション——この見解においてはグローバルは諸国家間の国境を越えた関係を記述する形容詞でしかなく、この場合のグローバリゼーションは国際交流や相互依存の増大を意味している。

②「自由化」(liberalization)としてのグローバリゼーション——この場合には、オープンでボーダーレスな世界経済を生み出すための、国家間の移動に対する政府の規制を排除するプロセスを意味する。

③「普遍化」(universalization)としてのグローバリゼーション——この定義では、グローバルとは全世界を意味し、グローバリゼーションは、地球上のすべての場所の人々にさまざまなモノや経験を広げるプロセスである。

④「西洋化」(westernization)または「近代化」(modernization)(特にアメリカ化された形態における)としてのグローバリゼーション——この定義では、グローバリゼーションはモダニティの社会構造(資本主義、合理主義、産業主義、官僚主義など)が世界中に広がり、通例の場合そのプロセスの中で既存の文化やローカルな自己決定が破壊されていくダイナミズムである。

⑤「脱領土化」(deterritorialization)または「超領土性」(supraterritoriality)の拡大としてのグローバリゼーション——ここにおいてはグローバリゼーションは、地理的空間が再設定され、社会的空間がもはや領土に依拠する場所、領土を基準とする距離、領土を隔てる国境に

よっては完全には表示できないようになる状態を意味する。

　ショルテはこの⑤の定義のみが明確で特定的な定義を提供することができると主張する。この定義では、グローバリゼーションは「脱領土化」または「超領土性の拡大」と定義され、われわれの社会的空間が「領土主義」から脱却して構成されるようになることがグローバリゼーションの大きな特徴としてとらえられる。しかし、ショルテによれば前の四つの定義はいずれも領土や国境の概念と結びついており、グローバリゼーションの本質的要素を的確に表現していないのである。

　次に、グローバリゼーションに関するベックの省察は、教育に対するグローバリゼーションの影響を考察する上で示唆に富むものである（Beck, 2000, pp.9-11）。ベックは「グローバリゼーション」「グローバリティ」「グローバリズム」という3つのコンセプトを区別する。ベックによれば「グローバリゼーションは」は「主権国家に依拠する行為者が、権力、志向性、アイデンティティ、ネットワークにかかわって、超国家的な行為者によって蹂躙され、侵害されるようになるプロセス」である。「グローバリティ」とは「今日の世界が陥っている特異な状況」であり、「われわれは、閉ざされた空間の観念が幻想でしかなくなったという意味において、すでに長い間世界社会の中で生きてきている。どの国もどの集団も他と隔絶することはできない。したがって、多様な経済的、文化的、政治的形態はお互いに衝突し、従来当然と考えられてきた物事（それには西洋的モデルも含まれる）は、新たに正当化されねばならない。世界社会は国民国家の政治の中に組み込まれないか、またはそれによって決定されない（あるいは決定不可能な）社会諸関係の総体を意味する」のである。世界社会は「統一性を欠いた多様性」とみなされうるものであり、それは「生産と労働市場をめぐる競争における超国家的形態、メディアによるグローバルな報道、超国家的な消費者によるボイコット、超国家的生活様式、危機と戦争、核の軍事利用と平和利用、自然破壊などのグローバルな認知を前提とする」ものである。グローバリティが存在する世界

においては「今後、地球上で起こることのうち、ローカルな出来事にとどまるものなどあろうはずはなく、……われわれは生活と行動、組織、制度をローカル―グローバルな軸に沿って、再び志向づけたり、再編したりしなければならない」のである。したがって、ベックによれば、「グローバリゼーション」が「超国家的な社会的結びつき（リンク）と空間を作り出し、ローカルな文化を再評価し、第3の文化を助長する」プロセスであるのに対して、「グローバリティ」は、今日の世界が置かれている特異な存在条件なのである。

またベックは、静的な状況としてのグローバリティと動的なプロセスとしてのグローバリゼーションに加えて、「グローバリズム」という概念を提起する。「グローバリズム」とは「世界市場が政治的行為を排除したり、それに取って代わるという見方である。換言すれば、世界市場によるイデオロギー支配、すなわち新自由主義のイデオロギーによる支配である。グローバリズムは、グローバリゼーションのもつ多元性を、それ自体が直線的な形で構想される単一の経済的次元へと縮減しながら、ただ1つの原因に依拠し、経済に偏重するかたちで進行する」のである。したがって、グローバリズムは「すべての国家、社会を企業のように運営することが可能であることを含意するが、そのことは、企業がその目標追求のために最も適した条件を要求するような経済帝国主義に通じることになる」のである。このようにベックは、現在のグローバリゼーションにおいて実態として現出しているグローバルなイデオロギーをグローバリズムとしてとらえ、グローバリズムの内実は経済論理が第一義的に重視される市場原理主義、新自由主義であると認識するのである。

以上、グローバリゼーションに関するいくつかの定義を見てきた。それらから引き出せるグローバリゼーションの様相はどのようなものであろうか。現在、われわれが生きている21世紀の世界が、グローバリゼーションというかつて存在したことのない状況にあることは、「懐疑主義者」を除いて多くの論者は共通の認識を持っている。それらの論に見られる重要な共通した

要素は、ショルテがいうような「脱領土化」であろう。グローバリゼーションの下では国境の壁はますます低く、薄いものとなりつつあり、われわれの社会的空間は領土や国境という地理的制約を脱して広がっているのである。その広がりの中でお互いに遠く離れた国や、地域、さらには人々の間の「結びつき」が、かつてないほど強められているのである。グローバリゼーションは人々の生活の基盤を、地理的、物理的、そして時間的制約から解き放ち、地球上のあらゆる場所と、そこで生じる出来事とが結びつくことを可能としたのである。

人々の生活空間の変容に加えて、グローバリゼーションは国家間の関係にも大きな変容をもたらしつつある。ベックの論に見られるように、グローバリゼーションの進行は政治的領域では、主権を持った国民国家の権力を縮減し、それに代わって超国家的な国際機関や、多国籍企業の力が増大する事態をもたらしており、その結果政治的意思決定における最高手段としての国民国家における決定に代わって、超国家的機関が大きな役割を果たしているのである。さらに、ベックがグローバリズムについて指摘したように、現在のグローバリゼーションは市場原理主義を標榜する新自由主義と不可分に結びついていることも確かである。グローバリゼーションが新自由主義という1つの特定のイデオロギーをまとった形で進行することによって、新自由主義は文字通りグローバルな展開を見せ、多くの国に浸透していったのである。

2．新自由主義と市場

こうした状況を背景として、グローバリゼーションのもとでの教育について考える場合、われわれはまず、グローバル・イデオロギーとしての新自由主義のインパクトについて考察する必要がある。新自由主義は主に経済的側面における中心的要素として作用してきたが、ベックの「経済帝国主義」という表現にも示されるように、経済的次元を超えて教育を含めた他の領域も浸食してきたのである。新自由主義が大きな力を獲得しはじめたのは、20世紀最後の10年間の1990年代においてであるが、この点について

ボナールは「1990年代は新自由主義の覇権が増大した10年間であり、新自由主義は多国籍機関や最も強力な国家によって、経済成長と発展のための主要なグローバル・プロジェクトとして推進された」と指摘している (Bonal, 2003, p.163)。その中で先進国であれ発展途上国であれ、「グローバル経済による挑戦に立ち向かうための最善の経済的、政治的戦略として、自己の意思かやむを得ず新自由主義を標榜した」と指摘した。こうして新自由主義は、アメリカ、イギリス、オーストラリア、ニュージーランドをはじめ、多くの国々において大きな力を持ち、その教育改革推進の基盤原理となっていったのである。

新自由主義が目指すのは、いわゆる「小さな政府」であり、政府による統制をできる限り少なくし、私的セクターの間での自由な競争が行われる市場を中心として動いていく社会である。第二次世界大戦後、イギリスなどのヨーロッパ諸国における社会政策のパラダイムは福祉国家であった。福祉国家は、「小さな政府」とは対照的に「大きな政府」を標榜し、教育、医療、福祉などの公共サービスの主要な担い手として機能してきた。しかし、新自由主義は、国家が主体となって提供してきたこうしたサービスにおける非効率性、官僚制などを批判し、市場原理に基づく競争こそが、より質の高いサービスをより効率的に提供できると主張するのである。こうした新自由主義の浸透によって、多くの国家では福祉国家パラダイムは覆され、市場の中の競争が、国家によるサービス提供に、取って代わることが目指されたのである。

ただ、新自由主義における国家は、教育、医療、福祉などのサービスにおける市場の形成に対しては大きな役割を果たすことを求められた。ハーベイは新自由主義における国家と市場との関係について「例えば、国家は通貨の質と無欠性を保証しなければならない。国家は、私的財産権を守るために必要な軍事、防衛、警察、法律にかかわる構造と機能を構築し、さらには必要な場合は力でもって、市場の適正な機能を保証しなければならない。また、市場が存在しない分野（土地、水、教育、医療、社会保障、環境汚染など）、必要ならば、国家の行為によって市場が作り出されなければならないのである。し

かし、いったん市場ができたならば、国家は介入すべきではないのである」と指摘している（Harvey, 2005, p.2）。また、オルッセンとピーターズは、新自由主義における市場形成に国家が果たす役割について「新自由主義は、市場運営に必要な条件、法律、制度の創設に基づく適切な市場を形成する際の国家の役割に関する積極的概念を代表する。……新自由主義では国家が、起業精神と競争心をもつ起業家としての個人を作り出そうとする。……このことは、新自由主義のもとでは、自由、選択、消費者の主権、競争、個人のイニシアチブに関する目標は、法規の遵守や服従と同様に、経営上の会計監査、会計報告、管理のための技法の開発を通じて、積極的な役割を果たす国家によって作られたものとならざるを得ないのである」（Olssen & Peters, 2005, p.315）と述べている。

　このようなの論に示されるように、新自由主義における国家は、自らの役割を小さくするために、市場を作り出し、そこにおける競争を激化させることによって、サービスの質向上を図ろうとする。したがって、新自由主義にのもとでの市場は、国家と対立する位置に置かれるというよりも、国家の作り出した枠組みの中に組み込まれたものとなり、完全な自由放任の原理に基づく市場とは異なる。その意味で、教育の領域において作られた市場は、純粋な市場ではなく「準市場」（quasi-market）とも形容される。それまで公的機関が担ってきたサービスは、国家によって作られた市場における競争の中で提供されるのが基本となる。しかし、市場はもともと資本主義社会の経済領域において主要な地位を占めるものであり、それが教育をはじめとする他の公共的領域にも広がってゆくプロセスにおいて、ベックが指摘するように、経済の論理が強い力をふるうようになっていくのである。ウェルチは経済的合理性が教育などの公共的サービスにおいて大きな地位を占めるようなったことについて「経済的合理主義は、経済の'論理'と効率性にしたがって教育を再構成するすることになるが、そのことによって平等、社会正義、リベラルなカリキュラムなどの教育原理を蹂躙する傾向がもたらされている。新自由主義の思考様式の中のいわゆる'自由市場'や'個人の選択'という前提条件は、国家の役割と機能の大幅な縮減を決定づける。なぜなら市場化は

本来、経済的に'合理的'であると主張されるからである。より多くの資源が私的セクターに提供される一方、学校間（あるいは病院間）の競争が奨励されることによって、公的機関は市場原理のもとに置かれるのである」と批判している (Welch, 1996, p.2)。

　以上、見てきたように新自由主義における市場は、国家の政策によって作り出されるものではあるが、その市場において大きなウェイトを占めるのは私的セクターであり、そこにおける競争の中で第一義的に追求されるものは、経済的論理にベースを置く効率性や合理性である。したがって、新自由主義が具体的にとる戦略は、教育などのサービス提供における市場化、民営化、企業化となる。すなわち、社会にとって不可欠である主要サービスの供給を、市場における自由な競争に委ね、さらに消費者によるサービスの自由な選択を最大限に可能にして、サービス供給者間の競争を強めようとするのが市場化である。民営化は、公的機関はサービス提供からかなりの程度撤退し、できる限り民間にまかせ政府の負担を減らしていこうとするものである。企業化は効率性追求において、従来の公的機関の非効率性、官僚制を打破することを目的として、こうしたサービスにおける組織原理、運営原理を民間企業のやり方に則して行こうとするものである。

　こうして市場化、民営化、企業化という3つの戦略を前面に押し出した新自由主義は、実際のグローバリゼーションの進展の中で、最も有力なグローバル・イデオロギーとして多くの国に拡大していき、それらの教育改革のあり方を規定していったのである。このイデオロギーに基づく改革は、イギリス、アメリカ、オーストラリア、ニュージーランドといったアングロ・サクソン系の先進諸国のみならず、中国、韓国、台湾、シンガポールなどのアジア諸国でも大きな流れとなっていった。小泉政権、安部政権の下での日本の教育改革の動きも、新自由主義というグローバル・イデオロギーの影響を強く受けたものであった。

3. 教育に対する新自由主義のインパクト

　では、グローバル・イデオロギーとしての新自由主義が、教育に対してどのようなインパクトを与えているのか、また与える可能性があるのか。ストルムクイストとモンクマンは、市場原理による教育へのネガティブなインパクトに焦点を当て、新自由主義の下での教育における変化を次のように指摘している（Stormquist & Monkman, 2000, pp.12-15）。

- グローバルな市場で競争していけるだけの能力（特に情報コミュニケーション・テクノロジー能力）を身につけさせることが、教育の最も重要な目的として設定される。
- 市場において通用する労働力の育成が重視されるため、子ども中心カリキュラムから、経済を重視する職業訓練に重点が置かれるようになる。
- 市場価値を持つスキルの育成が重視されることによって、教育内容の標準化が進み、教師の専門的自律性が抑制される。
- 民営化と分権化の加速は、教育サービスの供給を断片化させ、社会全体、地域全体で教育を考えるというコンセプトが弱くなる。
- 公共財としての教育という考え方ではなく、教育は市場価値を持つ商品として考えられるようになる。したがって、最低限の基礎的教育より上の段階の教育に対しては授業料が必要となるなど、受益者負担が増大する。
- 効率性が重視されることによって、平等や公平性の問題に対する関心が弱まる。

　新自由主義による改革がもたらしたネガティブな面についての批判は、サッチャー、メージャーの保守党政権の下で、その改革が最もラディカルに進行したイギリスの状況を背景に、問題点を指摘したゲバーツによっても提起されている。ゲバーツはそれらの改革を、福祉国家体制からの脱却を図る

「脱福祉主義」に基づくものとしてとらえ、その主な特徴を次のように指摘している（Gewirtz, 2002, p.117）。

- 子どもの商品化と子どもの価値の差異化——子どもは学校に金をもたらす存在として商品化されるとともに、その観点から価値がある子どもと、そうでない子どもに差異化される。この点において平等の価値が最も浸食されている。
- 学校教育における社会関係の変容と教師の隷属化——競争原理が学校間だけでなく学校内にも浸透し、教師と生徒の間の関係が（工場の）生産ライン的なもの、道具主義的なものに変質している。
- 伝統的な教授方法の賞賛——パフォーマンスに対する監査が強化された結果、能力別編成が復活したり、結果のみが重視される功利主義的なテストのための授業が増えたのに対して、子どもの興味尊重、豊かな人間関係の育成などの教育実践が衰退した。
- 学校教育へのアクセスの不平等化と分極化——人気のある学校と人気のない学校とに学校が分かれ、後者は資源や教員の減少の結果、さらに教育の質が低下するが、そこには社会的経済的に不利な立場の子どもたちが集中する傾向がある。
- 資本主義的価値の重視——市場原理の浸透にともなって、商業的成功と金持ちになるのに役立つ実践、関係様式が重要視されるようになる．その一方、公平性や社会統合などの価値は軽視されるようになる。

　ゲバーツは、新自由主義による市場重視、競争重視が教育内容や学校内の人間関係にまで影響を与えている状況を描いており、それらがかつて学校教育が保持してきた公共財としてのあり方を脅かしていると警告したのである。
　また、やはりイギリスの状況を背景にして、ヒルとクマーは新自由主義政策のネガティブなインパクトについて「新自由主義はグローバルな資本主義が標榜し推進するイデオロギーであり、そのイデオロギーを標榜し続ける限り、究極的目的は最大限の私的利潤の追求であり、公共財としてのサー

ビスという視点はもともと欠如しているのである」と批判した（Hill & Kumar, 2009, p.2）。このように新自由主義をとらえる場合、教育市場における問題性がいっそう明らかとなる。すなわち、教育市場は既存の不平等を増大させることになり、「(生徒の教育的達成や得られる教育費という点で) 貧しい学校はますます貧しくなり、富める学校はますます豊かになる」のである。さらに、新自由主義に依拠する教育市場において最も大きな力を持つのは、親の学校選択であるが、学校選択は実態としては多くの場合、親が学校を選択するよりも学校による親の選択（人気のある富める学校は学校から見て望ましい親や生徒を選ぶ）となる。その結果「'掃きだめの学校'（sink school）はますます落ち込んでいくのに対して、人気のある学校は上澄みをすくうように好みの生徒を選んで」いき、「掃きだめの学校」は「失敗校」の烙印を押され、その教師たちはさらし者にされるのである（Hill & Kumar, 2009, p.15）。次にヒルとクマーが批判したのは「非民主的な」アカウンタビリティの増長である。これは、教育などの公的サービスへの、特にビジネスなどの私的セクターの関与や影響力がますます増大することによってもたらされる。イギリスでは公私のパートナーシップ推進政策の下、民間企業やビジネス出身の個人による公的教育への関与の程度が高まってきたが、これによってビジネスの価値や利害がますます大きなウェイトを占めるようになり、民主的アカウンタビリティではなく、「非民主化」が進行しているとされる。彼らの最後の批判は、教育市場の中で進行する教育の商品化にともなって生じる批判的思考の喪失である。彼らによるとイギリスにおけるその１つの例は、ナショナル・カリキュラムから社会への批判的視点を養う社会学的、政治学的要素（それらは社会階級、人種、ジェンダーなどにかかわる）が実質的に失われていったことに示される。生徒や学生は知識経済においてより高く売ることができる知識、スキルの習得を迫られ、それに反比例して社会や政治を批判的に見る力を養うことが軽視されるようになったのである。

　以上のようなヒルとクマーの批判はマルクス主義的観点に基づくものであり、資本家は新自由主義をグローバルに展開させることによって、その利益追求にとって有利となるように教育を変容することを目指しているという批

判である。グローバル・イデオロギーとしての新自由主義が拡大した結果、現在の世界においては「未来の労働力を作り出す際の効率性をたかめるという雇用者のニーズに沿うようなかたちで学校を変えるための教育改革」が必要であるという超国家的なコンセンサスが存在するに至ったのである (Hill & Kumar, 2009,p.21)。そして、彼らによると近年の OECD に代表される国際機関による教育への関与においても、こうしたコンセンサスが背景にあるという。

4．グローバリゼーションの中の教育と国際機関── OECD の場合

　近年、グローバルな次元において教育に対して OECD の果たす役割とその重要性について注目が集まっている。例えば、マルテンズは OECD のグローバルな文脈における重要性の増大について次のように指摘している。「近年、OECD は教育政策において重要な役割を演じるようになった。この国際機関は、1960 年代初期の創設以来、教育の領域に関与してきたが、1990 年代に至るまでは教育政策はその中核的活動の 1 つではなかった。しかしながら、過去 10 年の間 OECD は、国内および国際的なレベルの両方において、教育政策の上での言説と指標の形成の面で影響力を持つ行為者として発展してきたのである」(Martens, 2007, p.40)。

　こうした OECD の影響力の拡大は、グローバリゼーションの進展と軌を一にするものであるが、リッビとリンガードが、「OECD のグローバリゼーションに関する解釈は、市場原理を標榜する新自由主義イデオロギーへの信奉に基づいており、その解釈の上になって OECD はしばしばブロニバサゼーションが要求するものに言及する」(Rizvi and Lingard,2006,252) と指摘するように OECD 自体のグローバリゼーションのとらえ方も、新自由主義の枠に規定されたものである。

　では、OECD がいう「グローバリゼーションが要求するもの」とは何であるのか。その中の最も大きな要素は、知識経済の進展が教育や学習に対してつきつける要求である。2007 年に OECD 事務総長アンジェル・グリアは知識経済における教育について次のような見方を表明している。「競争とグ

ローバル化の進んだ経済においては、知識、スキル、ノウハウが生産性、経済成長、生活条件の向上にとって不可欠な要因である。……われわれの推定によれば学校教育の平均年数をもう1年増やせばGDPは4～6％増やすことができる。この結果を説明する2つの理由がある。1つは教育は人的資本を形成し，労働者がいっそう生産的になることを可能にする。第2は、教育は国の革新力を増すが、それは今日のグローバルな知識経済における成長と競争にとって欠くべからざる必須条件である」(quoted in Spring, 2008,p.58)。ここに示されるように、OECDはグローバルに浸透しつつある知識経済の発展と維持を支える人的資本の形成における教育の役割を、最重要視する視点に立脚しているのである。

　知識経済を支える人的資本の形成に加えて、OECDが重視するもう1つの資本が社会資本である。OECDによる社会資本の定義は「集団内及び集団間の協力を促進する共有された規範、価値、理解のネットワーク」であり、社会資本を3つのカテゴリーに分類している。第1は、家族、親しい友人、文化を通じて1つの共通のアイデンティティに人々を結びつける絆(bond)である。第2は、アイデンティティを共有しない人々を結びつける橋渡し（bridge）である。第3は、異なる社会階層の人々を結びつける連結(linkage）である。しかし、リツビとリンガードはOECDのこうした意味における社会資本の重視も、人的資本としての労働力の形成と実際の生産労働にとって障害となるおそれのある社会的統合の欠如を回避するための副次的なものであり、経済のための教育があくまで前面に置かれていると指摘している（Rizvi & Lingard, 2006, p.253）。

　以上の議論に見られるように、OECDは1990年代以降、グローバリゼーションの下で進行する知識経済化に対応する教育のあり方をめぐる言説において、OECDが主に先進諸国によって構成されるということもあって、大きな影響力を及ぼしてきた。そうした影響力をさらに強める役割を果たしているのが、OECDのPISAである。マルテンズは、PISAの増大しつつある国際的な影響力について「比較によるガバナンス」という枠組みに基づき分析している。それによれば、各国の教育政策に対するOECDの関与は当初

は「ナショナルレビュー」というかたちで、個別の国の教育政策の特色などに焦点を当てたものであった。しかし、1990年代以降、OECDは国の比較に重点をシフトさせ、標準化された指標や基準による国の比較やランクづけを行うことによって、各国の教育政策に対して大きな影響を与えるに至ったのである。そうした影響力を正当化したのが比較によるガバナンスであった。マルテンズがいう比較によるガバナンスは次のようなものである。「ガバナンスの一形態としての比較は、政治的意思決定への科学的アプローチを意味する。最も効果的（合理主義的）なまたは最も適切な（社会制度学的）な意思決定は客観的基準と評価によってなされなければならない。……評価される側は、当該の比較枠組みの特定の基準に沿った（最も効果的かまたは最も適切かという意味における）'最善の'実践、組織形態、あるいは行動へと収斂するように暗黙のプレッシャーを受けるのである。したがってガバナンスの観点からすれば、力は従来のような強制による規制的活動によってのみではなく、国際機関による'ソフトな'比較評価やランクづけのような比較によっても行使されるのである」(Martens, 2007, p.42)。

　すなわち、OECDが実施するPISAの結果という直接的に比較可能で客観的な基準による国のランクづけは、強制的な力の行使によってではなく、各国がランキングにこだわりランクを上げるように自ら進んで努力するようなかたちで、OECDが設定した目標や基準への合致が生じていくのである。近年、いわゆるPISAショックがドイツなどの国で大きな問題となったのも、比較によるガバナンスが行われたことにより、各国がOECDの枠組の中での対処を余儀なくされていることの顕著な表れでもある。

　このような状況を背景にして、OECDの各国の教育に対する影響が拡大しているのであるが、そうした影響が、知識経済の発展と維持にとって有用な人的資源の形成こそが、最重要の教育目標であるというOECDの認識と結び合わさるとき、世界の教育の方向性に対してOECDのPISAが強い力を持つ可能性はさらに増大するのである。それに加えてスプリングは、PISAで測定される読解力、数学的リテラシー、科学的リテラシー、問題解決能力は、国ごとの文化的差異を無視したグローバル経済の中で生きていくのに必

要なスキルが中心であると指摘し、世界の教育が PISA の枠内での教育に収斂していき、知識経済に対応するという点において多くの国の教育が類似したものになる可能性も指摘している（Spring, 2008, pp.63-65）。

このように見てくると、PISA などを通じて各国の教育に対する影響力を強めつつある OECD も、基本的なイデオロギー上の志向性からすれば、新自由主義の経済的論理に基づく教育の範疇内に位置づけられるが、この状況はグローバリゼーションにおける新自由主義の力の強さをわれわれに再認識させるのである。

5．下からのグローバリゼーション

現在、進行しているグローバル・イデオロギーとしての新自由主義を基盤とするグローバリゼーションに対しては、グローバルな次元における「北と南」の間や、一国内における「富める者と貧しい者」との間に存在する既存のさまざまな不平等を拡大させており、社会的弱者をさらに抑圧するものであるという批判的見方が、前述の新自由主義批判にも示されるように、グローバリゼーションの進行にともなって、いわば反作用的に提起されている。それらは、新自由主義における経済発展のための教育（マルクス主義的観点からすると資本の蓄積のための教育）、人的資本形成を重視する教育に対抗して、経済論理ではない「人間的」視点に立ったグローバルな教育を目指すものである。スプリングは、こうした批判的視点を「進歩的教育のグローバルな形態」と呼び、それに基づき、「教師の専門性と自律性の重視」「生徒の興味と参加に基づく学習」「アクティブな学習」「ローカルな言語の保護」「社会正義を達成するための教育」「社会的、政治的変化の決定における積極的参加のための教育」を構成要素とする「進歩主義の世界モデル」を想定している。もちろん、ここに示される「進歩主義の世界モデル」は、グローバリゼーションの現在のような進展以前から、教育のモデルの1つとして存在していたのであるが、スプリングは、シュリーバーとマルティネスの研究を引用して、1920年代以降「国際的な進歩的教育運動」というかたちでグローバル

な次元で展開されていたとする（Spring, 2008, p127）。したがって、このモデルは、不平等と格差を拡大する新自由主義モデルによるグローバリゼーションに対抗して、それがもたらす「弊害」を克服するためのベースとなりうるのである。

　新自由主義に依拠するグローバリゼーションの進展に伴って、それへの批判的立場が特に焦点を当てるのが、グローバル－ローカルという軸である。この立場においては、「グローバル」は「ローカル」を抑圧し、排除する力を代表するものである。グローバリゼーションは、世界を同質化するベクトルであり、そのプロセスにおいてローカルな要素は次第にグローバリゼーションの大きな力によって駆逐されてしまうととらえられる。スプリングのいう「進歩主義の世界モデル」の中にも「ローカルな言語の保護」が含まれているように、このモデルの重要な立場はローカルな軸の尊重である。これに関連して批判的教育学の立場からケルナーは、現在の状況下のグローバリゼーションを「上からのグローバリゼーション」ととらえ、それに対抗する「下からのグローバリゼーション」の構築が必要であると次のように主張する。「上からの資本主義的グローバリゼーションに対抗して、同質化に反対し、文化と社会の特定の形態を保持しようとする抵抗の力やサブカルチャー的な現象の噴出がみられるが、それらは抵抗と'下からのグローバリゼーション'を表しているのである」（Kellner,, 2000, p308）。ケルナーによれば、こうした「下からのグローバリゼーション」には、ラテンアメリカにおける農民による抵抗運動や世界における環境保護運動から、各国における階級、人種、ジェンダー、性的選好、エスニシティなどに基づく差別撤廃の動きまで含まれる。基本的に「上からのグローバリゼーション」が格差と差別を拡大させるのに対して「下からのグローバリゼーション」は、より平等で民主的な社会の建設への取り組みのグローバルな広がりを追求するものとしてとらえられるのである（Kellner, 2000, p.315）。

　「下からのグローバリゼーション」の主張によれば、現在のような性格を持つグローバリゼーションは歴史的に必然のものではなく、それにかわるいわばオルタナティブなグローバリゼーションのあり方を模索するものであり、

資本の経済的論理にコントロールされ、その利益に沿うようなかたちで進展しつつある現在のグローバリゼーションに対抗して、別の方向性を持ったグローバリゼーションの可能性を標榜するのである。こうした立場に立つ論者たちによって、その論の基盤としてよく引用されるのがパウロ・フレイレである。被抑圧者の立場に立って、彼らの主体的参加と意識の変化をベースとする社会変革を目指したフレイレの論は、スプリングによれば「進歩主義の世界モデル」の基盤としてラテンアメリカを中心に大きな広がりと影響力を及ぼしているのである（Spring, 2008, p.131）。圧倒的な力で押し寄せる「上からのグローバリゼーション」に対抗して、さまざまな抑圧の下に置かれている人々による、抑圧を打破する意識と行動の広がりを追求する「下からのグローバリゼーション」が、どのような対抗力を持つことができるのか。われわれがグローバリゼーションと教育について、考えるときに持つべき重要な視点であろう。

おわりに

　ここで描いた21世紀におけるグローバリゼーションの中での教育は、グローバル・イデオロギーとしての新自由主義に基づく「上からのグローバリゼーション」という大きな波に洗われる姿を見せている。それは、ますます経済的合理性や効率性の追求にとって有用なものへと変容を余儀なくされているものの姿でもある。しかし「下からのグローバリゼーション」の主張に見られるように、上からのベクトルに対抗するオルタナティブなグローバリゼーションの可能性を探ることも重要であろう。例えば、グローバリゼーションが進行する世界は、国境という壁がますます低く薄くなる世界でもある。このことは、従来から世界平和や国際理解の促進という観点から主張されてきた世界市民という概念が、より実体的なものになる可能性が強くなることも意味する。世界市民とは、偏狭な国家的、文化的枠組みにとらわれないコスモポリタン的メンタリティーを持ち、ものごとをグローバルな視野で考え行動する人々である。国境を越えた相互の結びつきがますます強くなる

グローバリゼーションの進展は、多くの国において国民国家の強固な枠にとらわれた教育から、世界市民としての教育の必要性と可能性の強い認識に導かれるかも知れない。世界市民のコンセプトの中には、新自由主義で重視される経済合理性や効率性とはかけ離れた、人間としての権利や環境への配慮のようなグローバルで普遍的な意義を持つ要素の重視も含まれる。さらに、そこには世界における文化的な多様性を尊重する文化的多元主義に基礎を置くグローバル・マインドの寛容も大きく位置づけられる。さらに偏狭なナショナリズムやナショナル・アイデンティティから若者の精神を解き放ち、グローバルに開かれた精神を持つ若者を育てる可能性も、新自由主義に基づくグローバリゼーションとは異なるかたちの「オルタナティブ・グローバリゼーション」の中の教育には存在する。そこでは、「上からのグローバリゼーション」によって影響を受け、変わって行かざるをえない教育ではなく、「下からのグローバリゼーション」の大きなうねりの中で、世界を変えていく教育の姿が求められているのである。

引用・参考文献

Arnove, R.F. and Torrres, C.A. (eds.) (2007) *Comparative Education: The Dialectic of the Global and the Local* (Third Edition), Rowman & Littlefield.

Beck, U. (2000) *What is Globalization?*, Polity Press.

Bonal, X. (2003) "The NeoliBeral Educational Agenda and he Legitimation Crisis : old and new state strategies", *British Jooral of Sociology of Education,* 24, 2.

Featherstone, M. (1995) *Undoing Culture, Globalization, Postmodernism and Indentity,* Saga.

Gewirtz, S. (2002) *The Manegeral School: Post-welfarism and Social Justice in Education,* Routlege.

Giddens, A.(1990) *The Consequences of Modernity,* Polity Press.

Harvey, D. (2005) *A Brief History of Neoliberalism,* Oxford University Press.

Held, D, McGrew, A. Goldblatt, D. and Perraton, J. (1999) *Global Transformations:Politics, Economics and Culture*, Polity Press.

Hill, D. and Kumar, R. (2009) "Neoliberalism and Its Impacts", in n Hill, D. and Kumar, R.(eds.) *Global Neoliberalism and Education and its Consequences,* Routledge.

Kellner, D. (2000) "Globalization and New Social Movements: Lessons for Critical Theory and Pedagogy" in Burbules, N.C. and Torres, C.A. (eds.) *Globalization and Education: Critical Perspectives,* Routledge.

Kumar, R. and Hill, D. (2009) "Introduction: Neoliberal Capitalism and Education" in Hill, D. and

Kumar, R. (eds.) *Global Neoliberalism and Education and its Consequences,* Routledge.

Martens, K. (2007) "How to Become an Influential Actor – The 'Comparative Turn' in OECD Education Policy" in Martens, K. Rusconi, A. and Leuze, K (eds.) *New Arenas of Education Governance: The Impact of International Organiations and Markets on Educational Policy Making,* Palgrave Macmillan.

OECD (2005) *OECD Handbook on Economic Globalisation Indicators,* OECD.

Olssen, M. and Peters, M.A. (2005) "Neoliberalism, higher education and the knowledge economy: from the free market to knowledge capitalism", *Journal of Education Policy,* 20, 2.

Oman, C. (1996) "The Policy Challenges of Globalisation and Regionalisation", *OECD Development Centre, Policy Brief,* No.11.

Rizvi, F. and Lingard, B. (2006) "Globaliation and the Changing Nature of the OECD's Educational Work", in Lauder, H. et al. (eds.), *Education, Globalization and Social Change,* Oxford University Press.

Sholte, A.,(2000), *Globalization: A Critical Introduction,* Palgrave Macmillian.

Spring, J. (2008)Globalization of Education: An Introduction, Routledge.

Stormquist, N.P. and Monkman, K. (2000) "Defining Globalization and Assessing Its Implications on Knowledge and Education", in Stormquist, N.P. and Monkman, K. (eds.) *Globalization and Education: Integration and Contestation across Cultures,* Rowman & Littlefield.

Welch, A. (1996) *Australian Education: Reform or Crisis?,* Allen & Unwin.

1 イギリス労働党ブレア政権の教育改革
——競争から協働へ

望田　研吾

はじめに

　1997年5月に成立したイギリス労働党ブレア政権は、第1期（1997年5月から2001年6月）、第2期（2001年6月から2005年5月）第3期（2005年5月から2007年6月）の、3期にわたって10年間政権を担った。この10年の間ブレア政権は「教育、教育、教育」という有名な言辞に示されるように、教育を国内改革における最重要事項と位置づけ教育改革に取り組んできた。イギリスの教育システムに大変革をもたらしたサッチャーとメージャーの保守党政権に代わって、ニューレイバーとして登場したブレア政権下の教育改革はどのような理念に基づき展開され、そしてどのような成果を生み出したのであろうか。筆者は、この10年間のブレア政権による教育改革の動きを、特に中等教育に関わる施策に焦点を当てて継続的に研究を行ってきた[1]。ここでは、ブレア改革の進行と平行して筆者が進めてきた調査研究を基に、10年にわたるブレア政権の教育改革の動きについて見ていきたい。

1．ブレア政権の教育改革案

　ブレア政権が実現したときの教育改革の概要は、1995年の政策文書『多様性と優秀性――学校のための新しいパートナーシップ』の中で示された（Labour Party, 1995）。同文書はその冒頭で「この文書は……すべての子どもに対し、発達し成功する機会が与えられるようなシステムの基礎を作るために作

成された。……学校に関する再度の大転換はもはやできない。これが、この文書がコンセンサスによる変化の探求を基礎としている理由である。このアプローチは、特に過去7年間、混乱、分断、そして削減をもたらした政府とは顕著な対照をなすものである」として、「すべての子ども」のための教育改革を進めるという労働党の伝統的立場を改めて掲げた。

『多様性と優秀性』は特に学校組織に関する6つの原則を示した。その第1は、学校の自律的な管理運営（Local Management of School, LMS）の継続・拡大であり、保守党政府が進めてきたLMSについては、それを覆して以前の地方教育当局主体の学校管理に戻すことは考えず、むしろそれを発展させる方向を示した。第2は、地方レベルのアカウンタビリティ重視の再確認であった。保守党政府は一連の教育改革において中央政府の権限を強化し、個々の学校の自律性を拡充する一方、中間段階の地方教育当局の権限については一貫してその削減を図ってきた。これに対してブレア政権は教育における地方レベルの重要性を主張し、地方教育当局に「柔軟性と対応性」や「リーダーシップと革新」に基づく多面的な役割を期待したが、かつての地方教育当局において、きわめて硬直した官僚的管理の弊害がみられたことは認め、地方教育当局がそのような状態に戻ることは許容しないことも言明し、地方教育当局は学校を支配するのではなくサポートしなければならないことを強調した。第3は「われわれはイレブンプラス試験による選抜への回帰には断固として反対する」という表現に見られる総合制の堅持であり、ブレア政権は選抜制度への回帰を認めないという強い姿勢を示した。第4は、親の学校選択の自由の容認である。以前の政策では親による学校選択の自由拡大に対して、現実には親の学校選択よりも志望者が定員よりも多くなる学校の場合には、学校による生徒の選抜がもたらされるとして批判的であった。しかし、『多様性と優秀性』では保守党政権時にすでに定着した感がある学校選択の自由を覆すことは困難であるとして、親の学校選択の権利を認めた。第5は、親の参加の拡大である。この点については、学校理事会における親代表の数の増加、地方教育当局の教育委員会への親代表の参加、地方教育当局における親フォーラムの設立という方策により、親の参加を拡大することを意図した。

第6は、シティ・テクノロジー・カレッジや国庫補助学校への方針である。以前の政策では、労働党はシティ・テクノロジー・カレッジや国庫補助学校が、学校の序列化をもたらし学校システムに分断を持ち込むとして、労働党が政権を握った場合には、それらを再び地方教育当局の管轄に戻すという方針を打ち出していた。しかし、シティ・テクノロジー・カレッジについてはその存続を認めるとともに、国庫補助学校の制度自体は廃止するものの公営学校の新たなカテゴリーとしてファンデーション・スクール[2]を設け、国庫補助学校的な大幅な自律性が維持されることを可能にした。以上のように、『多様性と優秀性』は、ブレア政権の教育政策の基本的目的が「すべての子どもための教育水準の向上」にあることを明言し、そのための改革構想を提案したが、保守党政府の政策とは180度異なる政策を打ち出すことは、教育に再び混乱をもたらすという配慮から、「すべての子どものためのベストの教育」の達成にとって、実質的に最も効果的な方策の実行を目指したのである。

　1997年5月の総選挙において労働党は教育問題を最重要事項として位置づけた。その基本的立場は「構造よりも水準の方が成功への鍵」という言葉に端的に示される。この言葉の意味は、労働党は教育改革の第1の目標として教育水準の向上を据え、そのための施策を最優先させるということであった。「構造」とは学校制度・組織のことであり、1960年代、70年代に労働党政府が推進した総合制中等学校への改革に代表される制度改革を前面に置くのではなく、水準向上にとって有効であると考えられる制度や実践は、保守党政権下で実施されたものであっても廃止などはしないことの意思表明でもあった。総選挙時の教育綱領においては、いくつかの重点的な教育施策が掲げられた。その中で、ブレア政権の水準向上に対する強い態度を表すスローガンが「低いパフォーマンスは認めない」（zero-tolerance of underperformance）であった。これはいわゆる失敗校が改善の見込みのないまま放置されるのを許容しないことであり、改善の見込みのない学校はいったん廃校にして「フレッシュ・スタート」したり、隣接の良い学校と統合することなどを打ち出した。また、第3の道による政策の表れとして、特に教育的不利への特別な

対策も盛り込まれた。その構想には例えば、インナーシティにある低い水準の中等学校と初等学校群を「教育アクションゾーン」として指定し、そこに付加的なリソースを注ぐといったことも含まれていた。

2．ブレア政権第1期の教育政策

　総選挙に勝利したブレア政権は、直ちに1997年7月、政権の新教育政策の骨格を示した教育白書『学校における優秀性』を発表した（DfEE, 1997）。白書はその冒頭において「教育、教育、教育」という表題を掲げ、政府が教育を最優先することを改めて確認した。そこでは、「構造よりも水準を優先させる」「低いパフォーマンスは認めない」といった教育綱領の公約が盛り込まれた。この根本理念の中には、「少数のものにではなく、多数のものに利益を与える」という伝統的な労働党政策の原理とともに、総合制中等学校の「現代化」や、水準向上という至上命題の実現のためには、保守党政権の下で推進された民間企業などとのパートナーシップの継承も含まれた。

　「低いパフォーマンスは認めない」を実行する場合の具体的施策においては「サポートとプレッシャー」のやり方がとられた。これは、質の高い教育を行っている学校に対しては、中央政府や地方教育当局はサポートに徹し干渉しないが、逆に低いパフォーマンスの学校に対しては、最終的な措置としての廃校も辞さないという強いプレッシャーで臨み、改善の目標を達成しようとするものであり、そのために教育雇用省には「水準タスクフォース」や「水準・効率性ユニット」が設置された。ブレア政権の「サポートとプレッシャー」の政策は、学校の自律性を軸としつつも中央と地方の双方において、教育水準向上のための機構をビルトインし、学校に対するいわば「アメとムチ」によって教育の質向上の徹底をはかるものであった。

　総合制中等学校の「現代化」は、ニューレイバーとしてのブレア政権の教育政策の特徴を端的に示すものであった。ブレア政権の総合制に対する姿勢は、かつてのイレブンプラス試験による早期選別制度には決して戻ることはなく、制度の枠としての総合制は堅持してゆくものの、従来のままの総合制

中等学校では、ややもすると生徒一人一人へのきめ細かな教育がおろそかになりがちであったと認めるものであった。その批判は、総合制に最も即した教育実践として推奨された混合能力編成に対しても向けられ、混合能力編成がすべての子どもの異なる才能を認識し、すべての生徒への優秀性の提供することにおいて不十分であったとして、科目別能力編成のセッティングを実施すべきであると主張した。混合能力編成が主流であった総合制中等学校において、優秀な生徒に対する教育が不十分であったとの認識から、セッティング推奨には能力の高い生徒への配慮を強めるという目的も含まれていた。
もう1つの特徴としてあげられるのは、親の学校教育への参加の強化である。労働党はかつて親と学校のパートナーシップ促進のための「学校・家庭契約」を提唱していたが、その方針を発展させ、親を受け身的な消費者としてしか位置づけていなかった保守党の政策と異なり、学校の教育に積極的に参加するパートナーとして親を位置づけようとするものであった。このため親の積極的参加の枠組みとして、学校理事会への親理事の増加とともに、地方教育当局の教育委員会への親代表の参加が実現した。これは親が地方教育当局の政策に対して直接的な影響力を持てるようにするために、親代表を委員会のメンバーに加えるものであった。子どもの教育に対して親を能動的なパートナーとして位置づけ、水準向上に役立てようとするこの政策は、市場原理の下での消費者としての親の性格が肥大化していた保守党政権下の教育との違いを浮き彫りにする重要な要素であった。

3．多様性と自律性の中の中等学校

　ブレア政権第1期における教育改革の重点は、初等学校生徒の基礎的な読み書き計算能力の向上に置かれ、初等学校終了の11歳での標準的達成水準に到達する生徒の割合を増やすことを目的とする全国読み書き能力向上戦略や全国計算能力向上戦略が実行され、学校における基礎的スキルに関する授業が重視された。
　2001年6月からの第2期ブレア政権による教育改革では、第1期の成果

に基づき教育改革の重点として、いっそうの教育水準向上のための中等教育改革推進が掲げられた。その中等教育改革構想の根幹は、2001年9月に出された白書『成功を達成する学校』の中で明らかにされた（DfES, 2001）。白書によると中等教育改革の根本的理念は多様性と自律性であった。白書が構想したシステムは、優秀性を目指す独自の「個性」（distinctive character）や「エトス」（ethos）を持つ学校が、孤立して競争するのではなく、お互いに協力し、相互に学びながら各学校の長所を伸ばしていくようなシステムであった。白書が「中等教育を変容させるわれわれのビジョンの中核には、すべての学校が水準を向上させ、すべての生徒のための機会を拡大するという使命を含む、独自の使命とエトスを発展させ、作りあげるという野心がある」というように、システムのベースに個性を持った学校が据えられた。そうした学校を基盤とする多様性を特徴とするシステムとは「それぞれ大きく異なるが、すべての学校が生徒への幅広いカリキュラムと高い水準を達成するための機会の提供において、同じように卓越している」システムであった。少数の学校のみが卓越するのでなく、すべての学校を動かし、優秀性を拡大し、成功を共有し、そして協働するようなシステムが目指されたのである。

　個性化を基盤とし、多様性を持つシステムを構築するために、推進されるべき具体的な施策とはどのようなものだったのか。その第1はいっそうのスペシャリスト・スクール（専門中等学校）の拡大であった。拡大は学校数の増加と専門分野の拡大の両面で構想された。スペシャリスト・スクールの数について白書は、2003年までに1,000校、2005年までに1,500校に増やすという目標を設定した。また、新たに専門分野として科学、工学、ビジネス・企業、数学とコンピューティングが追加されることとなった。第2は、スペシャリスト・スクールと並んでその優秀性を通じて地域の他の学校のサポートに大きな役割を果たすビーコン・スクールの拡充であり、その数を2005年までに400校に増やすことが提案された。第3は、教育実習の訓練において大きな役割を果たすトレーニング・スクールの拡大であった。第4は、不利な環境の地域にある学校の水準向上のためのシティ・アカデミーの増設であり、2005年までに20校のシティ・アカデミー設立という目標が

掲げられた。このように、『成功を達成する学校』は中等教育システムにおける多様性を独自の個性を持つ学校の多様化によって達成すべきであると構想したのである。

個性を持つ学校で構成される多様性を持つシステムを、さらに発展させていくために、白書で強調されたもう１つの理念が自律性の強化であった。ただ、すべての学校に一様に自律性を認めるのではなく「介入は成功の度合いに反比例する」との原則にしたがい、成功した学校にはそれに比例した大幅な自律性を認めるものであった。白書は「学校が成功し、十分なリーダーシップの下にあり、学校改善の満足すべき記録がある場合には、さらに高い水準の達成やさらなる革新にとって、学校側から見て障害となっているような条件や規制を免除することを望む」として、成功した学校には例えばキー・ステージ４でのナショナル・カリキュラムにとらわれない柔軟なカリキュラムの拡大、教師の待遇や勤務条件における柔軟性（より優秀な教師をリクルートするためのインセンティブなど）の強化によって、いっそうの発展を奨励しようとした。『成功を達成する学校』は「個性を持つ多様なタイプの学校で構成される多様な中等学校のシステム」を構築し、その中の個別的競争ではなく相互の協働を通じて学校全体の、そしてそこで学ぶすべての子どもたちの教育水準を引き上げていくことを目指したのである。

このようにブレア政権初期に出された重要な教育白書の中で、協働の要素が、教育水準向上のためには必要であるとの指摘がなされたことは、第２期ブレア政権が、協働を学校システム全体の質向上にとって重要なものとして位置づける姿勢を明確に示すものであった。

４．多様性と総合制

では、ブレア政権が推し進めた多様性と自律性を軸とする中等教育改革と、政権が中等学校制度の根幹として堅持するとした総合制との整合性はどのように図られたのであろうか。

上述のように政府の中等教育改革における戦略は、独自の長所とエトス

なわち個性を持ち、革新を持続する学校が、それぞれのユニークさを追求するとともにシステム全体の水準向上のために他の学校と協働することによって、すべての生徒にとっての水準向上を図るというものであった。そこで、特に強調された多様性の利点とは、学校間の協働やネットワークの強化によってもたらされるスペシャリズム（専門）や資源の共有であった。それによって学校は強みを持つ分野を発展させる機会を持つとともに、他の学校の専門と資源を共有でき、生徒は学校間協働やネットワークによる学習機会の拡大を享受できるのである。さらに教師も、他の学校の教師とよい実践を共有し、共同の研修機会などによってその専門性を高めることができるようになる。このように多様性と自律性を特徴とする学校システムが協働しながら全体の水準向上を目指すためのシステムが構想されたのである。

　この多様性の推進において問題となるのが、多様化に伴う学校の階層化であった。中等学校の総合制化は、3分岐システム下での学校の階層化に伴う不平等を解消することを目的としたが、中等学校の多様化が学校の階層化につながるとの見方も根強く存在してきた。労働党自体、保守党政府による国庫補助学校やシティ・テクノロジー・カレッジの設立に対して、それらが学校の2層システムをもたらすとして批判をしたこともあった。しかし、ブレア政権は総合制の「現代化」推進を言明し「現代化」された総合制の枠内における多様性を追求しようとした。この点について2002年の政策文書『教育と技能—改革のための投資』は、古い総合制と現代化された総合制を対比させ、「総合制中等学校の指導理念は、入学は選抜的であるべきではないということであった。しかし、いったん生徒が学校の門の中に入った後、総合制教育が何を意味するかについての明確なビジョンはなかった。……しばしば、'全サイズ共通'的アプローチがとられた。そのシステムは主に生徒を平等に取り扱うことに関心を払い、卓越性と多様性には真剣に取り組まなかった。……あまりにも多くの学校で、低学力の文化が存在し、生徒の達成度の低さの口実に社会的背景があげられた」と、古い総合制がすべての子どもにとっての教育の質の向上にはつながらなかったと批判した（DfES,2002a）。こうした低学力を容認し、低い水準のままに留まってきた総合制中等学校を

「すべての生徒に対し高い期待を持ち、良質な教育を提供するために現代化すること」が目指されたのである。さらに「現代化」された総合制と、学校が孤立していた古い総合制の違いを最も際だたせたのが「最良の学校を利用してシステム全体を底上げし、学校が相互に学び合い、学校が連合して共同で水準をあげる努力」をする学校間協働であり、協働は多様性と自律性を軸とするシステムにおいて、従来の競争に代わって中核となるべき要素として強く推奨されたのである。

5．協働へのシフト

　こうした協働の要素が、第2期以降のブレア政権の教育改革において、どのように個別のプログラムの中に組み込まれていったのであろうか。ブレア政権は中等学校改革のさらなる進展を図るために2003年2月に『新たなスペシャリスト・システム――中等教育の変革』と題する政策文書を公表した(DfES, 2002b)。政府が目指した新たなスペシャリスト・システムとは「すべての学校が独自の専門的エトスを持ち、最良の実践を広げ水準を向上させるために他の学校と協働し、すべての学校が授業と内部組織を革新する」ものであり、すべての学校がユニークな個性を持ちながら、革新を通じて優秀性を達成するとともに、協働によって優秀性を拡大、普及させていくようなシステムであった。そのため、2006年までに少なくとも2,000校のスペシャリスト・スクールを作るとともに、新たな専門として音楽、人文（歴史、地理、英語）、農業科目を導入することを提案した。

　こうして協働の原理はスペシャリスト・スクールをコアとする新たなスペシャリスト・システムにおいても、重要な要素として改めて位置づけられた。ブレア政権は保守党政権が開始したスペシャリスト・スクール制度を継承したが、政権発足当初からスペシャリスト・スクールに対して「コミュニティへの貢献」という新たな役割を課し、他の学校やコミュニティとの協力をとりわけ重視した。すなわちスペシャリスト・スクールがセンター・オブ・エクセレンスとして発展するとともに、単独で優秀性を達成するのではなく、

その優秀性を他の学校、コミュニティに広げることによって、地域全体の教育の質向上を重要課題として設定したのである。この理念に沿って同文書は「専門化の利益は学校が協働し、そのスペシャリズムと経験を共有するときに倍加する。すべての学校における改善のための力量の形成は、学校が良い実践を拡大し、スペシャリズムに関する資源と知識・技能を共有し、低い達成しか得られていない学校の問題に取り組むための共同責任を引き受ける場合に、巨大なものになりうる可能性を持つ」と、協働の重要性を強調したのである。

協働推進における重要な枠組みの1つとして構想された制度が学校連合であった。学校連合は、2001年9月に出された教育白書『成功を達成する学校』において最初に提案された。白書は理事会が小規模学校を統合したり、成功している学校と「弱い学校」を連合させることを望む場合には、理事会をグループ化し、協働するための枠組みを政府は提供すると学校連合の可能性に言及したが、この構想はその後進められ、学校連合についての規定は2002年教育法に盛り込まれた。

学校連合は「一定程度のガバナンス活動を共有し、水準向上のために協働する2校以上の学校群である」と定義された（DfES, no date）。学校連合のタイプとして、単一の理事会の下に置かれる2校以上の学校によって結成される学校連合、2校以上が各学校の理事会を維持したまま合同委員会を設置して連合するタイプ、2校以上の学校が特定の目標を設定し文書によるフォーマルな協定を結んで連合するタイプの3つが構想された。このように学校連合の形態について、フォーマル（ハード）なものからインフォーマル（ソフト）なものまでが例示され、学校連合促進のために柔軟なアプローチが採用された。学校連合による効果が特に期待されたのは、いわゆる「強い学校」と「弱い学校」とが組む学校連合であった。これは「弱い学校」の改善のための、より強固な枠組みとして「強い学校」の側のリーダーシップとサポートによる「弱い学校」の向上を特に目的とするものであった。

こうした施策によってブレア政権が目指したのは、より強固な学校間協働の枠組みづくりであり、またそれを支えるための学校や教育を取り巻く「教

育文化」の変容であった。この「教育文化」の変容について、筆者がインタビューした教育技能省（DfES）の学校連合担当官は、「私たちが推進しようとしているのは『パートナーシップ文化』です。それは命令による『インフォームド・プレスクリプション』(informed prescription) から協力し合って改革をすすめる『インフォームド・プロフェッショナリズム』(informed professionalism) への転換です。解答を知っているならお互いに協力し合いましょうという姿勢です。今までの競争的体質はあまり助けにはなりません。そこから離れることが大事です。……健全な競争はあるべきだと考えますが、後に取り残される学校がないようにしなければなりません」と、明確に協働的「教育文化」へのシフトを推進していると述べた（2003年9月20日インタビュー）。

　教育政策の中核的要素として協働を重視するブレア政権の方針は、その後の政策文書においていっそう明らかとなっていった。例えば、2004年に出された『子どもと学習者のための5ヶ年戦略』と題する文書はますます多様化した「個人化されたシステム」を運営するためには、すべてのレベルにおける優れたリーダーシップと高い専門水準とともに、協働とパートナーシップが必要であることを強調し、学校が相互に学び合い、ともに改善することによってお互いにサポートし合うような初等学校ネットワークの必要性を強調した（DfES, 2004）。さらにその後、協働とパートナーシップを教育システム運営の中核的要素として位置づけるために、2005年の『教育改善パートナーシップ——学校改善とサービス提供の改善のための地方における協働』と題する政策文書において、学校、継続教育カレッジ、他の教育機関、他の行政機関、そしてボランタリー団体の間での協働の枠組みを確固たるものにするための「教育改善パートナーシップ」が提唱された（DfES, 2005a）。

　このようなブレア政権の教育政策の変容について分析したエバンスらは「政府の政策は、多様性に基づく競争が改革への主要な動因であった立場から、個別的なニーズに応じて作られた多様性と教育システムが、協働とパートナーシップの形態を通じて提供される立場へと転換した」と、競争から協働への明確なシフトを指摘している（Evans et al., 2005, p.232）。

6．リーディングエッジ・パートナーシップ・プログラム

　学校間協働の原理に明確に依拠し、中等学校改善や中等教育の水準向上を目的としたリーディングエッジ・パートナーシップ・プログラム（Leading Edge Partnership Programme, 以下 LEPP）は、協働的「教育文化」への変容を目指す重要な施策であった。LEPP ではリード・スクールとパートナー・スクールとの間のパートナーシップが形成される。リード・スクールは優れた教育実践の実績を持つ中等学校であり、パートナー・スクールは生徒の低学力などの問題を抱え、困難な環境にある近隣の中等学校や初等学校である。LEPP は、学校側からの申請に基づき教育技能省が認定する競争的なものであり、認定された場合には年間6万ポンドの補助金が3年間リード・スクールに交付される。リード・スクールは一般にリーディングエッジ・スクールと呼ばれたが、リーディングエッジとは「先端的革新」という意味であり、認定においては、革新と学校改善における優れた成果や、他の中等学校、特に成績が低い学校や困難地域にある学校とのこれまでのパートナーシップの実績が重視された。2007年7月1日に実施に移された LEPP は当初、それまでに300校を認定する計画であったが、2006年10月段階で認定された学校は205校であった。

　LEPP ではその効果を高めるために全国的な実践の共有が重視された。こうした全国的展開のために、「革新と優秀性を同定し、拡充し、共通して、システム全体にわたる改善を図る」ことを目的として全国運営委員会が設置されたり、各学校の交流と実践の共有をさらに組織的に行うために全国協議会議も作られた。こうして LEPP は個々のプログラムによりながらも、その成功例を全国的に広げて普及させるという要素も重視したが、それは個々の実践の積み重ねを、全体にわたるものに拡げて効果的に水準向上につなげるという戦略に基づくものであった。

　リーディングエッジ・スクールにおいて、パートナーシップに関わって具体的にどのような実践が行われたのか。2005年の教育技能省による学校の自己評価のまとめによると（DfES, 2005b）、協働の具体的形態の中で、最も

多かったのは「学校間での共同の教員研修、カリキュラム実践や教材の共有」であった。この共有においては、「教員と授業の共有」「生徒の成績などのデータの共有」といった実践も取り組まれていた。これに示されるようにLEPPにおける協働を進める中心的方法は、さまざまな共有であり、特にリーディングエッジ・スクールの優れた資源のパートナー・スクールへの開放による、パートナー・スクールへのサポートが特徴的なものであった。

ところで、こうした協働原理推進の動きに対して、現場の校長たちはどのような意識を持ったのであろうか。筆者は2005年と2006年にリーディングエッジ・スクールを訪問し、インタビューなどを通じて校長たちの意見を聞く機会を持った。ここでは、特に競争原理と対比される協働原理についての校長たちの意識について見てみたい。

現在でもイギリスの学校システムは、システムの特質としては親の学校選択が実行され、リーグ・テーブル[3]も依然として大きな力を持っていることに表されるように、競争の要素は色濃く残っている。その中で、ブレア政権は協働原理を推進してきたのであるが、現場の校長たちは、この競争と協働についてどのような意識を持っており、将来の方向性についてどのように考えていたのであろうか。

1人の校長は、政府の政策における競争から協働へのシフトについて、以下のようにコメントした。

「それ（教育技能省が現在、協働を奨励していること）は、私は、皮肉なことだと思います。というのは、教育技能省が、教育水準局（Ofsted）[4]の査察によってリーグ・テーブルと、競争を作り出したからです。ただ、リーグ・テーブルと教育水準局の査察は、欠点はたくさんあるにしても、過去10年において学校改善にとっての最も強力な手段だったのです。ですから、それらが私たちの関心を学校改善に向けてくれたことに感謝するべきです。しかし、学校間の競争はあまりにも厳しかったので、場合によっては弊害の方が目立つようになりました。ですから、政府による協働の推奨は後知恵によるものです。しかし、優

れたスクール・リーダーなら、他の学校の良い実践から学ぶべきことがたくさんあることを知っています。私のように比較的短期間に数校で働き、前に勤務した学校での良いアイディアを新しい学校に伝えた経験を持つものは、協働は前進するためにはいちばん良いやり方だと考えています」(H校校長：2005年9月28日)

また、協働の持つ実際的価値について、別の校長は以下のようにコメントした。

「協働的アプローチは、（競争より）はるかに健全だと思います。もちろん、それは難しいものですが、困難な課題は、教室に対してますます影響を与えるようになった社会問題の中でどのように教育をしていくかということです。そして、誰かがそうした問題のうち、いくつか解答を持っているなら、他の人とそれを共有した方が、同じ解答を別々に見つけようとするよりも、はるかに早道だと考えます。

今夜、この市の全学校、36校の初等学校、中等学校、継続教育カレッジ、特別支援学校の校長が集まって、協働について話し合う会合があります。それ自体、大変ユニークなことです。過去を振り返ってみると、競争は中等学校だけの問題ではありませんでした。初等学校についても、生徒数の減少は大きな課題でした。自分の学校にどのようにして生徒を惹きつけるのか。学校が閉校にならないようにするためだけに生徒を惹きつけようとするのか、それとももっと思慮深い理由からなのか。結局、子どもの数が少なければ、学席[5]は埋まりません。しかし今、人々が話し合うために同じテーブルにつくようになったことは、以前にはなかった大きな変化です」(F校校長：2005年10月5日)

さらに、より強く協働原理を推奨し、競争原理を厳しく批判した校長もいた。

「競争についての個人的な思いは呪いのようなものです。それは、教育のあるべき姿ではありません。だから、私は協働のコンセプトに諸手を挙げて賛成します。協働の原理は正しいものだと考えます。競争から離れていく原理はすばらしいことです。競争がうまくいくという証拠はありません。しかし、金の縛りを完全に取り去らない限り、競争から逃れることはできません。というのは、私の学校の生徒を他の学校がとったなら、私の学校の資源が減るからです。本校は幸運です。私たちは非常に成功している学校なので、生徒を引き抜くのは私たちの方で他の学校ではないからです。だから、私が協働を積極的に支持することは容易なのです」（G校校長：2005年9月29日）

あるパートナー・スクールの校長は、競争と協働との関係について、次のように述べた。

「競争は推進力を与えることができますが、協働は、アイディア、手段、そしてサポートを与えます。わが校は常により良い学校になることを望んできましたが、改善されて競争力をつけるだけの助力とサポートを得ることができませんでした。成功するのに必要なものがなかったのです。より良い学校になろうとする推進力に加え協働があれば、競争と協働が結び合わさって成功に導くことができると考えます」（HC校校長：2006年9月29日）

しかし、もちろん、協働原理に立脚するLEPPに参加している校長たちは、協働を唱導する立場にあるが、現状においては、まだ競争と協働の間に矛盾的要素があることも意識していた。ある女子校の校長は、男子校と協働する方が容易なことを認めながらも、協働原理の進展が校長たちの意識の大きな変化をもたらす可能性に言及した。

「競争と協働の間の矛盾は、大ロンドンの外にあるここのような地

域では特に問題をはらんでいます。政府のプランは全体としては競争の促進によって水準を上げることです。と同時に、協働しなさいといっています。非常に矛盾があります。協働しても学校として水準を維持できることに、大きな自信がなければなりません。この説明にはビジネス界のように'市場のシェア'という言葉を使うことができます。他の学校をサポートしながら、自分の学校の達成水準も維持することに、自信を持っていなければなりません。それは重要なことです。私たちの学校は、地域の男子校と学校連合を作る予定です。それは矛盾ではありません。相手は男子校で私たちは女子校だからです。私たちにとって、同じ女子校より男子校の方が協働することは容易です。

　私たちはビーコン・スクールとしてさまざまな学校と協力してきました。多くの学校と実際に協働することは、1つの学校だけでは解答を持っていないので、違う立場で『これが問題なのです。一緒に取り組みましょう。解決策は何ですか』と問えるグループを作れることを意味します。しかし、それはまたこれまでとは異なる精神構造を持たなければならないことを意味します。私たちが自分の学校の生徒のことだけを考えるのをやめて、もっと広く、またコミュニティのニーズについても考えることだからです。だから、大きな変化なのです」
(C校校長：2005年10月4日)

　こうした協働と競争の矛盾という存在は、ブレア政権の教育改革における基本的立場から派生していることが、多くの論者によって指摘されている。ニューレイバーとして出発したブレア政権は、「構造よりも水準」を掲げ、保守党政権が開始した親の選択拡大やリーグ・テーブルなどの施策を撤廃することなく、水準向上に役立つものは継続するという立場をとり、いわば「現実的」政策を推し進めてきた。そのため、実際の政策の中に矛盾する要素が混在する結果をもたらした。この点についてテイラーらは「学校間の協働とネットワーク化の促進は、すべての学校の水準向上にとっては有効な戦略であるかも知れないが、それはおそらく教育システムに確固として組

み込まれた学校選択と競争の存在には無頓着なままなのである」(Taylor et al., 2006, p.64) と、協働と競争の併存によって生じる矛盾を批判している。またパム・サモンズは、水準向上と失敗校を減らすというブレア政権の目標について総括的評価を行ったが、その中で、「教育アクションゾーン」や、「都市における優秀性」といった不利な立場にあるグループに対する特別な施策と、特に中等教育における多様性の拡大は、実際には逆の方向性にあったと指摘している (Sammons,2008,p.653)。さらに、リチャード・プリングも学校間のパートナーシップの推進と、現実における競争の促進との間に政策上の緊張が存在し、学校の多様化の方が学校間協働よりも政策においては目立っていたと批判した (Pring, 2008, p.680)。こうした矛盾する要素が現実には残存するにもかかわらず、第2期以降ブレア政権は協働へとその重心をシフトさせていったのである。

7．学校主導のシステム・リーダーシップ

学校連合やLEPPといった協働原理に基づく施策の根底にあるコンセプトとして、教育技能省の水準・効果ユニット責任者を務めたことのあるデビッド・ホプキンスが提唱する「学校主導のシステム・リーダーシップ」(school-led system leadership) がある (Hopkins, 2007)。ホプキンスは、大規模な変化を達成しそれを持続可能なものにするには、「トップダウンあるいはボトムアップという直線的な論理」から解放され「全体にわたる改善への共通の目標を備えた、トップダウン方式とボトムアップ方式の両方の良点を備えたアプローチを発展させることが必要である」と主張する。その場合、ホプキンスは「国家的処方」(national prescription) と、「学校が主導する改革」(schools leading reform) とを対比させる。「国家的処方」は中央によるトップダウンの改革であり、その一例がナショナル・カリキュラムである。それとは対照的に「学校主導の改革」は「学校による、学校のために」という原則に基づくものである。このアプローチでは、教育改革は変化と改善を引き起こし、持続させる学校自身によって推進される。国家的処方ではアカウンタビリティと競争

が大きな要素となるが、学校主導の改革では学校間のネットワーキングと協働が重要となる。このアプローチにおける最も重要な推進要素はシステム全体のことを考えるシステム・リーダーシップである。システム・リーダーシップの浸透において大きな役割を果たすのは、ホプキンスによれば、リーディングエッジ・スクールの校長たちのような「自分自身の学校とほとんど同じくらい他の学校の成功に関心を持つ」システム・リーダーであり、こうした校長たちは「1990年代に支配的であった競争的校長観とは対照的な考え」を持つようになっているのである。

以上見てきたように、協働原理を具現するプログラムとしての学校連合やLEPPは、学校主導のシステム・リーダーシップや全体にわたる改革というコンセプトの中に組み込まれ、いっそう、強固な基盤を与えられていくのである。

8．トラスト・スクールの展開

以上見てきた競争的「教育文化」から協働的「教育文化」への転換の路線に沿って、2005年にブレア政権が教育改革における最重要事項として提案したのがトラスト・スクール制度であった。トラスト・スクールの目的は、ブレア政権が推進してきた教育システムにおける協働原理をいっそう強固なものとし、それを持続可能なものとすることであった。

トラスト・スクールの構想は、2005年10月25日の教育白書『すべてのもののためのより高い水準と、より良い学校』において提案された（DfES, 2005c）。その序文でブレア首相は「われわれは、学校がさらに発展するために、学校に与えられる自由度をさらに高めようと思う。…われわれの目的は、授業料支払いのない独立した公的学校のシステムを創り出すことである」と述べ、この改革のための最重要の制度としてトラスト・スクール導入を提唱したのである。公的学校に、より大きな自律性を与えることが強調された理由は、教育システム全体の改革を促し、それを持続可能なものにするためには「改革が学校の中に組み込まれ、自己持続的なものとなり、学校と親に

よって主体的に推進されていく」ことが必要であると考えられたからであった。

では、トラスト・スクールとはどのような学校であろうか。トラスト・スクール導入の最も大きな理由は、2001年以降、ブレア政権が重視してきた学校教育における協働とパートナーシップのさらなる強化であった。2006年11月の教育技能省による政策文書『トラスト・スクールが提供するもの』では、「学校は、他の学校と協働し、その協働から学ぶときに、また、外部パートナーの熱意と専門性を利用するときに、さらに地域コミュニティと密接に協力するときに、最も高い達成を示す。われわれは今、すべての子どもが最良の機会を獲得し、最高の水準に到達するのを保障するために、こうした強みを最大限利用し、それに依拠しなければならない」として、トラスト・スクールを協働とパートナーシップのさらなる強化のための、最重要の制度として位置づけた。(DfES. 2006a) もちろん、これまでも学校はさまざまなかたちで協働とパートナーシップを実践してきたが、しかし「協働を維持することは、学校によってかなりの時間と努力が費やされた後でも、特定の個人の転出や優先事項の変化によって維持するのが困難な場合」がしばしば見られたために、トラスト・スクール制度の構築によってフォーマルな枠組みにおける協働とパートナーシップの持続的推進への効果が表れることが重視されたのである。

トラスト・スクール制度の大枠は、トラストを結成しそのトラストが傘下の学校をサポートするというものである。2006年教育・監査法の規定によって、トラストは公益法人でなければならず、公益法人としての業務を適切に遂行することが義務づけられた。トラストのメンバーには、個人または組織（団体）が加わることできるが、これらがトラストの方針を決定し理事を任命する。理事はトラストの日常的管理運営を行うとともに、トラスト傘下の学校理事会にトラストを代表する学校理事を任命する。トラストは、その任務遂行のために傘下のトラスト・スクールの土地、建物、資産を保有する。政府の構想においてはトラスト・メンバーとして、大学や継続教育カレッジ[6]、教育関係の公益法人、企業、コミュニティグループ、地方当局な

どの参加が期待された (DfES, 2006b)。

　トラストによってサポートされるトラスト・スクールの特質はどのようなものであるのか。トラスト・スクールは 2006 年教育・監査法の規定にしたがえば、学校のタイプとしては「公益団体（すなわちトラスト）によってサポートされるファンデーション・スクール」であり、トラスト・スクールの運営資金は、他の学校と全く同じベースで地方当局から、トラスト・スクールとなる前と変わらず提供される。したがってトラスト・スクールになったからといって同じ他の学校より多くの運営資金が与えられることはない。しかし、トラスト・スクールは地方当局からの運営管理上の独立性を有するために、学校の土地、資産の管理、教職員の雇用、入学基準の設定は学校理事会が行う。またトラストは当該学校理事の過半数を任命できる。入学基準については、能力による選抜を禁止した全国共通の「学校入学要項」に従わねばならず選抜的要素を含む新たな基準を設定することはできない。さらに他の学校と同様にナショナル・カリキュラムの枠に従わなければならず、Ofsted による査察も受ける。

　ブレア政権はトラスト・スクール推進のためにトラストとトラスト・スクールとの関係を、柔軟にする方針を打ち出し、主に 3 タイプのモデルを提示した (DfES, 2007a)。第 1 は、例えば同じ専門の複数のスペシャリスト・スクールを一つのトラストがサポートするように、単一のトラストの傘下に全国の複数の学校が置かれるものである。第 2 は特定の地域の学校が協働するために 1 つのトラストを結成するものである。第 3 は、個別の学校が単一のトラストの下に置かれるものである。このタイプは大学、コミュニティグループ、地元企業などの外部パートナーとの関係をいっそう強固にすることによって、外部パートナーの持つ専門知識などを、学校の水準向上のために積極的に利用することを目的としている。

　教育技能省によると 2007 年 5 月段階では全国で約 200 校がトラスト・スクールへの転換を計画していたが、当時のブレア首相は「トラスト・スクールになることを望む学校の数は、期待した数の 2 倍に達する」と、トラスト・スクールへの高い関心を歓迎した (DfES, 2007b)。トラスト・スクール

制度はブラウン政権になった後の2007年9月から正式に施行されたが、その時点で13のトラストが結成され、その下で30校がトラスト・スクールとなっていた。2008年4月には、さらに20校がトラスト・スクールとなり、また116校がトラスト・スクールとなることを認められる予定であることが発表されたが、2008年9月の時点では、DCSFの資料によると全国で113校がトラスト・スクールになっていた。

　これらのトラスト・スクールの1つの事例として、筆者が2008年9月に訪問したノースベッドフォードシャー・スクールズ・トラスト（North Bedfordshire Schools Trust, 以下NBST）について見てみたい。NBSTは、ノーズベッドフォード州にある学校群と外部パートナーとして参加した地域の企業、大学、継続教育カレッジとで構成されたものであり、教育技能省のモデルの第2のタイプに当たる。この地域の学校システムは、ローワー・スクール（5歳～9歳）15校、ミドル・スクール（9歳～13歳）3校、アッパー・スクール（13歳～18歳）1校という3段階の学校で構成され、トラスト全体では生徒数約5,500人を擁し、アッパー・スクールを頂点に置くピラミッド構造を成している。トラストに参加している外部パートナーは、地元に持つ研究所のユニリーバ・リサーチ、情報システム会社のキャピタ・シムス、継続教育機関（わが国の専門学校に相当する）のベッドフォード・カレッジ、そして高等教育機関のクランフィールド大学であった。

　NBSTはこの地域の学校間協働を強化するとともに、地域の企業と高等教育機関、継続教育機関との長期的で持続可能なパートナーシップを構築する目的で設立された。設立に際して「われわれは、学校が孤立して運営される時代はすでに過ぎ去ってしまっており、またわれわれが協働する限りにおいて21世紀の革新的教育が可能になると信じる」と、はっきりと学校間協働の意義が強調された。NBSTが具体的に目指すものは、トラストに参加したすべての学校の水準のいっそう向上であり生徒たちに質の高い学習経験を提供することであった。そのための活動の焦点として「NBSTの学校間および他の学校との間の協働をさらに進める」「科学、ICT、言語におけるリソースと専門性を改善する」「全ての生徒にとっての職業学習と個人化された学

習[7]の機会を発展させる」などの目標が掲げられた。この地域で、学校間協働をいっそう促進するためのトラストが作られた主な理由は、ローワー・スクールからミドル・スクールを経てアッパー・スクールへと、生徒が進学する３段階のシステムの中で、例えば上級の学校で学習意欲をなくしてしまう生徒に対していっそう効果的に対処するためには、早期段階からの学校間協働と連携が必要ではないのかという校長や教師たちの間に強く存在した意識であった。

　このトラストの構造を見ると、トラストの基本的方針決定のために、トラストに参加する学校19校と外部パートナーの代表各１名で構成される評議員会が置かれ、その下に、具体的活動を行う「サービス調和委員会」と「カリキュラム革新委員会」という２つの委員会が設けられていた。サービス調和委員会は、19校というスケール・メリットを最大限生かして、例えばできる限り経費を抑えるために、学校グランドのメンテナンスやコンピューターを一括して契約、購入するための調整をしたり、さまざまな資金獲得のために忙しい校長に代わって申請書を作成するなどの活動を行っていた。カリキュラム革新委員会には、このトラストが重視する科目（科学、数学、芸術、外国語、スポーツ）や革新にかかわる事項（生徒への介入戦略、リーダーシップ訓練、ITとバーチャル・ラーニング環境、教育資金、学校組織など）を担当する作業部会が置かれ、これらの作業部会を通じて各学校間の協働・連携や外部パートナーによるサポートが実際に行われる。例えば、リーダーシップ研修の作業部会は、多くの場合校長になるための研修などを受ける機会がほとんどないローワー・スクールの教員に対して、共同のリーダーシップ研修の機会を提供したり、外国語部会では、アッパー・スクールのフランス語教員がローワー・スクールやミドル・スクールでも教えることによって、トラスト下の学校全体のフランス語教育の質を向上させることも試みられた。

　外部パートナーの学校へのサポート活動については、例えばユニリーバ・リサーチはその研究所の科学者を学校に派遣して、科学への興味や関心をかき立てるような学校ではできない実験（子どもたちが中に入れるシャボン玉を作る）をして見せることや、キャピタ・シムスは学校のコンピューター・シス

テムにデータ処理プログラムを提供するなど、その専門知識、技術を生かしたサポートを行っていた。両社がトラストに参加した主な動機は、地域の学校教育の質向上への貢献という、いわゆる企業の社会的責任の遂行であるが、企業側も間接的なメリットを意識していた。特に、ユニリーバ・リサーチは研究所に優秀な研究者をリクルートするためにも、職員の子どもたちが通う地域の学校の水準向上に取り組むことが必要と認識し、またキャピタ・シムスも自社製品の改善にとって、学校でそれを使ってもらうことが役立つと考えていた。このようにトラスト・スクール制度の中で企業が学校をサポートすると同時に、学校も企業をサポートする双方向のパートナーシップ関係も見られたのである。継続教育カレッジのベッドフォード・カレッジは、特に学校での学習意欲を失ってしまいがちな、大学進学志望ではないアッパー・スクールの生徒たちに対して、週のうち3日は学校で、2日はカレッジで教育を受け、学校では学べないような実際的、職業的な学習を可能とするための機会などを提供していた。

　以上のようにNBSTは地域の学校全体の協働と外部パートナーのサポートによる教育の質向上をさらに促進する強固な枠組み作りのためにトラスト・スクールを導入したが、その中の実践を通じて関係者の間の「トラスト」（信頼）も、より強くなっていったと、校長たちは学校間協働の意義を強調していた。

9．コーポラティブ・トラスト・スクールの推進

　2007年6月に政権を引き継いだブラウン政権も、協働とパートナーシップをさらに推進する制度としてのトラスト・スクールを継続して拡大する方針を打ち出した。しかし、トラスト・スクールに対して当初から反対してきた全国教育組合（NUT）などの主な教員団体は2006年教育・監査法成立後も、依然としてトラスト・スクールに対しては反対の態度をとり続けた（NUT, 2007a, 2007b, 2007c）。NUTなどの反対の主な理由は、トラスト・スクールが地方当局から独立することによる「民主的なアカウンタビリティ」の欠

如、独自の入学基準やカリキュラム編成上の自由がもたらす学校間格差への懸念であり、民間企業を含む外部パートナーによって学校がコントロールされる恐れがあるというものであった。こうした批判に応えトラスト・スクールのモデルに立脚しながらも、親、教職員、地域コミュニティの学校教育への参画を増大させることによって、水準向上を図ろうとするのがコーポラティブ・トラスト・スクール（Co-operative Trust School, 以下CTS）である。

　ブラウン政権はブレア政権下で構想されたトラスト・スクール制度は、現政権下においても「旗艦的」教育政策として、継続して推進する方針を打ち出した。こうした中、子ども・学校・家族省のエド・ボールズ大臣が特に重視する学校がCTSである。CTSはイギリスで生まれ発展してきた生活協同組合運動と連携し、学校教育への親や地域住民の参画をいっそう強化するための枠組みとして生まれたものである。

　CTSは、トラスト・スクールの枠組みの中で生協運動の「自助」「自己責任」「民主主義」「平等」「公平」「連帯」などの価値を基盤にして、それらを学校組織やその教育活動の根幹に据えて取り組む学校である。これらの価値の中で、学校ガバナンスにおいて重要な意味を持ってくるのが、「民主主義」「平等」「公平」「メンバーによる民主主義的なコントロール」であり、これらは学校運営や教育実践、学校と外部との関係における民主主義的価値・原理の重視に結びつくことが期待されている。特に意思決定における「1人1票」という平等な決定権の付与は、学校ガバナンスにおける従来のやり方とはラディカルに異なる方法の可能性を持つとされる。生協の価値・原理における基本は、メンバーが組合について自分たちのものという意識（オーナーシップ）を持ち、運営や活動に積極的に参加することである。CTSの特徴は、学校にかかわる全てのステークホルダーにオーナーシップ意識を醸成するとともに、参画のためのしくみをトラスト構造にビルトインしていることである。この参画を保証する組織がトラストの中の「フォーラム」または「カウンシル」であり、それを通じて「民主主義」「平等」「公平」といった中核的な価値が、学校の中に浸透することが期待されている。したがって、CTSと他の一般のトラスト・スクールとの構造上の違いはフォーラム（カウンシ

ル）を通じての民主主義的参画のルートの存在である。こうした特質を持つ CTS をボールズ大臣は積極的に推進する方針であり、2008 年 9 月 11 日、その数を 100 校に増やすために総額 50 万ポンド（1 校あたり 5,000 ポンド）の補助金を交付する試行プログラム実施を発表した。

　コーポラティブ・モデルによる学校作りへの関心が高まる中、2008 年 3 月にイングランドで最初の CTS となった学校が、レディッシュ・ベール・テクノロジー・カレッジ（Reddish Vale Technology College、以下 RTVC）である。RVTC はマンチェスター近郊のストックポート市にある生徒数約 1,400 人の 11 歳から 16 歳までの生徒が学ぶ総合制中等学校のテクノロジー・カレッジである。RVTC は、極端に「問題を抱えた」な環境にある学校ではないが、いわゆる恵まれた地域にある学校でもない。そうした条件下にある RVTC が、CTS への改革を断行したのは、それが学校再生やコミュニティ再生にとって、より有効なしくみと考えられたからであった。

　RVTC のトラストを構成する外部パートナーは、「ストックポート・カレッジ」（継続教育機関）、「ストックポート・カウンシル」（地方当局）、そしてイギリス最大の生協「コーポラティブ・グループ」とその傘下の「コーポラティブ・カレッジ」であり、他のトラストによく見られる民間企業は含まれていない。トラスト結成の大きな目的となったコミュニティ再生について、RVTC では「社会的・経済的再生のサポート」「コミュニティ統合、他者への配慮、自助、高い願望の強化」「金融についてのリテラシー、社会的責任、経済的福利の促進」といった観点で取り組むことが計画された。この点についてコーポラティブ・トラストへの移行に中心的役割を果たした副校長のフィル・アーノルドは、筆者のインタビューに答えて「コーポラティブ・トラストはパートナーシップを構築し、私たちのローカル・コミュニティの変化するニーズに対応するための、継続的安定に必要な足場を提供してくれます」（2009 年 3 月 11 日インタビュー）と、コーポラティブ・モデルの有効性を強調した。RVTC のフォーラムは生徒、保護者、教職員、地域住民、地域の組織（警察、病院、NGO など）の代表で構成され、トラスト理事の任命と罷免を含む大きな権限を与えられ、またフォーラムの意思決定では「1 人 1 票」

の原則が適用され、生徒代表も他の代表と同等の発言権を持っている。

　学校教育への生協的価値の進展・拡大の背景には、学校側からの関心の高まりとともに、生協側の公的学校への関与の増大がある。CTS推進に中心的役割を果たしているコーポラティブ・カレッジCEOマービン・ウィルソンは、生協側の学校教育への関与増大の背景には、若い世代に生協的価値を普及させる有効な場として学校をとらえ、活動を強めようとする意図があると語っている（2009年3月11日インタビュー）。また、ウィルソンは、コーポラティブ・モデルに対する関心や支持の背景に、公教育における過度の民営化への懸念と、公共サービスにおける協同組合モデルの有効性に関する再認識があるとも指摘した。ウィルソンは「従来の学校モデルに比べてコーポラティブ・モデルの方が優れていると自負しています」と述べたが、その理由は「何よりも、メンバーが所有しコミュニティをベースにコントロールするというメカニズムによって、国からのトップダウンによる統制や、私企業が利益を追求するモデルよりも、はるかに公共サービスに適したモデルが作れるからです」とのコメントに示されるように、メンバーによる組織のオーナーシップという生協の根本的価値が、教育を含めた公共サービスにとって最適とみなされるからである。この点に関連して、CTSの調査を計画しているマンチェスター・メトロポリタン大学の教授ジョン・ショスタックは「私たちが競争的ではない、協働的な基盤に基づく民主主義の別のかたちを考えるときに、生協運動は多くの可能性を提供してくれる」とコーポラティブ・モデルの持つ可能性を評価していた（2009年3月13日の筆者によるインタビュー）。

　以上のように、生協側の積極的な働きかけを背景にして、CTSをはじめとするコーポラティブ・モデルによるイギリスの学校改革に対するインパクトの可能性についての認識は高まりつつあるようである。それを示す1つの兆候が次期政権を担う可能性が大きい保守党のコーポラティブ・モデルへの肯定的姿勢である。保守党党首デビッド・キャメロンは2007年11月8日のマンチェスターでの演説において、CTSの支持を表明し、親や地域住民に対するエンパワーメント強化のためのコーポラティブ・モデルに基づく学校への期待を鮮明に打ち出している（BBC, 2007）。

このように見てくると、現在のブラウン政権や保守党の姿勢を背景にしてコーポラティブ・トラスト・スクールがイギリスの教育システムの中で、今後その重要性を増していく展望は少なからずあるように思われる。

おわりに

以上、ブレア政権が進めてきた教育改革について中等教育を中心に見てきた。ニューレイバーとして「第3の道」を標榜し、労働党の伝統的立場である「全ての子ども」への優秀性の提供という基本線を堅持しながら改革を進めてきたブレア政権は第2期以降、特にその基本原理の1つである社会的包摂（ソーシャル・インクルージョン）重視の方向性において教育改革を進めてきた。その顕著な表れが学校間競争から学校間協働へのシフトであり、協働を軸とする「弱い学校」改善策の強化であった。また、学校改善を推進する重要なエンジンである学校の自律性をいっそう強めるトラスト・スクール制度導入は、ブレア改革の到達点でもあった。しかし、トラスト・スクールに対して教員組合などの強い批判が向けられたことに示されるように、学校の多様性と自律性を軸とするシステムには、イギリス教育に常につきまとってきた学校の序列化をもたらす可能性を有することも確かであった。こうして競争と協働との矛盾、多様性・自律性と学校序列化への傾斜という問題をはらみながら、ブレア政権の10年に及ぶ改革は断行されてきた。では、こうした矛盾的要素を内包するブレア改革の成果は、イギリスの教育研究者たちによってどのように評価されているのであろうか。

たとえばショーは、ブレア政権が真剣に質の低い学校（その多くは不利な環境にある地域の学校）の改善に取り組んだことは確かであり、それによってより公平で質の高い教育システムを作り出そうとしたと評価する。特に、政策の重点として剥奪地域などへの資源の集中的配分がそのような学校改善にとって効果的であったとする（Shaw, 2007, p.78）。さらに多くの論者は、こうした施策の背景にある教育費の大幅な増加を肯定的に評価している。フィッティは、学校のICTインフラ整備や教員と助手の給与改善、それらの養成

などに対する投資、学校建物の改善への大きな予算配分などを挙げ、特にイングランドにおける資源の増加は目を見張るものがあったとする（Whitty, 2008, p.274）。また、パム・サモンズは、失敗校に対する厳しい「低いパフォーマンスは認めない」姿勢は、読み書き能力や計算能力について設定された高い国家目標、失敗校を見つけ出して強い改善策を実行すること、さらに「教育アクションゾーン」や、「都市における優秀性」といった不利な環境にある学校をターゲットにした施策によって、最もケアが必要な地域や学校に資源が振り向けられたと評価した（Sammons, 2008, p.654）。サモンズは「ブレアの教育改革の遺産の中には、生徒全体の学力水準と大多数の学校における質（その中には授業、リーダーシップ、設備、建物が含まれる）の大幅で持続的な改善が含まれる。……特別措置のもとに置かれた学校や深刻な弱点がある学校の数を減らすことに大きく成功したのである」（Sammons, 2008, p.661）と、こうした施策が失敗校の改善において大きな成果を挙げたと評価した。

　しかし、ブレア政権が掲げた公平性、平等性の進展という社会的包摂の目標達成においては不十分であったとの批判も向けられている。前述の競争的要素の残存からくる協働との矛盾に対する指摘もこの批判の一環である。この立場の批判はブレア政権が継承した保守党政府の政策に見られる要素に対して特に向けられる。例えばこの点についてブレア政権の政策を厳しく批判したレイは、政策上の言辞にもかかわらず、ブレア政権は社会階級間の不平等を増幅させる結果をもたらしたとする。レイの批判は、親の選択拡大は現実の市場では結果的に中産階級の親に有利に働くという、サッチャー改革に対してなされた批判と通底するものである。ブレア政権下での学校の自律性や親の参画拡大も結局、中産階級の親は良い学校の選択において有利となり、学校ガバナンスに主体的に参加する一方、労働者階級の親は学校選択における競争にも負け、学校ガバナンスの客体となりがちだとする。レイは「ブレアは、新自由主義の影響力を活発にし、拡大する一方で、保守党的思考の神話を永続化し強化した」（Reay, 2008, p.646）と、結果としてブレア改革とサッチャー改革との間にほとんど違いはないと難ずる。

　ハリスとランソンはブレア政権が推進してきたスペシャリスト・スクール

やアカデミーにおける私的セクターの「肥大化」が、地方レベルにおける民主的アカウンタビリティの浸食につながり、その結果私的セクターによる学校教育の商品化が進み、公共財としての学校教育が減退し、その中で不利な立場に置かれた層の不利益がさらに拡大したと批判する (Harris & Ranson, 2008)。この批判は保守党政権下の「教育市場」に対してランソンが行った批判 (Ranson, 1994) の延長線上にある。ハリスとランソンは、この状況に代わって地方当局を軸とする学校ガバナンスを徹底させることによって、「地方に根付き、地方の環境に即し、コミュニティとそこに住む青少年のローカルなニーズに説明責任を負う」学校改善が必要なものであると主張した。

　以上見てきたように、ブレア政権の10年間の改革に対して、その政策に見られる矛盾的要素の混在する度合いに応じて、異なる評価がなされている。批判的立場の中心は、ニューレイバーではあるがあくまで労働党政府のブレア政権が、競争の要素が色濃いシステムを残存させ、教育的不平等の解消に向けての姿勢において徹底さを欠いていたというものである。これらの批判は、ブレア政権に対する左派の立場からの期待の高さからの反発と見ることもできる。しかし、今まで見てきたように、ブレア政権第2期、第3期を経てブラウン政権へと、労働党政府の政策は協働へのシフトを加速させてきたことは確かである。現在のブラウン政権のボールズ大臣が強く推進しているCTSは、こうした動きの延長線上に位置すると考えられる。また、CTSはハリスとランソンが主張する地方政府を中心とする学校アカウンタビリティの確保から、さらに一歩、歩を進めてローカル・コミュニティへと接近し、そこでの民主的アカウンタビリティと住民、親、生徒の参画をいっそう進展させる可能性を持つ学校の枠組みであろう。この意味でコーポラティブ・トラスト・スクールが、ブレア政権の改革に向けられた批判にどのように応えてゆけるのか注視していきたい。

注

1　本稿は、筆者による以下の論稿に基づいている。
・望田研吾（1998）イギリス労働党の新教育政策『九州大学教育学部紀要（教育学部門）』第 43 集
・望田研吾（2003）イギリスにおける中等学校多様化政策の新展開『九州大学大学院教育学研究紀要』第 5 号
・望田研吾（2004）『イギリスにおける中等学校の多様化・個性化政策－新たなスペシャリスト・システムの構築－, 中等学校の多様化・個性化政策に関する国際比較研究』（科研基盤 A：　研究代表者望田研吾）報告書
・望田研吾（2005）イギリスにおける学校間協働の展開『国際教育文化研究』Vol.5
・Kengo Mochida(2006)'From Competition to Collaboration in Education: A Shift away from the Neoliberal Agenda?',『九州大学大学院教育学研究紀要』第 8 号
・望田研吾（2007）イギリスのリーディングエッジ・パートナーシップ・プログラムにおける協働『九州大学大学院教育学研究紀要』第 9 号
・望田研吾（2009）イギリスにおけるトラスト・スクールの展開『九州大学大学院教育学研究紀要』第 9 号
・望田研吾（2009）イギリスにおけるコーポラティブ・トラスト・スクールの展望『国際教育文化研究』Vol.9
2　公営学校の中の 1 タイプ。学校理事会に教員の雇用や入学基準の設定などを行うことを認められているなど、他のタイプの学校に比べて、自律的運営の度合いが強い。
3　イギリスでは 1992 年から生徒の成績に基づく学校の順位の公表が実施されている。初等学校の場合は、卒業の 11 歳時に実施される全国共通テストの成績、中等学校の場合は 16 歳時に受ける中等教育一般証書試験の成績に基づいて全国の初等学校、中等学校の順位が公表される。その順位表はサッカーにちなんでリーグ・テーブルと称されている。
4　学校査察と評価を行うために 1992 年に設置された教育水準局（the Office for Standards in Education、略称 Ofsted）と呼ばれた国の機関。2007 年からは教育・子どもサービス・技能水準局（the Office for Standards in Education, Children's Services and Skills）となり、学校に加えて保育所などの査察も行っている。
5　イギリスでは学校の定員は学席（school place）といわれる。
6　義務教育修了年齢（16 歳）以降、中等学校及び高等教育機関以外で学業を継続する青少年を対象として主に職業教育を行う教育機関。
7　子ども一人一人の個性やニーズに応じることを重視する学習。ブレア政権、ブラウン政権下の教育改革における中心的理念の一つとなっている。

引用・参考文献

BBC, Education News（電子版）(2007) "In full: Cameron's co-op speech", 8 November 2007.

Department for Educaion and Employment (DfEE) (2001) *Schools building on Success.*
Department for Education and Employment (DfEE)(1997) *Excellence in Schools.*
Department for Education and Skills (DfES) (2001) *Schools achieving Success.*
Department for Education and Skills (DfES) (2002a) *Education and Skills: Investment for Reform.*
Department for Education and Skills (DfES) (2002b) *A New Specialist System: Transforming Secondary Education.*
Department for Education and Skills (DfES) (2004) *Five Year Strategy for Children and Learners: Putting people at the heart of public services.*
Department for Education and Skills (DfES) (2005a) *Education Improvement Partnerships: Local Collaboration for School Improvement and Better Service Delivery.*
Department for Education and Skills (DfES) (2005b), *Leading Edge Partnership Programme Self-Evaluation Framework.*
Department for Education and Skills (DfES) (2005c), *Higher Standards, Better Schools for All.*
Department for Education and Skills (DfES) (2006a), *What Trust Schools Offer.*
Department for Education and Skills (DfES) (2006b), *Trust Schools and Governance.*
Department for Education and Skills (DfES) (2007a), *Your Guide to Trust Schools.*
Department for Education and Skills,(DfES) (2007b) Press Notice, "Prime Minister Welcomes 200 Trust School Pathfinders and Early Adopters-And Launches 400 Academy Prospectus",14 May 2007.
Department for Education and Skills (DfES) (no date)) *An Introduction to School Federations.*
Driver, S. (2008) "New Labour and Social Policy", in Beech, M and Lee, S. (eds.) *Ten Years of New Labour* (Palgrave Macmilan), pp.50-67.
Evans, J., Castle, F., Cooper, D., Glatter, R. and Woods, P.A. (2005) "Collaboration: the big new idea for school improvement?", *Journal of Education Policy,* Vol.20, No.2, pp.223-235.
Harris, A. and Ranson, S. (2008) "The contradictions of education policy: disadvantaged and achievement", *British Educational Research Journal,* Vol.31, No.5, pp.571-587.
Hopkins, D. (2007) *Every School a Great School: Realizing the Potential of System Leadership* (Open University Press).
Labour Party (1995) *Diversity and Excellence: A New Partnership for Schools.*
Martin, S. and Muschamp, Y. (2008) "Education: from the comprehensive to the individual", in Powell, M. (ed.) *Modernising the Welfare State: The Blair Legacy* (The Policy Press), pp.91-104.
National Union of Teachers (NUT) (2007a), "Governors in Community Schools:Campaigning Against Trust Schools", June 2007 .
National Union of Teachers (NUT) (2007b), "Teachers and Staff: Campaigning Against Trust Schools", June 2007.
National Union of Teachers (NUT) (2007c), "Parents: Campaigning Against Trust Schools", June 2007.
Pring, R.(2008) '14-19' *Oxford Review of Education,* Vol.34, No.6, pp.677-688.
Ranson, S. (1994) "Local Democracy in the Learning Society", in Ranson. S. and Tomlinson, J. (eds.) *School Co-operation : New Forms of Local Governance* ,(Longmans).

Reay, D. (2008) "Tony Blair, the promotion of the 'active' educational citizen, and middle class hegemony", *Oxford Review of Education,* Vol.34, No.6, pp.636-650.

Sammons, P. (2008) "Zero tolerance of failure and New Labour approaches to school improvement in England", *Oxford Review of Education,* Vol.34, No.6, pp.651-664.

Shaw, E. (2007) *Losing Labour's Soul? :New Labour and the Blair Government 1997-2007* (Routledge).

Smithers, A. (2007) 'Schools', in Seldon, A. (ed.) *Blair's Britain, 1997-2007* (Cambridge University Press) pp.361-384.

Taylor, C., Fitz, J. and Gorad, S. (2006) "Diversity, specialisation and equity,in education", in Walford, G. (ed.) *Education and the Labour Government: An evaluation of two terms* (Routledge), pp.45-68.

Whitty, G. (2008) "Evaluating 'Blair's Educational Legacy?: some comments on the special issue of Oxford Review of Education" *Oxford Review of Education,* Vol.34, No.6,pp.267-280.

2　現代におけるイギリスと
　　　日本の学校評価の比較
——幼児教育と初等教育における教育課程の接続という視点から

坂本　真由美

はじめに

　イギリス（ここではイングランドに限定）では、初等・中等学校に対する外部評価としての学校評価が1992年に導入され、教育水準局（Office for Standard in Education, OfSTED）という独立機関が、学校視察（school inspection）という形式で、全ての初等・中等学校を同一基準で評価するようになった。その学校評価は、初等・中等学校の教育課程であるナショナルカリキュラムが教育現場で実践され、その到達度が7歳、11歳、14歳、16歳で実施されるナショナルテストの試験結果に反映するように促すことを目的としているといってよい。いわば学力の向上策の1つとして学校評価が行われているのである。そのような改革の動向は2000年に幼児教育にも向けられ、幼児教育から中等学校までの一貫したナショナルカリキュラムの接続が強化された。すなわち、幼児教育にもOfSTEDの学校視察を実施すべく、幼児教育のナショナルカリキュラムの改革が進められ、ファンデーションステージという教育課程が設定されたのである。

　一方日本でも2008年に、幼稚園教育要領と保育所保育指針が改定された。特に幼稚園教育要領では、「指導計画及び教育課程に係る教育時間の終了後等に行う教育活動などの留意事項」の項目に、「幼稚園と小学校の円滑な接続のため、……小学校教師との意見交換や合同の研究の機会を設けたりするなど、連携を図るようにする」と記され、単なる「連携」ではなく、幼稚園で学習したことが小学校に「接続」されることが明確とならなければならな

いことが強調された。

　日本における学校評価は、アメリカのアクレディテーション（認証評価）方式を参考に、学校が自己点検と評価を行う方式が主流であった。しかしながら、昨今では日本の学校評価を検討する際に、教育課程審議会でイギリスの外部評価方式についても議論がなされているし、2008年からは、日本も小学校6年生と中学校3年生に全国学力テストを実施するという、イギリスと近い方式を導入した。少なくとも、日本の学校評価は、まだ自己点検評価という方式がとられているとはいえ、イギリスの制度に影響を受けているところがあるのは確かである。

　そこで、本章では、「21世紀の教育改革」の視点として、イギリスの幼児教育カリキュラム改革であるファンデーションステージを取り上げ、「教育交流」という視点から、イギリスのファンデーションステージと日本の幼稚園教育要領と保育所保育指針を比較しながら、イギリスと日本における幼児教育のとらえ方の比較と、そこから見出せるイギリスと日本の学校評価についての課題を検討する[1]。

1．イギリスのファンデーションステージと日本の幼稚園教育要領・保育所保育指針の比較

　イギリスの幼児教育改革は、1997年に保育サービスの充実と他機関との連携が強化され、1998年には学力向上のために幼児教育の水準向上のために、「読むこと」と「算数」の強化がなされ、初等学校のカリキュラムとの関連が検討されてきた。1999年にはEarly Learning Goals（早期学習目標）が設定され、2000年にファンデーションステージが確立した。以降、現在までファンデーションステージは内容が改訂されながら継続されている。

　ファンデーションステージと日本の幼稚園教育要領と保育所保育指針の内容で、異なる特徴は以下のような点であると考えられる。日本の特徴は●で示した。
①6領域に区分されている。

1）人格的、社会的、情緒的発達、2）コミュニケーション、言語、文字、3）問題解決、推理、数、4）世の中についての知識と理解、5）身体的発達、6）創造的な発達）の6領域に区分されており、領域ごとに達成目標が具体的に含まれている（Department for Children, Schools and Families,2008,p.11）。
●日本の幼稚園教育要領と保育所保育指針には、1）健康、2）人間関係、3）環境、4）言葉、5）表現の5領域に分かれており、各領域には、「ねらい」と「内容」の記述がある。
②3歳から5歳までの幼児教育の目標と内容が統一されている。
●日本の場合は、保育所保育指針の3歳～6歳と、幼稚園教育要領の3歳～6歳の領域別の「ねらい」と「内容」が若干異なる。
③全てを通して5歳（Year 1）での最終的な目標達成が目指されている。
　初等学校に入学する前の子ども達のスタートラインを揃えることが意図されており、これが達成されていなければ初等学校のkey stage 1（5～7歳）でのカリキュラムを適応させるべきではないと示唆されている。
（Sanders et al., 2005, pp.1-4）
●日本は、保育所保育指針に、おおまかな年齢ごとに「ねらい」と「内容」がある。
④評価の仕方がわかりやすいように、教育方法と観察すべき事柄の具体的な事例が示されている。
　　　例）子どもの発話や動作の例など
●日本の幼稚園教育要領と保育所保育指針には、教育方法が事例という形で示されていない。
⑤各領域には効果的な実践手段（stepping stone）が具体的に記されており、ファンデーションステージのハンドブックにも1つ1つの遊びに対する効果的な実践のアイデアが示されている。
　　　例）「砂あそび」においては、評価基準、リソース、活動の流れ、6領域に関連した評価の仕方が示してあり、事例が出され、遊びの発展、観察の仕方などがモデルとして示されている。

(Qualification and Curriculum Authority,2003,p.80)

　●日本の場合、効果的な実践アイデアの共有が全国レベルで行われていない。園どうし、地域内といった事例共有に限られている。

⑥評価プロセスにおいてかかわる人物と質問形式が示されていて、記録の様式が示されている。

　　　例）・人物を明確にする：以前の教育提供者、親、子ども、その他関係者

　　　　・親と連携をする：親との面接（6領域に対する質問と回答、アンケートを取る、アンケートと話し合いは記録）、親とプロフィールを共有する

　　　　・子どもも評価に加わる：子どもからの感想や子どもとの話し合いを記録する

(QCA,2003.pp.101-104)

　●日本の場合、評価は園の裁量に任されている。

⑦ICT (Information Communication and Technology) の教育目標と内容を導入している。

　●日本の幼稚園教育要領と保育所保育指針にコンピュータに関する記述はない。

　ここでは、比較がわかりやすいファンデーションステージの3領域目「問題解決、推理、数」と、日本の幼稚園教育要領で数や量に関する内容が含まれている「環境」の領域を**表2－1**と**表2－2**に示した。

　これらの表からわかるように、イギリスのファンデーションステージでは、かなり具体的に算数の発達を促す教育目標と内容を示しているが、日本の幼稚園教育要領においては、算数に直接関係があるような記述は、「環境」の領域の中で1行しか示されていない（下線は筆者）。このことは、イギリスのファンデーションステージは、一般的にも理解しやすいように配慮されていると考えられるが、日本の場合は、具体的な教育目的や方法は、幼稚園教諭や保育士の専門性に委ねられていると考えられる。

表2-1　ファンデーションステージ（2008改訂）の3領域目の達成目標（DCSF, 2008）

領域3「問題解決、推理、数」
1　普段使う言葉の中で数を言い、使う。 2　身のまわりにある物を10まで正確に数える。 3　1から9まで認識する。 4　問題解決のために発達段階にある算数の思考と方法を使う。 5　実際の活動と議論の中で、足し算や引き算に関する語彙を使い始める。 6　2つの数を比較するために、「多い」、「少ない」というような言葉を使う。 7　1から10まで数と比較して、1つ少ないか1つ多いということに気付く。 8　2つのグループを合わせる際、足し算に関連づけ、何かを取り除く際、引き算に関連づけ始める。 9　量を比較するために「大きい」、「小さい」、「重い」、「軽い」といった言葉を使う。 10　単純な模様について話し、認識し、再生する。 11　薄い物体や平面の物体の形や大きさを表現するのに「丸」、「大きい」などの言葉を使う。 12　位置を表現するのに日常の言葉を使う。

表2-2　幼稚園教育要領（2008改訂）「環境」の内容（文部科学省、2008）

1　自然に触れて生活し、その大きさ、美しさ、不思議さなどに気付く。 2　生活の中で、様々な物に触れ、その性質や仕組みに興味や関心をもつ。 3　季節により自然や人間の生活に変化のあることに気付く。 4　自然などの身近な事象に関心をもち、取り入れて遊ぶ。 5　身近な動植物に親しみをもって接し、生命の尊さに気付き、いたわったり、大切にしたりする。 6　身近な物を大切にする。 7　身近な物や遊具に興味をもってかかわり、考えたり、試したりして工夫して遊ぶ。 8　日常生活の中で数量や図形などに関心をもつ。 9　日常生活の中で簡単な標識や文字に関心をもつ。 10　生活に関係の深い情報や施設などに興味や関心をもつ。 11　幼稚園内外の行事において国旗に親しむ。

2．幼児教育におけるICTの利用について

1　ファンデーション・ステージにICT活用を導入した背景

　ファンデーションステージの、日本とさらに異なるところは6領域全てにおいてICTを使用することが望ましいとされていることである。イギリスは、なぜ幼児教育からICTを使うことを奨励するのか。そのことについて、6領域目の「創造的な発達」をめぐる教育改革から説明する。

　1997年の教育白書は、イギリスの若者が労働市場へ進出するための十分な能力が育つ教育への変革を要請した。そのためには、若者のやる気、動機付け、自己尊厳を高めるために読み書き能力の水準向上だけでなく、更な

る能力の向上が必要であるとした。創造性及び文化教育勧告委員会（National Advisory Committee on Creative and Cultural Education）は、「創造性」とは「独創的かつ価値のある結果を生み出す創造的な活動」と定義し、若者の独自なアイデアや行動に関する能力を育成する創造性教育が必要であり、それに欠かせない「文化教育」とは「若者をこれからの複雑で多様な社会に、積極的に取り組ませるための教育である」とした。そして国家の挑戦として、①変化する労働市場に対応できる若者のスキルと知識の開発（経済的挑戦）、②変化する技術革新の世界に自信を持って立ち向かう若者の育成（技術的挑戦）、③若者が多文化社会に積極的に立ち向かえる教育形態の準備（社会的挑戦）、④若者の目的に合った、充実した人生設計の基盤の用意（個人的挑戦）という4つの挑戦課題が教育に求められた。

このような若者の労働市場進出を意識した教育挑戦は幼児教育にも影響し、そのためには「スキル」の獲得が必要であるということで、幼児教育におけるICT導入が促されたといえる。ICTの使用については、学校教育課程評価機構（School Curriculum and Authority, SCAA）による『義務教育に進む子どもたちの学習に関する望ましい結果(SCAA,1996)』の中や、ナショナルカリキュラムレベル1で、子どもたちが授業でICTを使うことが強調されている。また、OfSTEDの1995年から1996年のレビューでは、幼児教育においてICTを使用している実践が評価されている。

このようなイギリスの教育変革を見ると、イギリスにおいては、「創造的な発達」の基準に「スキルの向上」があり、そのスキルの中に「ICT」が明確に位置付けられている。すなわち、イギリスでは子どもたちの将来の労働世界を見据えて、ICT教育を導入していることがわかる。

弓野（2005）によれば、日本の場合も、1960年代からマンパワー開発の一環として「創造性の開発」が注目され、教育界でも科学技術の向上の一環から創造性の開発が注目され始めたが、それは小学校以上の教育段階であると述べており、イギリスの場合は、幼児教育段階にまでマンパワーとしてのICTスキルを意識しているところが大きな違いであろう（弓野編、2005、116-117頁）。

ICTは4領域目の「世の中の知識と理解」で使用することが特に明確に提示されているものの、6領域全てにわたってICTを使用することが要求されているということは、基本的にイギリスでは幼児教育においてICT、すなわちコンピュータ等のテクノロジーを使用することが当然視されているといえる。

2　ファンデーションステージにおけるICTを使った教授学習方法の探求

それでは、実際にイギリスの幼児教育では、ファンデーションステージに則ってどのような指導をしているのか。ここでは、「創造的な発達」領域を参考に考察したい。

まず、「創造的な発達」領域の達成目標について**表2－3**に示す。また、この領域を幼児教育でどのように指導しているかについて、イギリスのケント州で紹介されていた幼児教育におけるICTを使った実践の指導計画を**表2－4**で紹介する。

表2－3　イギリスのファンデーションステージ（2008改訂）における創造的な発達の到達目標

1	見るもの、聞くもの、匂うもの、触るもの、感じるものをいろいろな方法で反応する。
2	いろいろな材料、適当な道具、想像を用いたロールプレイ、動き、自分で作ったデザイン、いろいろな歌や楽器、などを使って自分の発想や考えや感情を表現する。
3	2面体や3面体の色、柄、形、空間について探求する。
4	どのように音が変化しうるのか理解し探究する。思い出を簡単な歌にして歌う。繰り返される音や音のパターンを理解する。音楽に合わせて動く。
5	芸術、デザイン、音楽、ダンス、想像的なロールプレイ、物語において想像力を使う。

2 現代におけるイギリスと日本の学校評価の比較 63

表2−4 彫刻

学習領域	世の中の知識と理解（領域4）、創造的な発達（領域6）		
内　　容	自然環境の探求		
学習目的	自然界にあるものと観察対象を認識する。 立体的に色、構成している組織、形、空間を探求する。 5感を使って多様な方法で反応する。		
成功基準	自然と人工の素材が言える。 多様な方法で素材を分類することができる。 多様な方法で素材を使える。 目的に合った色と素材を選ぶことができる。		
重要な語彙	環境、自然、人工、リサイクル、芸術家、彫刻、感じる、見る、布、色、石、砂、氷		
	クラス全体	小グループ	遊びの計画
活動1	デジタル顕微鏡、デジタルカメラ、インタラクティブホワイトボード、プロジェクター	自然素材、拡大鏡、紙、チョーク、パステル、簡単なぬり絵	紙、クレヨン、ワックス、チョーク
	有名な芸術家の彫刻を観察する。子どもたちが素材、形、色、どのように感じたかなどを表現する。	色々なメディアの方法を使って観察した自然素材を描く。自然素材とメディアで行った簡単なぬり絵とを比較する。	ワックスクレヨンやチョークを使って擦る。異なる紙の色、厚さ、模様を使う。
活動2	デジタル顕微鏡、拡大鏡、フープ	ワイヤー、ティッシュ、金属盤、ビーズ、パスタ、針金、糸、革、貝、葉	自然素材、プリンティングトレー、インク、ローラー、紙、鉛筆
	描写するために自然素材をいろいろ集める。デジタル顕微鏡で観察し、実際に見るのと顕微鏡で見た違いを表現する。素材を多様な方法で分類する。	自然素材を使って作品を作る。色々な方法で素材を繋ぐ。	インクで覆ったトレーに自然素材を置く。その上に紙を置き、その素材を写すことで、プリントをするイメージを与える。鉛筆で自然素材を象る。
活動3			自然素材、練り粉、粘土、石膏
			化石を作るために粘土に自然素材を挟む。石膏で覆い、色を塗る。

子どもに対する質問
・素材の中で同じものと異なるものは何か。 ・多様な方法で素材を分けることができたか。 ・デジタル顕微鏡を使って素材を観察し描くことができたか。 ・自分の彫刻を見てどう感じるか。 ・作った彫刻の中にどのような素材、色、形があるか言えるか。 ・もし風が吹いたらあなたの作品はどのように変わるか。 ・他にどんな自然素材を使ったか。 ・人工の素材から彫刻が作れるか。
全体に対する振り返り
・異なる素材で彫刻を作ることができるか。 ・リサイクル素材は必要か。 ・どのようにリサイクル素材を使うか。 ・私達が使った素材をリサイクルできるか。

　表2-4の指導計画からは、以下のような留意点が読み取れる。

○「学習領域」の項目で、学習内容における他の領域とのリンクを明確にしている。

○授業で使う語彙、重要な語彙、子どもたちに聞く質問内容を教師が事前に理解しておく。

○時間がかかりがちな創造的な学習内容を、ICTを使うことで効率よく時間を使う計画がなされている。

○教師も子どもたちも素材の名前や種類を一つ一つ言葉にして、比較し認識している。

○教師がICTの用語を言葉しながら授業をすることで、子どもたちにICTの用語と使い方を覚えるよう促す。

○子どもたちのグループ活動の形態を変えながら体験させる。

○子どもたちに人工的な物と自然の物を比較するよう促す。

○子どもたちに、メディア手段とアナログ手段を比較しながら体験させ、使い方や意味を理解するよう促す。

○子どもたちに質問し、議論するよう促す。

○リサイクルの思考にまで発展するよう促す。

また、ファンデーションステージにおける「創造的な発達」の領域に関する取組みに対し、各地方の教育当局が展開しているサポート例として、ハートフォードシャー州の例を見ると、教師が子どもたちの「創造的な発達」を促す指導をしているかを確認するための、以下のようなチェック項目が提示されている。

・作品を完成することよりも制作のプロセスに焦点を当て、子どもたちに創造的な機会を最初から最後まで与えたか。
・多様なリソース（素材、材料、道具、設備等）を提供し、子どもたちに探求と実験を奨励したか。
・教師が与えたリソースは、大人にとっても子どもにとっても自分で選択ができ、作品が完成した後、それらのリソースを振り返るのにふさわしいものだったか。
・使ったリソースについて教師は明確に名前を言えるか。
・創造的な発達が他の学習と発達の領域にリンクしているか。
・子どもたちは活動を経験しながら、全ての感覚を使って自分を探求し反応しているか。

　日本の場合も、幼稚園・保育所は、1日の活動や本時の活動として指導計画案を立てる。指導計画案には一般的に「子どもの姿、ねらい、内容、環境構成、子どもの活動、留意点」等を記述するが、各幼稚園・保育所の裁量の余地が大きく、全国的に統一された指導計画案はない。つまり、日本では、幼稚園教育要領や保育所保育指針を元に、各幼稚園・保育所で指導計画案を立て、実践を重ねているといえる。一方イギリスでは、幼児教育全国カリキュラムとしてのファンデーションステージの詳細で具体的な領域に沿って、実践例や指導計画案を全国的に共有し構造化していくことが目指されているように思われる。
　イギリスの幼児教育におけるこのような領域や教育実践の構造化は、見方を変えれば、行政によりコントロールされた教授法の提供であるともいえる。

すなわち、イギリスの場合は、ファンデーションステージを基盤として、効果的な指導計画例を提供し、地方当局も現場の教師も厳密にチェック・評価できる体制を強化したシステムをとっているといえる。その上で、幼児教育の教育課程を初等学校へと接続していくことを意図していると思われる。

3．日本における教育課程の接続の取り組み

　日本に目を向けた場合、幼稚園教育要領・保育所保育指針という幼稚園教育の目的・内容・方法が記された告示はあるものの、国家が編成した教育課程は存在せず、基本的には現場の裁量がかなり許されているものであるといえる。しかし、新幼稚園教育要領が、幼稚園と小学校の連携を超えた「接続」を要求する中で、日本の場合は、幼稚園の教育課程と小学校の教育課程をどのように接続させようとしているのであろうか。

　これに関する取り組みは、各地域で独自に行われている傾向がある。例えば、佐賀県多久市では、幼稚園と小学校が研究会を重ね、今地域で必要な育ちとは何かを検討し、その上で独自の発達の観点を絞り込み、「挨拶、コミュニケーション、習慣」を設定している。発達の観点は必ず達成可能な内容とし、4歳児から小学校2年生まで一貫して、幼稚園・保育所・小学校の教員で指導を徹底していく取組みである。

　このように、地域ごとに幼児教育と小学校の接続的な教育課程を検討していっているのが日本の現状といえるであろう。

まとめ

　イギリスの幼児教育と初等学校の接続においては、学力向上や将来若者が労働市場に進出できる能力獲得を企図し、国家主導で教育課程の改革を行っているのに対し、日本は、幼稚園教育要領や保育所保育指針を緩やかに記述することで、現場や地域での裁量に任せる余地が大きい。そのため、幼児教育と小学校の接続については、模索が続いているといえる。

　また、イギリスの場合は、国家や行政主導で、細かい授業の指導計画までもモデル化することで、教師の授業や教師自身の質の向上も意図していると考えられる。一方で、現場や地域裁量に任せられている日本の場合は、地域が積極的に幼稚園と小学校の接続について取り組まないと、時代に合わせた教育変化に乗り遅れかねないという課題がある。イギリスのファンデーションステージは初等学校への接続を意識した全国一律の教育課程なので、全ての幼児教育と初等学校がこの基準に則って追いついていかねばならない意味では、平等性も担保されているといえる。

　したがって、ファンデーションステージがあるために、イギリスでは、全国同一基準の学校評価の実施が可能である。日本の場合は、教育課程に関する取組みに地域の裁量を残している限り、全国統一基準の学校評価はイギリスほど簡単ではないといえる。にもかかわらず、全国統一学力テストを導入したケースのように、全国的な教育改革を行う場合、地域の実態や取組みをしっかり見据えて改革を行っていかないと、教員も子どもも翻弄されることになりかねない。特に、日本が今のままの幼稚園教育要領の中で、幼稚園と小学校の接続について現場に取組みを任せていくのであれば、地域の力で地域に合った教育改革が取組めるよう、地域を信じるのもまた日本の教育の在り方の1つではないだろうか。

注

1 本章は、拙稿「イギリスの就学前教育から初等教育への接続段階の課題―接続教育の視点から―」日本比較教育学会発表原稿、日本比較教育学会第 43 回大会、2007 年 6 月、及び拙稿「イギリスにおける『創造的な発達』の取り組み―ファンデーション・ステージに焦点を当てて―」『九州龍谷短期大学紀要』第 55 号、2009 年、を加筆修正したものである。

引用・参考文献

・Department for Children, Schools and Families(2008), *Statutory Framework for the Early Years Foundation Stage.*
・Office for Standard in Education(2007), *The Foundation Stage-A survey of 144 settings.*
・Qualification and Curriculum Authority (2000), *Curriculum Guidance for the Foundation Stage.*
・Qualification and Curriculum Authority (2003), *Foundation Stage Profile Handbook.*
・Sanders,D.,White,G.,Burge,B.,Sharp,C.,Eames,A.,McEune R. and Grayson,H.,(2005), *A Study of the Transition from the Foundation Stage to Key Stage 1,* National Foundation for Education Research.
http://www.kented.org.uk/ngfl/earlyict/pages/sculpture.html,2008.6.25.
http://www.thegrid.org.uk/learning/foundation/areas/creative/2008.6.25.
・厚生労働省告示第 141 号（2008）、『保育所保育指針』。
・佐賀県市町村教育委員会連合定期総会研修会資料（2007）。
・文部科学省告示第 26 号（2008）、『幼稚園教育要領』。
・弓野憲一編（2005）、『世界の創造性教育』ナカニシヤ出版。

3 現在のイギリスの労働党政権における資格制度改革の動向

飯田　直弘

はじめに

　イギリス[1]では、1997年に労働党が総選挙において歴史的大勝を収め、約13年間、教育政策の策定・実施にあたっている。特に、資格制度については、保守党政権時におけるものを存続させつつも、2000年以降、新たにいくつかの資格が導入され、資格制度の全体の枠組みも再検討されることとなった。本章は、このように21世紀に入り重大な変化をみせている資格制度改革を中心とした労働党政府の教育政策について、現在までの変遷と問題点・課題について明らかにすることを目的とする。そのため、ここでは、白書、緑書、戦略文書、報告書といった政策文書のなかでも、資格制度との関連で特に重要なものを中心に、そこに表れているこれまでの労働党政府の教育政策の強調点とその背景、さらにはそれと関連する資格制度の位置づけについて検討し、2001年から現在までの労働党政府の資格制度改革の変遷を概観する。また、それを踏まえた上で、現在の資格制度の問題点・課題について考察する。なお白書とは、政府が近い将来実施する施策を公に示したものであり、その提案の多くが法案作成のもとになるため、政策的に強固な側面をもつ。その一方で緑書は、白書に先立ち、今後政府が実現を目指す政策について公に諮問を図るものである。そのため、緑書において提案されているもののなかには、実現しなかったものもある。ここでは、制度として実現したもの（もしくは実現しなかったもののなかで重要なもの）、そして労働党政権がこれまで一貫して強調している点を中心に論じる。また、戦略文書とは、5

ケ年戦略などの中・長期的スパンの具体的な教育改革戦略について示したものである。

1. 2001年から2005年までの政策（第2期）

労働党政府にとって、21世紀の最初の年は非常に重要な年となった。2001年6月の総選挙により大勝利を収め、2期目がスタートしたのである。これに伴い、教育大臣がデイヴィッド・ブランケットからエステル・モリスに交代し、教育雇用省（Department for Education and Employment,DfEE）から教育技能省（Department for Education and Skills,DfES）へと名称が変更されることとなった。

2001年9月、労働党は将来的な政策方針を固め、白書『成功を達成する学校』（Schools: Achieving Success.DfES）を発表した。ここでの主要な提案は、2002年教育法において実施されることとなった。オグンレエによれば、『成功を達成する学校』は、イングランドで14歳から19歳の段階に焦点をあてた初めての白書であり、保守党政権時の1996年に出された白書である『競争するための学習』（Learning to Compete）の要旨を強調したものである（Ogunleye, 2007, p. 72）。『成功を達成する学校』では参加、達成、継続／高等教育への進学について改善することが目標として掲げられ、生徒の必要に応じた14歳から16歳のカリキュラムにおける職業的選択の欠如が問題視された。そのため、同白書では若者に職業的選択を広く認知させ、「評価の同等」（parity of esteem）を促進し、主に16歳時の生徒が取得を目指すGCSE（General Certificate of Secondary Education）において新たに職業科目を導入することを提案した（それまでのアカデミックな伝統科目とは区別される）。このGCSE職業科目の導入は、白書の提案の重要な項目の1つであるが、他の利害関係者との効果的なパートナーシップなしに学校だけの力では、リソースや専門的知識などの点で、職業コースを提供するには不十分であるという認識が示されている。そのため政府は、学校、継続教育カレッジ、訓練機関、雇用者の間でより協働的な事業が行われることを期待していた。

翌2002年、労働党政府は、2月に緑書『14歳から19歳の機会の拡大

と水準の向上』(DfES,2002a)、12月には2006年までの戦略を盛り込んだ『結果の産出——2006年までの戦略』(DfES,2002b)を発表した。これにより、2006年までの具体的な戦略が提示されるとともに、緑書に基づき、多くの先駆的事業（pathfinders）が政府により取り組まれた。この事業の主要な目的は、上述した地域の協働がどのように機能するのかを試すことであった。

このような取り組みのなか、2002年10月、資格試験の実施に関する不祥事や水準に関する到達目標の不履行などの理由で、教育大臣がエステル・モリスからチャールズ・クラークに交代することとなる。

大臣交代後、2003年1月の白書『14歳から19歳の機会と卓越』(DfES,2003a)においては、教育への参加に関するOECD加盟国における順位（29ケ国中25位）が、大きく問題にされている。この白書においては、先の『成功を達成する学校』において示された、14歳から19歳までの一貫した段階における達成などの計画がさらに拡充されている。ここでは特に、継続教育カレッジ、学校、地方教育当局、雇用者のパートナーシップによる「柔軟性の増大に関するプログラム」(Increased Flexibility Programme,IFP)のコンテクストにおいて、GCSE職業科目の導入と発展が資格カリキュラム当局（Qualifications and Curriculum Authority）に課された。IFPは、14歳から16歳までのカリキュラムの選択の幅を広げ、16歳以後の教育・訓練にとどまる者の割合を引き上げることを意図するものであった。このIFPプログラムの下で、キーステージ4の生徒は、週に2時間まで継続教育カレッジにおいて授業を受けることができるようになった。

また、2003年7月には、『21世紀のスキル：可能性の実現』(DfES,2003b)が発表された。ここでも、先の白書『14歳から19歳の機会と卓越』と同様に、14歳から19歳の教育・訓練の改革における経済的観点が強調され、若年者のスキルの向上のためには、資格の枠組みを改革し、柔軟で雇用者と個人の必要性に適ったものにする必要があるとした。

2004年7月には、翌年に選挙をひかえ、新たな将来的構想を含む戦略文書『教育技能省——子どもと学習者のための5ケ年戦略』(DfES,2004)が発表された。これは、次に出される白書の基礎になるものであり、全ての若者が、

大人になるために、熟練した労働に就くために、そしてさらなる学習に従事するために十分に準備することが目標として挙げられている。同文書は、以上の目標を立てた背景として、16歳の生徒のGCSEでの結果などにおいて一定の成功を収めたことを挙げる一方で、14歳から19歳において国際的にみたときの脆弱性（OECDの調査において、17歳で教育と訓練にとどまる者の割合が30ヶ国中27位）がはっきりと表れていることについて言及した。このような背景のもと、アカデミックな学習、職業的な選択、そしてそれらを結合したコースによる柔軟な学習の確保により、幅広い選択を若者に提供することが挑戦すべき課題として挙げられている。また、それとともに、職業的選択の質と地位の向上を徹底すること、特に、雇用者の関与を劇的に増大させることについて言及されている。それと同時に、同文書はカリキュラムの「個人化」(personalisation) と選択の拡大を強調しており、それらにコミットするための1つの方策として、全ての学校における職業ルート選択の拡大が目指されている。これにより政府は、全体の学力を向上させるのと同時に、生徒のモチベーションを向上させ、16歳以後の教育と訓練への参加を促進することを意図している。以上を踏まえ、具体的目標として、職業科目の学習者数を劇的に増加させ（2008年までに18万人以上）、長期的な目標として、アカデミックルートと職業ルートが同等の価値を持つものと考えられるようにすることなどを挙げている。

　このような将来的な計画が立てられるのと同時期に、14歳から19歳のカリキュラムと資格の改革に関するワーキンググループによる報告書である『14歳から19歳のカリキュラムと資格の改革』(Working Group on 14-19 Reform,2004. 以下『トムリンソン報告』) が2004年10月に発表された。同ワーキンググループは、既存の14歳から19歳の資格の構造における、断片性、不透明性、複雑性などの問題に取り組むことを目的として組織された。主要な提案としては、「ディプロマ」と呼ばれる新たな資格による統一的な資格システムの導入が挙げられる。ここで提案された「ディプロマ」は、伝統的な大学入学資格要件であるGCE-Aレベル (General Certificate of Education-Advanced Level)、16歳の生徒が受験するGCSEといった既存の資格をその構成要素と

して包括し、それらの資格は独立した資格ではなくなるため、教育関係者の大きな関心を集めた。

しかしながら、以上のような『トムリンソン報告』における提案は、2004年12月に教育大臣がルース・ケリーに交代し、その後、次の白書が発表された際に、変更点がみられた。2005年2月、選挙を目前にして政府は、新たな白書『14歳から19歳の教育とスキル』（DfES,2005a）を発表した。同白書は、『トムリンソン報告』の提案をおおむね受け入れる形となった。例えば、一貫した14歳から19歳のカリキュラムの確立、職業資格の地位の向上、カリキュラムの枠組みの計画における雇用者の関与の促進などがそれにあたる。しかし、GCE-AレベルとGCSEは存続し、またアカデミック資格と職業資格はそれぞれ個別のものとして存続することが決定された。その結果、「ディプロマ」は4つの科目（lines of learning）において2008年から授業が開始され、その後も段階的に13科目が導入される予定である。これは、「ゴールド・スタンダード」としてのGCE-Aレベル（GCSE）の価値を重視したこと、そして2ケ月後の総選挙対策（Mansell, 2007, p.146）が理由として考えられる。

さらに、翌月の2005年3月には、白書『スキル――ビジネスと労働における成功』（DfES,2005b）が発表された。ここでは、スキルの重要性について、新労働党政権の発足当初からの社会正義と経済的成功という2つの目標に貢献するものとして位置づけている。また、具体的目標として、10年間で17歳の時点で教育と訓練にとどまる者の率を75％から90％にすることなどが挙げられた。

2．2005年から現在までの政策（第3期）

第3期の労働党政権下において、教育技能省は、2005年10月に白書『全ての者にとっての高い水準とより良い学校』（DfES,2005c）を発表した。これは、「親と生徒の選択の拡大」という白書のサブタイトルにも表れているように、親と生徒の選択の機会の拡大を意図したものであり、2006年教育視

察法の成立につながるものであった。同文書は、1997年以来の教育政策面における進歩を確認し、さらなるステップに進むことを目指したものである。そこでは、全ての学校が卓越した教育を提供し、全ての子どもの可能性を引き出すことが目指されている。そして、そこでは選択が強調され、それを実現するためには、教育システムを個人の必要性に応じてデザインすることが必要とされている。

翌2006年3月には、白書『継続教育——スキルの向上とライフ・チャンスの改善』(DfES 2006a) を発表した。同白書は、2005年の白書『14歳から19歳の教育とスキル』(DfES,2005a) に基づき、若者と成人のスキルを世界水準にまで引き上げることを目指しており、そのために学校、継続教育機関、地方(教育)当局などの協働について強調している。この文書で強調されているのは、個人の必要とそれに見合うサービス、選択の拡大などである。これらの改革により、学習者は質の高いスキルを習得することができ、そのことがひいては、競争の激しいグローバル経済における雇用者の成功へとつながるとされている。

翌2006年5月には、教育大臣がアラン・ジョンソンに交代し、戦略文書『子どもと学習者のための5ヶ年戦略——卓越した進歩の維持』(DfES,2006b) が発表された。これは、2004年の戦略文書『教育技能省——子どもと学習者のための5ヶ年戦略』(DfES,2004) 以来の進歩を確認し、2009年とそれ以降に向けた主要な目標を掲げたものである。

2007年3月には、緑書『期待の向上——16歳以後の教育と訓練への残留』(DfES,2007) が発表された。ここで諮問に付された主要な提案には、離学年齢の18歳までの延長などが挙げられた。また、これらを達成するために重要な事項として、①全ての若者にとっての適切なルート、②若者が正しい選択をするためのサポート、③若者に価値のある訓練の機会を提供するための雇用者の関与、④全ての者が実際に参加し、恩恵を受けることを確実にする手段の4つが挙げられている。

同年6月には、1997年に労働党が政権を奪取して以来、首相として教育改革の必要性を強く主張してきたトニー・ブレアに代わり、ゴードン・ブラ

ウンが首相に就任することとなった。また、教育技能省を廃止し新たに子ども・学校・家庭省（Department for Children, Schools and Families, DCSF）が設置され、教育大臣がエドワード・ボールズに交代した。

　2007年12月には、白書『子どもプラン――明るい未来の構築』（DCSF,2007）が発表された。この白書における原則として、①政府は親が子どもを育てるためのよりいっそうの支援を行う点、②全ての子どもは成功する可能性を秘めており、才能を開花させるべきである点、③子どもと若者は、大人になるための準備をするのと同様に、子どもの時期を楽しむ必要もある点、④サービスは子ども、若者、家族によって、彼らの責任で形成される必要がある点、⑤危機が起こった後に対応するよりも、失敗を未然に防いだ方が良い点の5点が挙げられている。また、2020年までの様々な数値目標が掲げられた。

　また、2008年3月には、緑書である『期待の向上――システムの実現』（DCSF,2008b）と『達成の促進と成功の評価――14歳から19歳の資格の戦略』（DCSF,2008a）が発表された。特に前者に関して、2007年には16歳の生徒の46％が5科目以上のGCSEをA★～Cの成績で獲得しており、これは1997年における36％と比較して大きな躍進であることが確認された。より多くの若者が16歳以後の教育と訓練にとどまり、良い結果を得ているとされた。これらを維持・発展させながら、14歳から19歳の資格システムについては、価値のある既存の資格（GCE-Aレベル、GCSE）を存続・簡素化しつつ、新しい包括的な資格の選択肢を開発していくことが目指されている。この「新しい包括的な資格の選択肢」には、2008年に導入された「ディプロマ」実施科目を増やしていくことが意図されていると考えられる。

　2009年6月には、白書『子ども、学校、未来――21世紀の学校システムの構築』（DCSF,2009）が発表された。21世紀の挑戦として、科学、技術、数学に関する高いスキルを子どもたちに獲得させること、そしてより「個人化」されたサービスを提供することなどが強調された。またこれらは、多くの子どもではなく、「全ての」子どもに対して確保されるべきであるとしている。

3．現在の資格制度改革における労働党政府の強調点

　以上にみてきた現在までの労働党政府の教育制度改革は、いくつかのキーワードで表すことができるだろう。これには、「教育と訓練における国際競争力の強化」、「職業教育の促進」と「評価の同等」、「協働」、「個人化」、「スキルの向上」が含まれる（Hodgson & Spours, 2007, pp.661-662）。ここでは、これらのキーワードが、資格制度改革とどのように関わっているのかについて論じる。

　第1に、「教育と訓練における国際競争力の強化」に関しては、21世紀に入り、2期目の労働党政権時に発表された政策文書において数多く登場する。ハッチャーによれば、ブレア政権における学校教育に関する最も主要な「遺産」(legacy) として、イギリスの経済的競争力を向上させる「人的資本」の生産を確立した点であり、その後のブラウン政権においても、経済的競争力に対する教育の重要性が強く意識されている点について指摘している (Hatcher, 2008, p. 665)。この点は、先に述べた白書『14歳から19歳の機会と卓越』(DfES,2003a) や戦略文書『教育技能省――子どもと学習者のための5ケ年戦略』(DfES,2004) など、多くの政策文書において強調されている点であり、中期的なスパンでの具体的数値目標が示されている。

　第2に、「職業教育の促進」と「評価の同等」に関しては、上に述べた「教育と訓練における国際競争力の強化」のための主要な方法として位置づけられている。例えば、IFPによるGCSE職業科目の導入と推進が新たな職業資格を導入し、16歳以後の教育と訓練への参加を促すことにより、教育と訓練における水準の向上が目指されているといえる。また、2008年の「ディプロマ」の導入の経緯について、ハッチャーによれば、全ての生徒の学力の向上だけでは「人的資本」の要求を満たすことができず、その結果将来の労働力の形成に雇用の直接的な関与が必要となったと説明している (Hatcher, 2008, pp. 666-667)。雇用の直接的な関与という流れは、2013年までに「ディプロマ」の科目の拡大が決定されていることからも、継続するものと考えられる。また、そこでは、職業資格とアカデミック資格（GCE-Aレベル、

GCSE 伝統科目）の「評価の同等」が目指されている。すなわち、政府が新たな職業資格を導入しても、学校がそれらの職業資格を取得するためのコースを開設し、さらに生徒がそれを選択しない限り、資格取得者の増加は実現し得ず、そのためには学校現場や社会における職業資格の地位の向上が不可欠なのである。

　第3に、「協働」について近年になり、学校、カレッジ、雇用者、その他の機関の協働はますます重要になってきていると考えられる。現在の労働党政権は、教育に競争原理を採り入れた保守党政権時の政策をある程度引き継ぎつつも、「競争」を超えた「協働」により、地域全体、そしてイギリス全体での学力水準の向上を目指しているといえる。この点は、資格制度においては、「ディプロマ」の開発と大きく関わっている。すなわち、特に「ディプロマ」は、以前の職業資格よりも雇用者の関与を重視し、さらに地域の他の学校やカレッジにおける学習機会を活用するため、地域における協働が不可欠な要素となっているのである。これは、高い水準の技術的専門知識、専門的な施設へのアクセスが重要な意味を持つ科目（建築、エンジニアリングなど）において特に重要な点である（Ogunleye, 2007, p. 73）。また先述したように、2002年に導入された GCSE 職業科目についても、リソース、専門的知識などの点で学校と他の利害関係者の協働が必要とされている。

　第4に、「個人化」について、個々の生徒の必要性に適った学習機会や進路を提供することは、社会的包摂の観点からも、非常に重要な要素として取り扱われている。資格制度改革に関連していえば、例えば、『教育技能省──子どもと学習者のための5ケ年戦略』（DfES, 2004）で示されているように、職業的選択の拡大がこれに貢献するものとして位置づけられており、その意味で GCSE 職業科目と「ディプロマ」は「個人化」を促進するツールとして重要であるといえる。このように、「個人化」の概念は、現在の学校改善の原動力として位置づけられており、最近の白書である『子ども、学校、未来──21世紀の学校システムの構築』（DCSF, 2009）においてもいっそうの促進が目指されている。

　第5に、「スキルの向上」の必要性については、プリングによれば、2003

年の白書『21世紀のスキル——可能性の実現』(DfES,2003b)が最も重要なものとして位置づけられている(Pring, 2005, pp. 73-74)。この白書の目的は、高度に競争的な世界においてイギリスが経済的に繁栄する枠組みを提供することにあり、そこでの不可欠な要素として「スキル革命」(skills revolution)が挙げられている。これには、より多くの者にスキルを獲得させるために、異なるレベル、職業、地域におけるスキルを特定し、これらのさまざまなスキルの要求を教育と訓練の提供とマッチさせ、学校、カレッジ、大学、雇用者、関連諸機関の協働を創造することが可能であるとの前提がある。資格制度との関連では、従来からあったキースキル資格(Key Skills Qualifications)に加え、最近では、機能的スキル(functional skills)と呼ばれるものが「ディプロマ」の一部(独立資格としても存在する)として導入され、主要な3つのキー・スキル(資格)はこの機能的スキルに引き継がれることとなった。

おわりに

　本章では、21世紀に入ってから現在までのイギリス労働党政府の教育・資格制度改革について概観してきたが、これまでにいくつかの問題点・課題が明らかになっている。

　第1に、「職業教育の促進」が目指されているが、近年、多様な職業資格が多くの科目において新たに導入されており、それに伴ってカリキュラムや進路の道筋が複雑化していると言わざるを得ない。それが、生徒に対する職業的学習の機会の提供にとって阻害要因となり、結果的に、生徒個人の必要に適した学習機会を提供するという意味での「個人化」にも悪影響を与える可能性がある。また、「評価の同等」に関して、歴史的に職業教育・資格が軽視される傾向にあったイギリスの教育において、実際に職業資格とアカデミック資格との同等性を確保するのは容易なことではないだろう。今後、職業資格取得者数のさらなる増加と教育・訓練の国際競争力の向上を目指す政府にとって、この課題に積極的に取り組み、具体的提案を行っていくことは必要不可欠である。

第2に、「協働」については、都市周辺部と比べて、農村・過疎地域では、学校の地理的なロケーションに関連するリソースの不均衡の問題が存在する。すなわち、都市周辺部と比べて、農村・過疎地域においては、協働する近隣の学校やその他の組織との地理的距離が非常に遠く、それがより良い協働関係の構築に支障をきたす可能性がある。特に、GCSE職業科目や「ディプロマ」といった新たな職業資格の取得に関しては、学校外部のリソースの活用は重要な要素であるが、概して、農村・過疎地域は不利な状況にあるといえる。

　第3に、「スキルの向上」の面では、レベル、職業、地域の特性に応じたスキルの開発において、それに関わる多様な組織が存在する。そのため、これらの組織間におけるスキルの概念や取り組みに関するコンセンサスと円滑なパートナーシップが必要とされるが、職業部門の複雑性の問題が存在し（例えばCoffield et al., 2005）、さらに最近では中心的組織の1つである学習スキル協議会（Learning and Skills Council）の廃止と新たな組織の発足が決定されているため、依然として問題をはらんでいる。また、プリングは、スキルの概念を狭くとらえ、それが職業的訓練のみに適用される限り「アカデミック–職業ディバイド」（academic-vocational divide）が解消されない点について指摘している（Pring, 2004）。

　これらの問題点・課題に対する今後の政府の取り組みを精査することは、将来の政策の方向性とそれらの成否を考察する上で重要であるといえる。

注

1　本章ではイングランドを指す。

引用・参考文献

Coffield, F. et al. (2005) "A New Learning and Skills Landscape? The Central Role of the Learning and Skills Council", *Journal of Education Policy*, Vol. 20, No. 5, pp. 631-656.

Department for Children, Schools and Families (DCSF) (2007) *The Children's Plan: Building Brighter*

Futures, The Stationery Office.
Department for Children, Schools and Families (2008a) *Promoting Achievement, Valuing Success: A Strategy for 14-19 Qualifications*, The Stationery Office.
Department for Children, Schools and Families (2008b) *Raising Expectations: Enabling the System to Deliver*, The Stationery Office.
Department for Children, Schools and Families (2009) *Your Child, Your Schools, Our Future: Building a 21st Century Schools System*, The Stationery Office.
Department for Education and Skills (DfES) (2001) *Schools: Achieving Success*, DfES Publications.
Department for Education and Skills (2002a) *14-19: Extending Opportunities, Raising Standards*, DfES Publications.
Department for Education and Skills (2002b) *Delivering Results: A Strategy to 2006*, DfES Publications.
Department for Education and Skills (2003a) *14-19: Opportunity and Excellence*, DfES Publications.
Department for Education and Skills (2003b) *21st Century Skills: Realising Our Potential — Individuals, Employers, Nation*, The Stationery Office.
Department for Education and Skills (2004) *Department for Education and Skills: Five Year Strategy for Children and Learners*, The Stationery Office.
Department for Education and Skills (2005a) *14-19 Education and Skills*, The Stationery Office.
Department for Education and Skills (2005b) *Skills: Getting on in Business, Getting on at Work – Part 1, Part 2, Part 3*, The Stationery Office.
Department for Education and Skills (2005c) *Higher Standards, Better Schools for All*, The Stationery Office.
Department for Education and Skills (2006a) *Further Education: Raising Skills, Improving Life Chances*, The Stationery Office.
Department for Education and Skills (2006b) *The Five Year Strategy for Children and Learners: Maintaining the Excellent Progress*, DfES Publications.
Department for Education and Skills (2007) *Raising Expectations: Staying in Education and Training Post-16*, The Stationery Office.
Hatcher, D. (2008) "Academies and Diplomas: Two Strategies for Shaping the Future Workforce", *Oxford Review of Education*, Vol. 34, No. 6, pp. 665-676.
Hodgson A. and Spours, K. (2007) "Specialised Diplomas: Transforming the 14-19 Landscape in England?", *Journal of Education Policy*, Vol. 22, No. 2, pp. 657-673.
Mansell W. (2007) *Education by Numbers: The Tyranny of Testing*, Politico's Publishing.
Ogunleye, J. (2007) "A Review of UK Government Policy Papers on 14-19 Education and Training between 1996 and 2006", *Middlesex University Occasional Papers in Education & Lifelong Learning*, Vol. 1, No. 1, pp. 70-81.
Pring, R. (2004) "The Skills Revolution", *Oxford Review of Education*, Vol. 30, No. 1, pp. 105-116.
Pring, R. (2005) "Labour Government Policy 14-19", *Oxford Review of Education*, Vol. 31, No. 1, pp. 71-85.
Working Group on 14-19 Reform (2004) *14-19 Curriculum and Qualifications Reform (Final Report*

of the Working Group on 14-19 Reform), DfES Publications.

4 イギリスの教育における公と私の
　　　　　　　　　　　　　パートナーシップ

木村　ゆり子

はじめに

　イギリスでは、1997年にブレア首相率いる労働党が政権を奪還して以来、教育を国内政策の最優先事項に掲げ、教育水準の向上をその中心課題に置き、さまざまな取り組みを行ってきた。前保守党政権は、平等から質へと教育政策の理念を転換し、さらに「優秀性」を伸ばすという、部分的な層への取り組みを行っていた。しかし、ブレア政権は、「第3の道」に表されるような、新たな政治理念に基づく「新」労働党政権を発足させ、特定の部分に限らない全ての子どもを対象とした教育水準の向上に力を入れた。
　取り組みの1つとして、Private Finance Initiative（以下 PFI）や、Public Private Partnership（以下 PPP）理論の下で、公的セクターと私的セクターのパートナーシップ、つまり、政府と民間団体・企業のパートナーシップによって学校改善、教育水準向上に取り組まれているものの中に、Education Action Zones（以下 EAZ）という初等・中等学校、アカデミー（Academies）という中等学校がある。また、EAZ やアカデミーの前身となったものとして、サッチャー政権時に確立された City Technology College（以下 CTC）という私立中等学校がある。
　本章の目的は、公的セクターと私的セクターのパートナーシップが、教育にどのような効果をもたらし得るかを考察することにある。そのため、私的セクターの教育への参加を積極的に推進したブレア政権における取り組みを本章の研究対象とする。
　その方法としてまず、公と私のパートナーシップを支える理論的根拠から

考察する。教育に PFI、PPP 理論を導入するに至った背景を考察することで、なぜ教育が公と私のパートナーシップを必要とするのかを検討する。次に、公と私のパートナーシップによる学校、すなわち CTC、EAZ、アカデミーの展開についてみる。そして、その効果とそれをめぐる論議の検討を踏まえ、教育における公と私のパートナーシップの効果を検討する。

1．PFI、PPP 理論導入の背景と動向

1　バリュー・フォー・マネー（Value for Money）を目指す PFI

1980 年代、世界は大きな転換期を迎えていた。1970 年代までの社会民主主義に基づく政策への批判が高まり、各国は福祉国家政策への批判を掲げる傾向にあった。イギリスでは、高インフレや高失業率による経済の危機的状況、失業対策費や社会保障費による国家財政の赤字を抱えており、「英国病」と呼ばれるこのような状況から脱却すべく、新自由主義の大胆な行政改革を行ったのが、1979 年からのサッチャー首相の保守党政権である。

1980 年代、保守党のサッチャー政権は、福祉国家的な「大きな政府」を改めて「小さな政府」を目指し、公共支出の削減を意図して、公共サービスに市場原理を導入し、規制緩和、民間の参入に積極的に取り組んだ。サッチャー政権時の民営化政策の顕著な例として、国営企業の株式会社化と民間委託、エイジェンシーが挙げられる。サッチャー政権は、公的セクターによって非効率的に公共サービスを提供するよりも、民間に委ね、競争を生み出すことで効率と質を確保しようとした。

1990 年、政権は同じ保守党のメージャーに引き継がれた。PFI は、メージャー政権によって 1992 年に導入されることになったのであるが、その要因となった背景として 2 点が考えられる。第 1 に、NPM（New Public Management）の普及、第 2 にサッチャー政権時の民営化政策が結果を出し評価されていたことである。

NPM とは、1980 年代半ば以降、アングロサクソン系諸国を中心に、形成された革新的な行政運営理論である。NPM の目的は、民間企業における

経営理念・手法、成功事例などを可能な限り行政の現場に導入することによって行政部門の効率化・活性化を図ることである。サッチャー政権時の民営化やエイジェンシー化など、民間との協力による行政の改革が成果を上げ評価を受けていた。そのため、同党のメージャー政権に移ってからも、質と効率の確保という点から、公共サービスにおいて、民間の活力を有力な戦力ととらえ、いかにして公的セクターと私的セクターとの協力を成していくかを引き続き重視していたと考えられる。

　メージャー政権の民営化政策の取り組みは、公共サービスの水準を向上させ、利用者のニーズや希望により敏感に対応させる10年計画として立案された市民憲章によく表れている。市民憲章によって、さらなるアカウンタビリティを公共事業に導入し、サービスの水準を上げることが計画された。市民憲章は、公共サービスに変化をもたらすアイデアの象徴であり、民営化された公共事業の具体像を示すものである。品質、選択、水準、バリュー・フォー・マネーの4つのテーマに最も重点を置いている。

　メージャー政権は1992年に、民間の役割をより明確化し、民間の参加をこれまでより積極的に活用するPFIを発表した。PFIとは、公共サービスを提供する際、公的セクターだけではなく、私的セクターとの協力によって、より良い公共サービスを提供するための手段である[1]。これによって、バリュー・フォー・マネーに達することができる。ここでのマネーとは税金のことであり、つまりバリュー・フォー・マネーとは、「支払う税金に対する最大限の価値を持つサービスが提供される」という考え方である。PFI導入の背景には、このバリュー・フォー・マネーの考え方が重要な役割を担っている。

2　PPPの提唱

　1979年から1997年という長期に及んだ保守党政権は終わりを告げ、1994年に党首となったブレア率いる労働党が1997年に政権を奪還した。ブレアは、自らの政権を社会民主主義と新自由主義を超えた「第3の道」と呼び、従来の労働党を発展させた「新」労働党（New Labour）を掲げた。「第

3の道」には、その前提として「第1の道」と「第2の道」がある。すなわち、社会民主主義と新自由主義である。

　社会民主主義は、1960年代の主要な考え方である。それまで、イギリスの教育は、1944年教育法によって制定された、3分岐システムによる中等教育システムが採用れていた。3分岐システムとは、共通の初等教育を受けた後、11歳の時点で「イレブン・プラス」(eleven plus, 11歳試験) と呼ばれる学力試験を受け、その成績を参考に、進学希望者を対象として学術的知識を教える「グラマー・スクール」(grammar school)、手に職を付けたい者に技術的知識を教える「テクニカル・スクール」(technical school)、日常的知識を教える「モダン・スクール」(modern school) へと分かれるシステムである。しかしながらこれは、階級に応じた教育の提供という結果に終わり[2]、選抜を行わない、学区制に基づいたコンプリヘンシブ・スクール（comprehensive school）を望む声へとつながることになった。こうして、1964年の労働党の政権奪回から、中等教育の単線化を目指したコンプリヘンシブ・スクールの設立が進んだ。つまり、試験による選抜によって進む道が決まる「3分岐システム」から、学区内の子どもであれば選抜を受けずに誰でも行くことができる「コンプリヘンシブ・スクール」へと移行していったのである。ここでは「平等」という概念が最も尊重されている。すなわち社会民主主義の政策のモチーフとなるのは、「平等」の理念である。

　1970年代から1980年代に政策の中心概念となったのが、新自由主義である。教育の分野においてもその変化は著しく、教育政策理念は「平等」から「質」へと転換された。その象徴となるのが、サッチャー政権によって施行された1988年教育改革法 (Education Reform Act 1998) である。1988年教育改革法における特徴として、「ナショナル・カリキュラム」(National Curriculum) とナショナル・アセスメント」(National Assessment)、「オープン入学」(Open Enrolment)、「自主管理制度」(Local Management of School, LMS)、「国庫補助学校」(Grand-maintained School 以下 GMS) が挙げられる。以上のように、新自由主義において最も尊重されるのは「市場原理」「規制緩和」「地方分権化」の概念である。第2の道である新自由主義における政策では、これらの概念

の下、大胆な改革が行われ、教育政策は「平等」から「質」へとその理念は変化した。

アンソニー・ギデンズは「第3の道」を「社会民主主義と新自由主義という2つの道を超克する道、という意味での第3の道」と定義した（アンソニー・ギデンズ,1999年、55）。具体的なプログラムとしては、「コミュニティの再生」によって「アクティブな市民社会」を作ること、「市民権の尊重」や「公共空間に参加する権利を保障すること」などを骨子とする「包括（inclusion）としての平等」などが挙げられる（ギデンズ、1999、123頁）。つまり、1960年代の福祉国家政策に基づく第1の道である「社会民主主義」で尊重された「平等」の理念と、1980年代の第2の道である「新自由主義」の「市場原理」「規制緩和」「地方分権化」も取り入れて「アクティブな市民社会」を作ろうという考え方が、「第3の道」である。

ここに、労働党に政権が移った後もPFIを継続させ、それを発展させたPPPを提唱した背景がある。社会民主主義の平等の理念が根底に置かれているものの新自由主義の実績である公共サービスにおける民間活力の活用はそのまま続行して取り組まれている。この有効な理論の、問題点を改善し、これまで対象ではなかった教育、環境などの分野にも採り入れていくことを発表し、その際、PFIは1つの手段として、PPPに含まれることとなったのである。

PPPは政府の公式ホームページによると、次のように説明されている。

「PPP（PFIを含む）は私的セクターから、現代的で質の高いサービスを得ることにより、公共サービスにおいてより良いバリュー・フォー・マネーを提供することができる。PPPの成功のカギとなるのは、仲介者と提供者間で取り決められたパートナーシップの取り扱いである。」[3]

公的セクターと私的セクターがともに働く際、ビジネスに関して公的セクターよりも優れた能力を持つ私的セクターが活躍することで、国民にとってはより良いバリュー・フォー・マネーが確保でき、私的セクターにとっては、ビジネスの機会と幅が広がり、公的セクターにとっては、政策目標達成に必要不可欠な専門知識、技術が得られると考えられた。これを背景に、この

パートナーシップを支える理論として PPP が提唱されたのである。

2．イギリスの教育における公と私のパートナーシップの歴史的展開

　ブレア政権によって推進されることとなった、公と私のパートナーシップからなる学校であるが、その前身となるのが、サッチャー政権による 1988 年教育改革法によって確立された CTC である。続いて、ブレア政権による 1998 年教育法によって EAZ が発表され、2002 年教育法からアカデミーが開始された。これらの変遷についてみる。

1　民営化政策と CTC（City Technology College）プランの発表

　1986 年 10 月 7 日、当時の教育科学相ケネス・ベイカー（K.Baker）が、保守党大会で政府と産業界によって設立される CTC のプランを提案した。そしてその 1 週間後、『CTC——新しい学校の選択』と題されたパンフレットの発表をもって詳細が示された。

　CTC は、プラン発表の 2 年後の 1988 年教育改革法（Education Reform Act 1988）において、独立学校として設立されること、インナーシティを含む都市部に置かれること、科学技術に重点を置いたカリキュラムであることを規定して確立された。CTC は、11 歳から 18 歳を対象とする、科学技術に重点を置いた、高い水準の、インナーシティを含む都市一部に設立される独立学校である。独立学校であるが、公立学校と同じく授業料は徴収されず、スポンサーである私的セクターからの資金面と備品等の援助、教育トラストからの資金援助、政府による生徒数に応じた資金援助によって運営される。CTC の目的は、パートナーシップを結んだ私的セクターのスポンサーによる援助と共に、ナショナル・カリキュラムと連動して成功した学習の機会を提供することである[4]。

　CTC が発表された 1980 年代のイギリスは「質」を教育理念に掲げ、学校間での選抜や差異をいっそう拡大せよという右派からの要請が相当な支持を獲得していた時代であり、独立学校部門の拡大イコール「教育の拡大

」を求める声に応えたものであった(ウォルフォード、1993、107頁)。すなわち、1980年代後半のイギリスは、サッチャー政権によってそれまで非効率であった公共事業に大胆な民営化政策が取り込まれた時期であった。教育においてもそれは例外ではなく、CTCもまたこのような背景の上で導き出されたアイデアであると言える。CTCと地方教育当局(Local Education Authority, LEA)との主な違いは、CTCは勤務環境や給与を自由に決められる学校理事会によって、スタッフを直接雇用していた、という点である。政府からの資金は、国庫補助学校における給与を基準に支給されたが、CTCは、給与を改善するためにスポンサーの資金を自由に使うことができた。さらなる柔軟策として、ティーチングスタッフとノン・ティーチングスタッフ間のバランスの決定、特に、教員資格のないティーチングスタッフの雇用決定権が学校理事会に許可されていたことが挙げられる(Walford, G. & Miler,1991,pp.3-4.)。

2　コミュニティへの注目とEAZ(Education Action Zones)の提案

　政権を奪回した労働党のブレア政権は、1997年7月に教育白書『教育における優秀性』を、12月にパンフレット『教育アクションゾーン(Education Action Zones)』を発表した。そして翌年の1998年教育水準枠組法(School Standards and Framework Act 1998)において、Education Action Zones(以下EAZ)が制定された。期間は3年で、必要と認められれば最長の5年まで延長することができるとした[5]。EAZとは、スポンサーとなる民間の企業や団体と学校が協力し、教育水準の低い地域において教育改善に取り組んでいくものである。学校運営資金は、学校とパートナーシップを結んだ企業からの資金と、政府の補助金によって賄われる。EAZは低い学力の地域に設置され、学校単独ではなく、学校群として、学校、親、コミュニティ、企業、地方教育当局のようなローカルなパートナーシップを軸に教育水準の向上を図る。EAZは、教育的成果の低い地域の社会的排除を減らし、水準向上へとギアを入れる新労働党政策の最も重要なものである(Dickson & Power, 2001, pp.137-141)。EAZを運営するには、教育アクションフォーラム(Education Action Forum)を設置し、法人格を与えることとされた。その構成メンバーは、各参加校の理事会に

よって任命された1名（任命しない場合はなし）と、国務大臣から任命された者1名か2名を含み、LEA、親、地方コミュニティ、ボランタリー団体、企業、その他の組織や学校自身の代表などからなり、その主要な目的は、参加校の教育設備の水準を向上させることであるとした[6]。また、教育アクションフォーラムは、ゾーンの教育水準を向上させるアクションプラン（Action Plan）の作成を任務とする。アクションプランは、国務省の許可を受ける必要があり、毎年見直される[7]。このような「パートナーシップ」「コミュニティ」は、ブレア政権の政治理念のキーワードである。ブレア首相は、EAZの設立に際して「問題を急進的かつ革新的に解決する策を見出すため、ローカルなパートナーシップ（学校、親、コミュニティ、企業、地方当局）を認める」と述べ、さらに「彼らは態度を変え、長い間居座っていた問題を解決するためのアプローチにとりかかる必要がある。彼らは、自身を、改善を課されたターゲットとならなければならない」[8]とし、インナーシティにおける状況改善の重要性を主張している。

3　学校の多様性、専門化、協働とアカデミー（Academies）の設立

アカデミープログラムは、2000年3月15日、中等教育の移行に関する教育科学相デイビッド・ブランケットのスピーチにおいて提案され、2000年9月に最初のアカデミーの計画が発表された。アカデミーは、2002年教育法において設立されるが、その根幹である2001年9月の白書『成功を達成する学校（Schools：Achieving Success）』は、全ての生徒の教育水準の向上、14〜19歳の才能や向上心に対する取り組み、卓越性、革新性、多様性などが目標として掲げられていた。そしてアカデミーは、2002年教育法において「学校の多様化プログラム」[9]の1つとして設立された。

アカデミーの目的は、長い間教育へ無関心だった地域への挑戦であり、「本当の」水準改善を達成することである。すなわち、アカデミーが展開することで、その専門性と施設は他の学校やコミュニティと広く共有される。生徒へ最良の実践を提供することと同様に、アカデミーは、コミュニティの再生において重要な役割を担う。全てのアカデミーは、地域を限定せず、全

ての教育的な成果の低い地域に設立される。アカデミーは、インナーシティ、都市部、地方など、全ての剥奪地域（deprivation area）における悪循環を壊す助けとなる。1校、あるいは複数の既存の学校が再設置される場合と、学席の増加が必要な時には新設される場合もある。アカデミーは、企業、個人、宗教団体、ボランタリー団体のようなスポンサーと政府によって運営資金が提供される。アカデミーの資金は、施設設立計画段階の費用、学校及び施設建築の費用、開校後の運営費用の3つの段階からなる。設立計画段階の費用は政府が出資し、学校及び施設建築の費用に対してはスポンサーが約200万ポンドを寄付し、政府は承認された計画に沿って資金を提供する。開校後の運営費用は、他の学校と同様の資金提供を政府から直接受ける。アカデミーの運営は、会社法に則って行われる。すなわちアカデミーは、学校の教育水準を向上させることのみが目的ではなく、設置されたコミュニティへ効果的な影響を与え、コミュニティ全体の教育水準が向上することを期待して設立される学校である。また、学校運営の面では、アカデミーは会社法によって運営されるので、学校運営メンバーにスポンサーをはじめ多くの外部のスタッフを任命でき、新しい学校運営の在り方を試みることができる。

3．教育における公と私のパートナーシップと教育をめぐる議論

公と私のパートナーシップにおける論点

　公と私のパートナーシップからなる学校に対する議論での主要な論点として、次の3点が挙げられる。すなわち、(1) 私的セクターの学校ガバナンスへの参加、(2) 私的セクターの信用性、(3) 学校選択と社会階級の再生産の問題の3点である。

(1) 私的セクターの学校ガバナンスへの参加

　公と私のパートナーシップからなる学校の第1の特徴は、私的セクターの学校ガバナンスへの参加による新しい学校ガバナンスの在り方である。フィッティらは、CTCは新しいタイプの自治権のある学校を構成し、「現代

的な」雇用や「企業家精神」のニーズに明確に適応して計画されていたと述べている（Whitty. & Edwards, 1998, p.218）。

　グリーンらは、EAZ のガバナンスを担うアクションフォーラムの機能性の高さを評価している（Ganarnikow,E. & Green,G.,A.., 1999.）。一方、ゲバーツは、強調しすぎた感のある「パートナーシップ」という甘ったるい言説は、同意に達するのが難しい事項であり、パートナーシップを結んで焦点を当てるというよりも、むしろその言葉で覆い隠されているのではないかと、まだ議論の余地のあることを指摘している（Gewirtz,, 2001, pp.169-181）。また、ホワイトヘッドらは、EAZ における地域のパートナーシップの中で、子どもの声がうまくくみとれていないことを調査で指摘し、支配的な認識から脱却して、子どもも構成メンバーとしてとらえるよう主張している（Whitehead & Clough,2004, pp.215-227）。

　アカデミーでは、私的セクターのメンバーを学校理事会の多数派とすることが規定されたり、これまでの学校運営には見られなかった会社法による学校運営が行われるなど、私的セクターの学校への関与はさらに拡大している。

(2) 私的セクターの信用性

　公と私のパートナーシップからなる学校は、本来利益追求を使命とする私的セクターがスポンサーとなって、どのように学校教育に関わっていくのかが重要な論点となる。学校教育への参加に本来私的セクターが求めるような「利益」を見出すことは困難であり、従って参加は短期間なものになりがちであるという不安は払拭できない。

　「期間」における課題は、利益追求という私的セクターの特質の面から公と私のパートナーシップを考える際、重大な課題である。EAZ においてEAZ として設定される期間には期限があるため、十分な効果を出す前に期間が終了してしまうのではないかという不安は払拭できない。また、私的セクターの種類についてみると、CTC ではスポンサーとなれるのは企業のみであったが、アカデミーにおいては個人を含むあらゆる団体がスポンサーになりうる。スポンサーの選択肢がより多様化し、学校に関わる者が広がり、

地域ぐるみで教育に意識を持つことが、教育への良い効果をもたらすことへつながるかもしれない。

ゴードンらはCTCにおいて、「市場の」セクターが、明確な利益が得られる場合を除いて、私的セクターの資金提供を求める学校教育という「面倒な」仕事に過度には関わりたくないことは明らかであり、参加が実施されても短期間にとどまり、規模も限定されていたことを明らかにした（Gordon & Whitty,, 1997,p.465）。この「期間（term）」について、フィッティは、短期、中期、長期に分け、そこで起こり得る事態を検討している。まず、短期の状態とは、失敗校（failing school）やLEAの学校から一転して、私企業がそれらを雇っているようなものととらえられるが、それは決して保障されたものではなく、私的セクターの関与と中央政府から資金や援助が与えられることに違いはない。すなわち、短期では、一時的な外部からの支援に過ぎず、資金や援助の出所が政府であろうと私的セクターであろうと違いはないと述べる。しかしながら、中期では、取り組む過程で、自己達成的予言の可能性があるとした。ただ、このような状況が長期に続くと、優れた人材がLEAや公営学校を去る危険性も考えられ、結果、公的セクターは不振となり、このことがさらなるアウトソージングを正当化するかもしれず、こうしt公的セクターのキャパシティがむしばまれれば、私的セクターがより容易に利益を得られる場所を求めて動くような事態となってしまう。そこで何が起こるのかを考えなければならないと警告する（Whitty, 2000）。

アカデミーでは、パートナーシップの期間は規定されず、学校がある限りパートナーは学校理事会の理事としての責任を有し、「長期」の状態にある。長期間継続していく中でのパートナーシップの動向を見守っていかなければならない。

(3) 学校選択と社会階級の再生産の問題

イギリスの教育において常に重要な論点であり続ける「学校選択」という論点は、公と私のパートナーシップにおいても重要な論点である。私的セクターが公教育へ参加することで、公と私の境界線が曖昧になり、学校選択や、

ひいては社会階級の再生産において負の影響を及ぼしうることが危惧される。

　CTC に見られるような職業訓練的なカリキュラムやアカデミーのように学校独自の専門性を持つことは、学校選択の幅を広げることが期待されるが、CTC のように希望者が集中し過ぎることで選抜を生み出し、学校の階層化が生じ、社会階級の再生産を助長するようになるのではないかという点が危惧される。EAZ に関しては地域単位でゾーンを形成するため、学校入学の選抜は CTC のようにな行き過ぎは防ぐことができると予想される。

　ウォルフォードは、CTC のアイデアは、政府が、不平等な対策で最良の設備、資金、支援のある学校を望む子どもの選抜を基礎にした教育制度の展開を望んでいることを明らかにした（Walford., 1990, p.73）と述べ、カールは、多くの親は、誰でも選択可能な学校というよりも高いステイタスのある新しい学校として CTC をみていたことを明らかにした（Carl, 1994, pp.309）。また、EAZ に関してもパワーらは、学校教育と私企業の論理の混在が、地域の資本で可能な範囲内で発展し地域を基礎として展開することは、剥奪地域間でさえ変動を強化するようなものであるため、EAZ がさらなる競争を導き、それによっていっそう市場化が促進されるとし、さらなる不平等の生成を危惧している（Power & Whitty,1999, pp.535-546）。ライドらは、私的セクターとの関わりにおける「期間」の短さが教育的不平等の原因となるのではないかと指摘している（Raid & Brain, 2003, pp.195-214）。

　また、アカデミーにおいては、選抜はされないことが明記してあり、今後どのような展開がなされるのかが注目される。

おわりに

　本章の目的は、公的セクターと私的セクターのパートナーシップが、教育にどのような効果をもたらし得るかを考察することにあった。私的セクターとのパートナーシップにより、豊富な資金をもって従来の公立学校では提供できなかった柔軟性のあるカリキュラムや設備が提供可能になること、学校ガバナンスへの私的セクターパートナーの参加により、新しい学校ガバナン

スが可能となることは、教育への効果として認められるだろう。しかしながら、本質的に「私」であるパートナーが、利益の見込めない事業である学校への継続的関与を信用できるようになるまでには、これからの動向を追っていくことが必要不可欠である。私的セクターの学校ガバナンスへの関与の実態調査を踏まえた継続的な調査が今後の課題となるだろう。学校における見解と共に、私的セクターの見解による両者の総合的な検討から、教育における公と私のパートナーシップの実態をより明らかにすることができると考える。

注

1 Department for Education and Skills, Standard Site, http://www.dfes.gov.uk/ppppfi/（2007）.
2 ３分岐システムに対する批判に関しては、望田研吾（1996）に詳しい。
3 Department for Education and Skills, Standard Site, http://www.dfes.gov.uk/ppppfi/（2007）.
4 Education Reform Act 1988, Chapter5, Section105.
5 School Standards and Framework Act 1998, Chapter 3, Section10.
6 *Ibid.*, Section11.
7 DfES, Standards Site, EAZ, http://www.standards.dfes.gov.uk/eaz/（2007）.
8 DfES, Standards Site, EAZ, http://www.standards.dfes.gov.uk/eaz/（2007）.
9 学校の多様化プログラムは、アカデミー（Academies）、ビーコン・スクール（Beacon Schools）、学校連合（Federations）、リーディング・エッジ（Leading Edge）、専門中等学校（Specialist Schools）、トレーニング・スクール（Training Schools）からなる。

引用・参考文献

Department for Education and Skills（2007）Standard Site, http://www.dfes.gov.uk/ppppfi/.
DfES, News Centre（1999）Innovation and partnership key to Education Action Zones –Clarke, January, 1999.
DfES（2007）Standards Site, EAZ, http://www.standards.dfes.gov.uk/eaz/.
Dickson,M. and Power,S.（2001）, "Education Action Zones: A new way of governing education?", Foreward, *School Leadership & Management,* Vol. 21, No.2, pp.137-141.
Education Reform Act, 1988
Ganarnikow, E. and Green,G.,A..（1999）"The Third Way and Social Capital：Education Action Zones and a new agenda for education,parents and community?", *International Studies in Sociology of Education,* Vol.3, No.1.

Gewirtz, S(2001)"Education Action Zones and Democratic Participation", *School Leadership & Management,* Vol.21, No.2, pp.169-181,

Gordon, L. and Whitty,G.(1997)"Giving the 'Hidden Hand'a Heiping Hand ? Therhetoric and reality of neoliberal education reform in England and New Zealand",*Comparative Education* ,Vol.33,No.3,p.465.

Power, S. and Whitty,G.(1999)"New Labour's education policy：First, second or third way?, *Journal of Educational Policy,* Vol.14, No.5, pp.535-546.

Raid,I. and Brain,K.(2003)"Education Action Zones：Mission impossible?", *International Studies in Sociology of Education,* Vol.13, November 2, pp.195-214.

School Standards and Framework Act 1998

Walford. G.(1990)"Developing Choice in British Education", *Compare,* Vol.20, No.1,p.73.

Whitehead, J. and Clough, N.(2004)"Pupils, the forgotten partners in education action zones", *Journal of Educational Policy,* Vol.19, No.2, pp.215-227,

Whitty, G. and Edwards,T.(1998)"School Choice Policies in England and the United States：An exploration of their origins and significance", *Comparative Education,* Vol.34, No.2, p.218.

Whitty, G（2000）"Involving the private Swctor in Educationvalue Addrd or High Risk？", A text of paper at an NOT Conference,London,21 November.

ギデンズ・アンソニー（1999）『第三の道』（佐和隆光訳）日本経済新聞社。

望田研吾（1996）『現代イギリスの中等教育改革の研究』九州大学出版会。

ウォルフォード, G.（1993）『現代イギリス教育とプライヴァタイゼーション』（岩橋法雄訳）法律文化社。

5　アメリカにおける民主主義理念と教育改革

川野　哲也

はじめに

　教育改革とは、教育における時代や社会状況に合わない箇所を改善し、新しい制度に作り変えることだと考えられる。単なる変革ではなくその先には、人々の幸せ、自由、平等など、いくつかの理想的社会像が模索されるはずである。アメリカ合衆国（以下、アメリカとする）の根底には民主主義という理念がある。民主主義とは何か？　近年はイラクやアフガニスタンで民主主義を推進することが繰り返し強調されている（坂出、2008）。民主主義という言葉は、教育実践や教育改革においてどのような位置を占めるであろうか？本章では、その全体像を改めてとらえ直すとともに、民主主義という理念が改革の道筋となりうるのか、なりうるとすればどのような文脈においてであるか、について吟味してみたい。

1．民主的共同体と民主的国家

　ダールの整理にしたがいつつ、民主主義の経緯について整理してみたい（ダール,2001年）。ダールによれば民主主義の手続きは次の5つの条件を満たすことが必要である。それは①実質的な参加、②平等な投票、③理解の可能性が開かれていること、④アジェンダの調整、⑤全成人の参画である（⑤については20世紀まで満たされることはなかった）。これらの条件から分かるように、民主主義とは、参加メンバーだけで十分に議論ができるほどの小規模なもの

を指しているのである。

　歴史的に言えば、民主主義（democracy）とは、ギリシア語の民衆（demos）による支配（kratos）に由来し、アテナイをはじめとする古代ギリシアの多くの都市国家（ポリス）で実践された。そこでは全市民が参加する民会が開かれており、重要な官職は彼らの中から抽選で選ばれた。必要な仕事は全ての市民に平等に開かれていたのである。ここでの市民とは限られた存在であり、奴隷、異民族や女性は含まれていなかった。にもかかわらずその原理的な形、対話における説得と決定という形は、一つのモデルとして現在まで大きな影響を与えている。20世紀の思想家ハンナ・アレントは、古代ギリシアの民主政に着目し、当時の人々が、欲求を満たし生命を維持する場である家庭と、活動と言論の場である公的領域とを厳密に区別していたことを評価している（アレント、1994）。生命を保証している家庭から出て、ポリスの問題を考えるためには勇気（徳）が必要だった。こうした点に政治や公的領域の本質があるとアレントは考えている。

　古代ギリシアにおいては民会のメンバーという資格は民族性と重なるものであり、異民族には付与されないものであった。しかし共和制ローマにおいては民族にかかわらず資格（ローマの市民権）が与えられ、そこで民主政が行われた。共和政（re-public）という言葉はローマ語で公共（publicus）の物（res）を意味する。併合と征服を繰り返して巨大国家となると、それぞれの土地でそれぞれの人々にローマ市民権が与えられた。政治はローマの中心地でのみ行われていたため、各地域の市民は政治に参加することが困難であった。カエサルが暗殺されて以降は、皇帝が統治する帝国へと変わっていった。

　民主主義とは人々が集まり、顔を合わせた状態で政治について討論することを指している。参加人数が増えたり、居住地域が拡大したりすれば審議は物理的に困難なものとなり、やむをえず他人に委譲しなければならなくなる。しかしそのような代表という概念は、ローマにおいては見出されていなかった。

　その後の民主主義の歴史については薬師院の分析が参考になる（薬師院、2008）。18世紀のフランスの市民革命において最も重要なテーマは、市民と

しての権利、人権であった。シチズンシップ（市民権）は、伝統的な身分社会に対抗して、国家内における全ての人に付与される権利であった。フランスでは大規模な革命が起こり、国王が処刑されたが、しかし貴族や支配階級は残った。イギリスにおいては国王による統治形態もそのまま残された。こうした中で議会制度が確立し、選挙権もしだいに拡大していったのである。しかしその当時は、依然として貴族制と変わらないものであった。

　アメリカの建国においては、ヨーロッパの階級制度からの脱却ということが大きな課題であった。アメリカの憲法を起草した人々は、本来の直接的な民主政が重要であると考えた。しかしそれは広大な領土の上では困難であるから、選挙によって代表を選ぶという制度を掲げた。マディソンは、もともとの民主主義を民主政、代表による政治を共和政と呼んだ（ハミルトン他、1999、第10篇）。しかしもともと共和政に代表という意味はなかった。アメリカの建国者たちは、普通選挙で代表を選び、代表が政治をするということを、間接的な民主主義と定義したのである。1830年代には、イギリスやフランスに先駆け、ジャクソン政権のもとで、男子普通選挙が実施されていく。白人男子に限られていたとはいえ、当時のヨーロッパに比べればはるかに先進的であった。普通選挙権の拡大による民主主義のことをジャクソニアン・デモクラシーと呼ぶ。薬師院に従えば、アメリカは民主主義の定義自体を変えてしまったのである。

　フランス人の政治思想家トクヴィルは、1830年代のアメリカを訪れ、普通選挙が拡大しつつある新しい社会を見出し、民主主義についての著作を著した（トクヴィル、1987）。トクヴィルは次のようにとらえている。フランスにはなくてアメリカにあるもの——それは共同体精神である。アメリカの人々は共同体に固執しており、外に対して独立したものとなっている一方で、権力や義務をメンバー間で分散させている。人々は上層階級に権力を与えないように注意しており、教養の低い人が要職につくことも少なくない。民主政治は貴族政治のように賢明で自制心に満ちているわけではないが、それでもなお社会を最も繁栄させるだろうとトクヴィルは評価している。なぜならばそこには過ちを修正するという力があるからである。この時のトクヴィル

は、フランスよりも先進的な姿を見出そうとしていたため、アメリカ社会を明るく牧歌的に描いているが、当時のアメリカ社会には差別や抑圧も少なくなかった。

　アメリカは建国時から、アイルランドやオランダなどさまざまな国の人々が入植していたし、そこには多くの黒人奴隷が強制的に連行されてきた。黒人たちは中南米にも多く連行されたが、そこでは混血が進んだ（野村、1992）。アメリカ国内では白人支配、人種隔離による差別が続いた。奴隷解放宣言により奴隷制度そのものはなくなったが、その後も差別は根強く残った。1900年頃からはイタリアや東ヨーロッパからも移民を受け入れ、移民大国となった。当時、市民の政治参加は主として自発的組織を通じて行われた。多くの組織があり、そこには女性中心の組織、有色人種中心の組織も見られた。しかし逆に言えば彼らマイノリティは、男性中心・白人中心の主要な自発的組織から排除されていたとも言えよう（松本、2008）。

　アメリカは、外交に関してはしばらくモンロー主義を掲げ、ヨーロッパ諸国に対しては干渉しないという政策をとっていたが、第一次世界大戦をきっかけとして世界の動きに積極的に関与するようになる。ウィルソン大統領は参戦に際して、それが民主主義のための戦いであると主張した（油井、2008）。ここから民主主義という概念は、軍国主義に対抗するスローガンとしてヨーロッパ中に浸透したのである（長谷川、2001）。

　戦後のアメリカの世界戦略においては、民主主義を世界に広めることが一つの理念となってきたのである。とはいえその内実は、古代ギリシア以来の小規模の民主主義概念ではなく、普通選挙によって為政者を選出するという間接民主主義＝代表制民主主義であった。

　政治哲学では、ポパーやロールズらによるリベラリズムが広く支持された。ポパーは、諸個人がそれぞれの意思で決定できるような社会のことを「開かれた社会」、呪術的な社会あるいは集団主義的な社会のように社会的なレベルでやるべきことがらが決定しているような社会のことを「閉ざされた社会」と呼ぶ（ポパー、1980）。そのうえで開かれた社会の実現を目指した。ロールズのリベラリズムについては井上達夫の明快な議論で全体像をつかむ

ことができる（井上、1999）。リベラリズムとは、価値対立、利益対立に対して政治や法の正統性を与える原理である。個々の価値、文化、善き生というレベルと、それを制約する公権力、正義というレベルとを区別することにある。リベラリズムは、個人の権利や自由を重視しているというよりもむしろ、個人の自由を保障する全体としてのシステム（個人の善き生と強制力を行使する公権力との区別）を重視しているのであり、その意味での国家は重要なのである。自由を重視する古典的リベラリズムも平等を重視する修正リベラリズムも、個人と国家との対比の中で議論されているという点では同じである。こうした政治哲学の影響もあって、個々の自由意思、決定、価値をできるだけ認めるような国家の存在が求められるようになったのである。こうした概念は、当時の教育学においてもよく用いられた。例えば、社会科教育学のモーリス・P・ハントとローレンス・E・メトカーフは、大人が次の世代に伝達する文化事象を、偏見やタブーで満たされた「閉ざされた領域」と個々人によって意見が異なり、かつ事実によって新たに創造できる「開かれた領域」とが存在すると考える。開かれた領域においてこそ学習者が十分に問題解決できるととらえている（Hunt & Metcalf ,1955）。

　多様な意見に対してオープンであり、普通選挙によって為政者を選出するという間接民主主義の概念は、国家の範囲で実施するという意味ではナショナリズムと結び付くこともできたし、経済活動を認めるという意味では市場主義やグローバリズムとも結び付くことができた。

　一方、上記のような代表制民主主義＝間接民主主義というとらえ方だけでなく、別のとらえ方もある。その一つがデューイの理論である。デューイによれば民主主義とは単なる統治形態ではなく、共同生活的生活そのものである。それは単なる連合、集団行動ではなく、そこには「わたしたち」という共通意識が必要である。人々が共通のことがらに関心を持ち、相互に連帯することを指している（デューイ、1969）。

　民主主義の概念は、古くからの根源的な意味と、国家建設に伴う新しい意味とが存在する。小規模な関係において、人々の共通の話題についての議論と決定という意味と、国家という公権力が人々の権利を保障し、普通選挙に

よって為政者を決定するという意味とである。本章では前者を「民主的共同体」と呼び、後者を「民主的国家」と呼ぶことにする。

2．民主主義概念の変容

民主主義は、二つの意味を持ちつつ、さまざまな社会変化の中でさまざまな意味を帯びてきている。アメリカ社会のその後の変容を整理してみよう（椙山 1997）。1950 年代から南部を中心にして人種差別撤廃の運動が起こり、1954 年のブラウン判決、1963 年のワシントン大行進と続き、長い闘争の末、1964 年に公民権法が成立した。それと同時に裁判所が人種統合命令を出したり「バス通学」（黒人と白人の児童・生徒をそれぞれ学校間をバスにより移送し学校の人種構成バランスをとる試み）が実施されたり、アファマティブ・アクション（人種差別是正のための積極的政策）が行われたりした。社会的経済的な不平等を是正するために教育制度に期待が向けられていた。しかしながら実際にそれほど大きな成果が得られず、混乱や動揺をもたらすことが多かった。

黒人と白人の間の学業成績の格差は明らかであった。その原因や背景についての調査・研究が行われた。多くの論者たちはそこに社会的再生産、経済的再生産を見出した。例えばボールズとギンタスは、教育改革が成功しなかったのは、経済的構造を忘れているからである。分業体制や労働者の管理体制という生産関係の変化に対応して教育制度も変化してきたのであるから、教育改革を成功させるためには経済の民主化が必要だと彼らは考える（ボールズ／ギンタス、1986-87）。

ジルー、アップル、ウッドといった教育学者達は、不平等の再生産というメカニズムを前にして、それを克服するための方法として、民主主義に着目する。アップルは、経済システムが直接学校に影響を与えているのではなく、なんらかの媒介するものがあるということ、学校が支配的秩序を再生産するだけでなく、代替的なものを生み出す可能性があるということを示した（アップル、1992）。ジルーは、あまりにも社会的政治的な影響力が強いことから、学校内部における抵抗の重要性を主張していた。それに対して

ウッドは、学校を民主主義的なものに改編することの重要性を主張していた (Wood,1984)。ウッドによれば、再生産理論は、学校や教師を経済的メカニズムに対する受け身的な存在として描いている。そのため、単に学校内部で働いている人々に代替的アプローチを提示しないだけにとどまらず、さらには学校内部で働いている人々を政治的に麻痺させてしまうのである。ウッドもまた実践の可能性を見出そうとする。

資本主義・市場経済がグローバルに発展するにつれて、資本主義の問題点と限界を指摘する議論が増えてきた。それはリベラリズムの批判的検討と共同体の再評価という形をとってきた。

例えばバーバーは、リベラルデモクラシーを批判しつつ、参加を重視するストロングデモクラシーを掲げる (Barder,1984)。リベラルデモクラシーの特徴は、個人主義的で利己的な価値を重視することである。個人と個人の私的利害は、一方で自由競争によるサービスの向上や能力の発展をもたらすが、その一方で社会的レベルにおける葛藤や摩擦を生じることになる。リベラルデモクラシーは葛藤を否定したり排除したりすることによってのみ、これを解決することができる。したがってリベラルデモクラシーにおいては葛藤や摩擦が残されてしまう。それに対してストロングデモクラシーは政治的に参加させることによって、私的利害を公的なものへと変換し、葛藤や摩擦を集団的な協力へと変換しようとする。ストロングデモクラシーのより具体的な実践方法は、第1に政治的対話（近所集会やテレビタウンミーティングなど）、第2に意思決定（国民投票など）、第3にその決定を実行に移す共通活動という3つの段階による参加のプロセスに現れている。

1980年代には政治哲学においてリベラリズム＝コミュニタリアン論争が起こる（辻、2002）。リベラリズム（あるいはリベラルデモクラシー）は、国家という公権力と、自由な個人という対比で考えるが、その考え方では社会の実質的な不平等や差別の問題をとらえることができない。多くの論者は、個人と国家の中間的なレベルである共同体に着目し、そこでの参加民主主義やマイノリティ文化の承認について議論するようになってきた。80年代の論争は90年代には収斂を見せる。個人のアイデンティティを考える上では共同

体やそこでの諸価値、他者による承認が重要であること、特定の価値観を特権化したりコンセンサスの形成を促すことは、個人の自由や自律を阻害する恐れがあることなどが明らかになってきている。

共同体に着目する論者は多いが、そこでの文化の扱いは難しく、現代の大きな研究課題となっている。トクヴィルがとらえたように、アメリカは歴史的に共同体を作り上げてきた。しかしそれは人種的なマイノリティを抑圧したり、女性や障害者に対する差別を含んだものであった。80年代には、それぞれの民族やその文化を見直す動きが起こり、アメリカの共通文化を強調しようとする保守との間で文化闘争が起こる（油井、1999）。さまざまな民族や人種、それぞれの文化や宗教をどのように扱うべきか。これは教育にとって重要なテーマである。バンクスは、学校で教えられている知識が、支配的集団（白人文化）の利害や目的を反映しているのは問題であり、国内の全ての集団を反映したものでなければならないし、知識が創造されるプロセスを教えることが重要だとしている（Banks,1990）。また周辺に追いやられた集団の構成員が、所属する集団に対して肯定的態度を形成することも重要だとしている。

市民性教育の研究者パーカーは、多文化的であることと民主的であることの関係を理論的に検討している。民主的な徳を持つということは、多様な文化が存在することを踏まえて、他者と大きなつながりを持つことであるとする。民主的な徳とは、他者との文化的つながり（暖かさや同一性）を求めることではない。パーカーは文化的多様性と政治的統一性の緊張関係を維持することが重要であると指摘する（Parker,2003）。

90年代以降、多くの論者は、パーカーのように多文化社会、多元的社会であることを踏まえた上での民主主義のあり方を模索している（ラディカルデモクラシーという言葉が用いられる）。例えば政治哲学者シャンタル・ムフは、ロールズのリベラリズムについては、それが多元主義的な側面を持つことを評価しつつ、それがアイデンティティの構成要素としての共同体を軽視していると批判する。その一方で共同体主義についてもそれが共通善や参加の徳を含んでいることを評価しつつ、摩擦や分裂が軽視されていると批判する

のである（ムフ、1996）。

　コミュニタリアンやラディカルデモクラシーの議論では、地域住民が地域固有のことがらを討議によって決定するという姿が描かれることが多いが、それに対するスコッチポルの議論は重要である（スコッチポル、2007）。スコッチポルは、赤十字社、YMCA、PTAなど実際の市民団体に着目し、歴史的な分析を試みている。かつては草の根ボランティア主義は、政府の活動や政治と密接に関わる比較的大規模なものであり、必ずしも地域第一主義ではなかった。女性の結社や黒人の結社も存在したが、結社と結社の間では人種や性別を超えたつながりもあった。そのような場合は大きな共通する課題、例えば、戦争、教育、医療などについて扱った。ほとんどの結社で、愛国心や市民性が強調されていた。その活動の中で人々は政治参加のための技能を習得していた。こうしたメンバーシップ連合体は、1960年代以降、公民権運動が進むと同時に衰退していった。なぜならばそれは男女差別や人種差別を前提として形成されていたからである。人々はメディアを通して政治に参加できるようになったからでもある。会員を勧誘し会費を集める必要もなくなり、組織的なメディア戦略も可能となった。スコッチポルの考えでは、現在のアメリカ社会はそれほど孤立しているわけではなく、むしろ地域活動は盛んに行われている。しかしながらボランティア活動のような現在の地域活動は、国政や政治のリーダー選出につながりにくいため、かつてのようには発展しないと考えられる。

　以上取り上げてきたことの他に、民主主義の議論では、次のような事態にも十分に目を向けるべきであろう。それはガバナンス論である（森、2008）。近年、行政学で議論されるようになってきたガバナンス論は、たんに公的機関のガバナンスではなく、企業やNGOを含むあらゆる場面でのガバナンスについて扱うという。これは民主主義の概念にとっても重要な意味を持っているという。これまでは公的機関が担ってきたさまざまな分野が、今度は民間に移管されるようになってきた。例えば郵便、鉄道、介護、そして学校である。それらは民主的コントロールが及びにくい分、企業は、社会その他から説明責任を要求されるようになってきた。企業側も第三者からの評価や

チェックを積極的に取り入れるようになってきた。すなわち企業が、経営者や株主だけに閉ざされたものではなくなってきた。世論によるチェックというのもあるが、それは不公平なもの、一時的なものが多い。このような開かれた意思決定とは、組織内部の民主主義ではなく、組織を含む地域社会全体の民主主義に発展していく可能性を秘めている。

3. 教育改革と民主主義

「民主主義」の概念は、大きく二つの意味で用いられてきた。それは国家規模での自由と平等を基本とし、選挙によって為政者を選出するという民主的国家と、地域や集会で顔を合わせ、参加メンバーの意見を聞きながら意思決定するという民主的共同体とがある。以下、アメリカにおける現在の教育改革の特徴を4つに整理しつつ、それぞれの民主主義的な改革の特徴について議論してみよう。

第1に、学校の管理や運営を民主的プロセスで行うことである。1988年のシカゴの教育改革に代表されるように（神山、1992）、いくつかの学校ではその意思決定を広く関係者の参加と議論で行ってきている。90年代以降のアメリカの教育改革では主として学力水準の向上に関心が向いているが、そのための手段として学校選択制や市場原理の導入を行ってきている。財源は公的なものであるが運営主体は民間団体という新しい公立学校、チャータースクールが登場してきている（鵜浦、2001）。さまざまなチャータースクールが存在するため、その特徴をまとめることは難しいが、教育委員会の厳しいチェックや評価によって学力向上を達成しなければならない、という点は共通している。チャータースクールをめぐる動きは、公的サービスからいったん退いた公的権力が、ガバナンスのチェックという形で介入し、学校もまた地域住民に対して説明責任を果たそうとする姿である。そこには地域住民やその他関係者が、民主的に協議し学校を運営していくという可能性が十分に認められている。チェスター・E・フィン・ジュニアらもまた、チャータースクールの設立が地域コミュニティの再生につながると考えている（フィン

他、2001、特に10章）。チャータースクールや学校選択制は民主的共同体を作る契機となりうるが、現在の教育改革においては必ずしもそれを促進するわけではない。

　第2に、学力向上のためのナショナルスタンダードを確立している。1983年の報告書『危機に立つ国家』において、共通カリキュラムを確立し、学術的な学力水準を向上し、古典的西洋文化やアメリカ的価値をアメリカの共通文化として学習者に伝達することが強調された（椙山、1997）。1994年にはクリントン大統領のもとで『ゴール2000』が策定され、各研究団体や州の教育委員会によって各教科のナショナルスタンダードが作成された。ブッシュ大統領は2002年、落ちこぼしのない教育法（NCLB法）を成立させ、徹底的な学力向上を目指した（矢野、2003）。州単位で読解と数学について学力基準を設け、それが達成されたかどうかをテストで評価する。アカウンタビリティの低い学校、成果を上げていない学校については、さまざまな措置が講じられることになっている。ナショナルスタンダードは、最低限度修得すべき知識や技能が示されており、全ての児童生徒が共通して学ぶことだとされている（Center for Civic Education,1994）。これには愛国心も含まれている。これらの教育改革は、リベラリズム的な民主的国家を目指す視野の中で模索されている。リベラルな民主主義を確立するためには、国民に対して共通の、最低限度の知識や技能を習得させるべきである。民主的国家を建設するための教育改革は今後も繰り返されるであろう。その一方でアメリカ文化を強調しようとする立場と、多文化主義を強調しようとする立場とは対立的になりやすい。何を共通のものとするかについては今後も議論が起こるであろうし、教育改革は大きく揺れ動いていくであろう。

　第3に、学校を単位とすることで、あるいは学校を中心とする地域社会を単位とすることで、共同体を作り上げる実践である。コールバーグのジャストコミュニティ構想（佐野他、1993）や、それを民主的市民性という視点で発展させたモッシャー他の実践研究（Mosher et al.,1994）、アップルらの民主的学校（Apple & Beane,1995）、アルフィー・コーンの共同体論（Kohn,1996）などがある。学校生活に関するいくつかのルールを討議と多数決によって決定する。

そのプロセスを通して子ども同士の連帯感や共同体意識を形成することができるのである。またフリースクールの中には、子ども達の意思決定に多くの決定権を与えるサドベリーバレースクールのような例もある（グリーンバーグ、2006）。これらのさまざまな実践は、国家規模での教育改革では着目されることは少ないが、多くの教育者が重視し、新しい取り組みに着手してきている。

　第4に、学校を起点とした上で地域社会を作り上げようとする試みである。古くは1970年代にニューマンが提唱した参加学習（Newman,1975）があるが、コミュニティサービスとしてほとんどの学校で取り組まれてきている。例えば、スープキッチン（貧困者に対する食料援助施設）への参加、クリーンアップ活動、小学校における学習指導、障害児の水泳指導、病院における備品の運搬補助、看護付き添い、博物館、新聞社などにおける電話の応対補助や文書作成補助などである。90年代に至ってサービスラーニングとして研究実践が続けられている（Wade,1997）。連邦政府も多額の資金援助をして改革につとめてきている。こうした実践は民主的共同体を確立することになるであろうが、学校内だけでなく地域社会にまで拡大できるかどうかは、十分な実践と検証が必要であろう。

おわりに

　本章では民主主義概念の再考から教育改革の視野を明らかにしてきた。民主的国家の建設と民主的共同体の確立というのは、社会改革の異なる二つの理念である。一見すると似ているように見えるが全く異なる方向性を持っている。教育改革においては、それがどのような理念に向けての改革であるかを十分に議論しなければならない。また改革の成果は十分に検証しなければならないが、その他の社会政策と比較した上で、学校教育に何が可能であるのかを吟味することもまた重要なことであろう。

引用・参考文献

Apple, M. W. and Beane, J. A. (Eds.) (1995), *Democratic Schools,* Alexandria, VA: Association for Supervision and Curriculum Development.
Banks, J.A. (1990),"Citizenship Education for Pluralistic Democratic Society", *The Social Studies,* pp.210-214.
Barber, B. R. (1984), *Strong Democracy,* Berkeley: University of California Press.
Center for Civic Education (1994), *National Standards for Civics and Government.* Calabasas,CA: Center for Civic Education.
Kohn, A.(1996), *Beyond Discipline: From Compliance to Community,* Alexandria, VA: Association for Supervision and Curriculum Development.
Hunt, M. P. and Metcalf, L. E., (1955), *Teaching High School Social Studies: Problems in Reflective Thinking and Social Understanding,* New York: Harper,
Mosher, R. L., Kenny, R. A., Jr. and Andrew Garrod, A. (1994), *Preparing for Citizenship,* Westport, CT: Praeger.
Newmann,F.M. (1975) *Education for Citizen Action,*Berkeley, CA：McCutchan.
Parker, W. C. (2003), *Teaching Democracy: Unity and Diversity in Public Life,* New York: Teachers College Press, pp.101-124.
Wade, R. C. (Ed.) (1997), *Community Service-Learning, Albany,* NY: State University of New York Press.
Wood, G. H. (1984), "Schooling in a Democracy: Transformation or Reproduction?" *Educational Theory,* 34(3), pp.219-239.
アップル,M.(1992)浅沼茂、松下晴彦訳『教育と権力』日本エディタースクール出版部。
アレント,H.(1994)志水速雄訳『人間の条件』ちくま学芸文庫。
井上達夫(1999)『他者への自由』創文社。
鵜浦裕(2001)『チャータースクール　アメリカ公教育における独立運動』勁草書房。
神山正弘(1992)「シカゴ教育管理改革の研究」森田尚人ほか編『教育学年報１』勁草書房、283-308頁。
坂出健(2008)「アメリカ民主主義の輸出」紀平英作編『アメリカ民主主義の過去と現在』ミネルヴァ書房、297-327頁。
グリーンバーグ,D.(2006)大沼安史訳『世界一素敵な学校』緑風出版。
佐野安仁他編(1993)『コールバーグ理論の基底』世界思想社。
椙山正弘(1997)『アメリカ教育の変動』福村出版。
スコッチポル,T.(2007)『失われた民主主義』慶應義塾大学出版会。
ダール,R.A.(2001)『デモクラシーとは何か』岩波書店。
デューイ,J.(1969)阿部斉訳『現代政治の基礎　公衆とその問題』みすず書房。
辻康夫(2002)「共同体」『デモクラシーの政治学』東京大学出版会。
トクヴィル,A.(1987)『アメリカの民主政治』講談社学術文庫。
長谷川三千子(2001)『民主主義とは何なのか』文藝春秋。
ハミルトン,A.他(1999)斎藤眞他訳『ザ・フェデラリスト』岩波書店。

ポパー , K.（1980）内田詔夫、小河原誠訳『開かれた社会とその敵』未来社。
松本悠子（2008）「民主主義の『再生』を求めて」紀平英作編『アメリカ民主主義の過去と現在』ミネルヴァ書房、127-157 頁。
ムフ, C.（1996）岡崎晴輝訳「民主政治の現在」『思想』867 号、59-73 頁。
野村達朗（1992）『「民族」で読むアメリカ』講談社。
フィン, C.E., Jr. 他（2001）高野良一訳『チャータースクールの胎動』青木書店。
ボールズ, S.／ギンタス, T.（1986-87）宇沢弘文訳『アメリカ資本主義と学校教育』岩波書店。
森政稔（2008）『変貌する民主主義』ちくま新書。
薬師院仁志（2008）『民主主義という錯覚』PHP 研究所。
矢野裕俊（2003）「アメリカにおける学力問題」『比較教育学研究』、42-52 頁。
油井大三郎（1999）「いま、なぜ多文化主義論争なのか」油井大三郎・遠藤泰生編『多文化主義のアメリカ』東京大学出版会。
油井大三郎（2008）『好戦の共和国アメリカ』岩波新書。

6 アメリカのスタンダード教育改革の浸透と模索する歴史教育
―― 暗記型か思考型授業か

川上　具美

はじめに

　本章では、アメリカにおける教育改革の流れと、それに伴い暗記型か思考型かにゆれる歴史教育の現状を州スタンダードや標準テスト (Standardized Tests) の内容や状況から明らかにするものである。そのために、まずアメリカの教育改革をスタンダードの導入状況から概観し、教育改革によって示された具体的な教育方針・内容、ナショナル・スタンダードに基づいて行われた教育改革の取り組み、ナショナル・スタンダードの内容をめぐる論争を探る。そして、思考型授業を目指す歴史スタンダードと、標準テストが示す一定の歴史認識や解釈との間にあるギャップを明らかにし、ハイステークスな標準テストが特に政治的・文化的な多様性を志向するものではなく、逆にマジョリティ側の解釈を定着させる暗記型の教室実践を生むものであることを明らかにする。

1．アメリカ教育改革の流れ

1　クリントン政権におけるアメリカの教育改革――学力低下への取り組み

　1970年代のアメリカでは、公民権運動の影響から各州やそれぞれの学校において、人種構成や民族の需要に応じ、異なるカリキュラムの教育が行われていた。しかし1980年代、アメリカの子どもたちへの国際学力評価ランクの低下が明らかとなり、一方で日本の経済発展からその教育に世界

が注目し始めるようになった。こうした時期に、「危機に立つ国家（A Nation At Risk,1983）」が発行された。アメリカでは、この報告書に基づき、基礎教科（数学・英語・理科・歴史・地理）の履修率を伸ばすことが各学校で推進されるようになった。実際に、1982年の14％から1994年には52％まで増加したように、基礎教科の履修率は確実に伸びてはいったものの、国際学力評価機関の評価順位はそれほど上がらず、学力低下に対する教育改革の方針は、11年後のクリントン政権に引き継がれることになった。

　クリントン政権において、党派を超えた支持[1]のもとに、1994年その教育改革方針であるGoal 2000（Educate America Act: アメリカ教育法）が議会を通過した。この教育改革は、スタンダードや標準テストの実施などカリキュラム統合を図るものではあるが、方法や改革の主導性については、各州への連邦政府の関与を最小限に抑える旨が明記されている。Goal 2000に記された教育改革の目標は次のようなものである[2]。①読み書き能力の向上、②高校の卒業率を90％に（中退者を減らす）、③学業達成の向上と市民性の育成、④教師教育と専門性の開発、⑤数学と科学の成績を世界一に、⑥成人の識字率向上（仕事に直結した学習内容に）と生涯学習の促進、⑦安全で規律ある、アルコール・喫煙のない学校へ、⑧保護者参加の教育（保護者のパートナーシップ）、である。これらの教育目標のうち、②③⑤⑥⑧では特にマイノリティの子どもたちや保護者に焦点があてられ、全体的なボトムアップを図るという効果を期待するものとなった。Goal 2000実現のために行われた具体的な取り組みは、AP（Advanced Placement：大学レベルのプログラム）のコースやテストの実施、クラスサイズの低減、ナショナル・スタンダードおよびスタンダードに基づく評価（テスト）の実施などに及んだ（Smith, 1995, p.10）。

　クリントン大統領の学力低下への危機意識は、アメリカ教育省の発行した報告書に表れている。「アメリカの上位20％の生徒が8年生で学ぶ典型的な数学は、日本の7年生のほとんどがすでに学んでいる。今日アメリカの4年生の読解力がこれまでにないほど高い一方で、40％の生徒が将来安定した職解に就くだけの読む力を身につけていない」。こうした危機意識の下で、1997年年頭教書において、クリントンは学力の向上を図るため、リーディ

ング（4年生）と数学（8年生）についてNAEP（National Assessment for Education Progress）による全米統一テストの実施を呼びかけた。

クリントン政権によって出された教育改革の目標や具体的な政策から、その目標となった「学力」の向上とは、明らかに読み書き能力と計算能力の向上であったことが分かる。次に、教育改革によって示された具体的な教育方針・内容がどんなものであったのか、それをナショナル・スタンダードに基づいて行われた教育改革、ナショナル・スタンダードの内容をめぐる論争をもとに探る。

2　スタンダードへの各州の取り組み

1994年には、クリントン政権の教育政策「Goal 2000」において、その主要な取り組みであるスタンダードに基づく教育改革が行われることになった。先に述べたとおり、ナショナル・スタンダードは多くの州で取り入れられ、1995年までに48の州と8つの地区で受け入れられるようになった。改革は、州主導（Statewide Systematic Initiatives：SSIs）の形を取り、それぞれ独自に教育改革が進められていった。

スタンダード採用が教育にもたらした影響として、全米教育研究学会（National Society for the Study of Education）は次の3点を挙げている（Fuhrman, 2001 pp.6-7）。

①それぞれの学校に子どもたちの学習成績（全体平均）を公表することで、そのパフォーマンスに対する説明責任を付加することになった。

②学校が果たすべき役割を怠っていないかを審査することで、各学校には子どもたちの学習環境を良くするコンピューターの導入などといった教育設備の改善、大学との連携によるカリキュラムの実施といった制度などが整えられた。

③教員が授業方法など専門的な面から改善に向け努力するようになった。それは、ワークショップ形式の授業の導入などが挙げられる。

そのような州独自の評価以外の評価機関としてNAEPが行った評価によると、1990年から1997年にかけて教育改革の効果が具体的な「学力」向上

につながった州として、ノースカロライナ州とテキサス州が挙げられている。また州独自の評価から「学力」向上が報告された州として、テキサス州、メリーランド州、ミシガン州、コネティカット州、フィラデルフィア州などがあり、特にテキサス州では州の標準テスト（Texas Assessment of Academic Skill）の第4学年の合格率が1994年の54.8％から1997年には72％となり、アフリカ系アメリカ人では33.3％から53.8％へ、また経済的貧困層の子どもたちでも40.2％から59.8％へとそれぞれ上昇したと報告されている（Ibid., p.7）。

　教室実践への取り組みもさまざまではあるが、全体として計算能力や読み書き能力の向上に焦点をあてた取り組みが行われた。例えば、Dairy Oral Readingsといった音読教材を使った活動や、文法やスペルの日々の訓練、また数学では公式や解法の暗記などである。教師の中は、スタンダードが教育に取り入れられることによって、問題解決学習の形式か、技法のトレーニングに力を入れる形式かどちらか選択することを迫られたのである。

　スタンダードに基づく改革を教室における実践に浸透させるために、各州はさまざまな方策をとったが、ほとんどの州では学校評価を行うための標準テストを導入するか、強制するなどした。その結果、学校選択制の進むアメリカにおいて、標準テストの結果は保護者にとって大きな学校選択基準となり、また学校も標準テストに結びついた州スタンダードを重視し、改革は教室実践に反映されるようになった。

3　スタンダード教育改革と歴史教育との間の軋轢

　ナショナル・スタンダード作成段階（1992～94）において、焦点化された問題がある。世界史では西洋史の比重をどの程度にするかという問題、そして米国史では歴史をいかなる立場で描くかという問題である。

　1960年代から始まった公民権運動は教育に大きな影響をもたらした。特に、それまで米国史から排除されてきた黒人や移民といった人々のアメリカにおける政治・社会的な位置取りを巡るものであった。1970～80年代になると、さまざまな学校でそれぞれの人種や文化に焦点を当てた授業が行われるようになっており、黒人中心史観などが取り入れられていった。しかし、

学力低下という波紋を投げかけた『危機に立つ国家』は、こうした多様化に歯止めをかけ、学力の底上げを図るために統一した学力基準、習得すべき基礎的知識の作成の機運を高めていった。それまでさまざまな学校で行われていた歴史の授業を、ナショナル・スタンダードという統一したカリキュラムにどう織り込んでいくかという作業は保守的と左派、それぞれの歴史家[3]・教育団体の間で行われ、その中で起こった論争は全米が注目するような出来事となった。

いったんはまとまったかのように見えた歴史スタンダードは、1994年に編者の一人であったリン・チェイニー（Lyenne Cheney）が新聞で語った一言から始まった。「スタンダードは過剰に多文化なものになっており、アメリカの勝利やヒーローに消極的な内容になっている」[4]。この記事から、2年にわたる論争を経て歴史スタンダードからは、ネイティブ・アメリカンに関する歴史的な出来事や手紙などの社会史的な資料などが削除され、従来のWASP中心の歴史観へと軌道修正された。この後も多様な視点を持つ歴史観への批判は、学力に関する国際的評価の数値が変わらない中で、引き続き行われることになる。つまり、「学力低下の原因」として批判の矢面に立たされてきた。

2．標準テストのもたらす歴史教育への影響

1　歴史教育に浸透する教育改革

ハイステークス・テストは、既定の得点に満たなければ、進級もしくは卒業できないといった、生徒の学習にとって非常に拘束性の高いものである。こうした標準テストの導入は、生徒の進級や進学に大きな影響を及ぼす。ハイステークス性のない標準テストであっても、保護者にとっては学校選択する上で、学校を評価する大きな目安にもなっているため、学校では大きな努力目標としてとらえられている。数字の上では、成績の向上や合格率の向上が指摘されているが、学習内容が規定され、一定範囲の事柄からテストが行われることが規定されてしまうと、事実上テストに出題される項目や事柄を

くり返し訓練することで点数は向上する。しかし、裏返してみると、テストに出題されない範囲の事柄は学ぶ必要がなくなるということである。学習者にしてみれば、これまでどこからどこまで学習しなければならないのか分からなかったものが、明確に学習範囲が規定されることで効率よく、また目標をもって学習することができるという利点がある。教育者にとっても、毎回の授業で何を教授するべきかが明確に指示されているために、教える人や学校によってバラバラな内容を教えることもなくなり、スケジュールも立てやすく、標準テストへの準備という動機付けも明確なものになった。

数学や英語などの教科と異なり、歴史を含む社会科を州の標準テストにおいて受験必須教科としている州は30州であり、また標準テストの結果が進級や卒業資格付与の基準となっている州は14州（2002年）、検討中であるとした州は8つある（Burroughs, 2002, pp.315-318）。全米で実施しているものではないが方向性として、社会科は標準テストに今後組み込んでいこうという流れの中にある。

社会科はその内容から、基礎教育としての計算能力や読み書き能力を問う数学や言語などの問題形式とは異なり、批判的思考を育成することや社会での市民としていかに行動するかという課題がつきまとう。こうした思考型の教育と、ただ選択肢から正解を当てるような暗記型の学習を必要とする標準テストとの折り合いをどうするのかという点で決着はついていない。つまり、政策推進者の考えるように、標準テストは教育機会の均等をもたらすという視点や、知識やスキルの均質化と社会科の学習目標が合致するのか、つねに教育実践者から批判と賛同の声があがっている。次に教育実践者の視点を考察する。

2　社会科スタンダードと評価テストに対する教育実践者の反応

バロー（Burroughs, 2002）の行った調査によると、全米各地の200人を超える教師のうち66％が、社会科受験必須の標準テストが自分の指導方法に影響を与えていると答え、71％がテストの内容がカリキュラムに影響を与えていると回答している。またその影響は拡大傾向にあり、教授法・カリキュ

ラム・テストはそれぞれ相互にまた暗黙裏にも影響を与えあっており、教師も生徒も必要以上にテストを意識していることなどが、その回答結果から推測される。教師に対するインタビューから明らかになったテストに対する否定的意見・肯定的意見をまとめると次のようになっている（*Ibid.*, p.316）。

▼標準テストへの否定的意見

教える内容に関して、「(テストの) 目的が曖昧／広い」ため「何を教えるのか」もしくは「何がテストされるのか」知ることが難しい。内容が「一義的な事実」「概念のない基礎」「トリビア（取るに足らない知識）」である。授業の進行に関して、教えることの「スコープが限られている」「あわただしいカリキュラム」である。「柔軟性がない」「内容に豊かさがない」「観察するための余裕がない」「地域の研究を行う余地がない」「生徒の興味は軽視されるか無視されている」「1つのことに全員を当てはめている」「テストに出なければ、教えることもない」「学問の自由を制限している」。アカウンタビリティに関しては、「生徒にとって何の結果も生まない」のに、教師に結果に対する最大限の責任がかかっている。「ネット上の教師や生徒の評判」といった形での「継続的な審査」となっている。テストやテストを行うため制度について、テストの項目は「曖昧なものであり、誤った方向に導くもの」であり「風変わりな設問を含んでおり」、「一時的な暗記」になりがちなものである。テストは、「指導の時間を減らすものである」。教師は「たくさんのプレッシャー」に晒されており、教える環境は「ストレス」「恐れ」「不安」に満ち「落ち込む」ことが増えている。テストで「教える楽しさやうれしさが奪われてしまった」。

▼標準テストへの肯定的意見

教える内容に関して、「教師のための統一された青刷り写真」「コースの枠組み」「余計なものを省いたスパイラルなカリキュラム」「縦割りの配列」を提示してくれる。授業の進行に関して、スタンダードや標準テストを目安に「少しずつ進める」ことができ、「目的を持った活動にとどまらざるをえない」ことで「行き詰まる」ことを防いでくれる。教師

の指導や生徒のアカウンタビリティに関しては、多くの教師が賛成にまわり、生徒の学習達成度に対する達成度を測るための有効で、信頼あるデータを提示してくれる。テストやテストを行う制度について、「教師が教え生徒が学ぶ」上でテストは「インセンティブ」なものとなり、よく組み立てられたテストは知識やスキルのコア（例：読地図、チャート化、グラフ化、読む、書くなど）を重視する。

　教育実践の立場から、スタンダードや標準テストによる、ある程度の枠組みは歓迎するという意見が見られる一方で、規格化された内容やテストへの問いから、自由な発想や教師自身の授業の創造性が奪われるのではないかとする危機感をみることができる。教師の特性や生徒の反応によって、従来の視点や内容から外れたり、不均等な時間配分になったりすることを危惧する立場の教師は、学校での教育が多様化することに否定的であり、均質化されることを望んでいる。テストの形式化によって教師の手順は単純化され、効率よく授業が行われるといった意味で、新任の教師にとっては良い参考になるが、独自に指導の工夫などを行ってきたベテランの教師には、独自の裁量の幅が狭められることからスタンダードや標準テストに否定的な意見を持つ傾向がある。一方で、バローは、最後にベテラン教師の言葉を紹介している。「私は修士号を持ち、法学の学士号も持ち、30年歴史を教えてきたが、テストには私の解けない問題がある」。これは均質化されたスタンダードが、必ずしも歴史を含む社会科全体で認識されている普遍的な知識を示したものではないことを示している。ここから、スタンダードや標準テストがもたらす影響は、特に歴史教育とっては、批判的思考の育成や解釈力の育成ではなく、そこに定められた知識や解釈を一方的に教室へ持ち込み、生徒の思考力を均質化する傾向を持っていることを示している。

3．スタンダードと標準テストの間にあるギャップ
(ニューヨーク州の事例)

1　準備された解釈を選択する標準テスト

　ニューヨーク州立大学で社会科教育研究を行うグラント（Grant）は、ニューヨーク州の標準テストについて学区内の11校から13人の教師にインタビュー調査を行い、教師はテストが学んだことに対して適切な評価になっていないこと、テストの影響が実践に効果を与えていないこと、そしてスタンダードの向上につながっていないことを浮き彫りにしている（Grant, et al., 2002, pp.488-515; Grant, 2001, pp.398-426）。

　ニューヨーク州の公立学校で年3回実施される標準テストは、毎回同じ出題形式をとっており、選択問題・記述問題（資料や歴史的事件の説明・論述）に分かれている。選択問題では正しい解釈を選ぶことになっている。スタンダードに示されている批判的思考力に関して、教室での実践によってこうした思考力が育成されたとしても、これをテストで測ることは難しい。グラントの研究で取り上げられた教師達も述べているように、学んだことがテストによる評価とつながっていないと考えられる原因の1つである。それ以上に、生徒や教師の側でテストの問題の解き方を練習し正解を丸暗記するという学習方法を招きかねない。また、出題される問題が「トリビア」的であるなど、その内容の妥当性に関しても疑問を抱く教師は少なくない。

　ニューヨーク州で出題されている標準テスト（Regents Examination）に出題された問題を見ると、現代の情勢や過去の出来事を組み合わせて共通する点を選択するなど、解釈を必要とする問題が多いことが分かる。特に2000年代のイスラムに関する問題が出題されるなど、まだ解釈には時間を必要とされる事柄にまで踏み込んだ問題までが見られる。例えば、「イランのアヤトラホメイニとアフガニスタンのタリバンの類似点（2005年.6月実施, p.9）」を選択する問題などは、イラン革命とタリバンの行動を同一視する解釈を含んだ問題である。その他、中東関連の問題にはイラン革命に関する記述が多くみられ、「イスラム国家建設」「近代化」「西洋文化やその影響への抵抗」とい

う解釈が当てはめられている。イラン革命の問われ方は同時多発テロ以降大きく変化している。2002年8月実施のテストでは、共通項の比較対象がガンジーの「塩の行進」であるのに対し、2006年6月実施のテストでは「アフガニスタンのタリバン」との比較となっており、イメージでとらえるならば大きな落差がある。つまり、歴史的に偉大な人物として題材化されやすい「ガンジー」と、報道でテロリズムの根元として描かれる「タリバン」との比較は、イラン革命をどう解釈するかという政治的な価値観をテストに含み込んでいることになる。

　実際にタリバンに関する理解について問う次のような問題が、前述の問題にあるイラン革命とタリバンとの比較が行われた同じ2006年6月実施のテストに出題されている。「次の写真（写真は女性が文章を読んでいる場面、解説文付き）を見て問題に答えなさい。＜解説文：Loya-jirgaが開かれた：カブールにあるアフガン委員会の女性代表者たちが、火曜日に開かれた開会式の間に公式文書を一緒に読んでいる。1,551人のうち委員会を代表したのは約200名であり、彼女たちは次のアフガニスタン政府を選ぶことになるだろう。＞写真の光景は何が直接の原因で起こったことか？」この問題に対して、選択肢は「A. タリバン統制の政府の敗北、B. アヤトラホメイニの勃興、C. キャンプデービット文書のサイン、D. アフガニスタンからソビエト軍が撤退した」。回答はAであるが、まさに現在起こっている世界の出来事の中から、政治的に重要と解釈された事柄が選択され、テストに出題されていることが分かる。こうした標準テストを重視するならば、歴史的な内容を選択する際にどこに注目するべきかは、生徒や教師の裁量ではなく、まさに政治的に注目される場所と結果ということになる。時期や扱う資料によっては国家の方針や考え方がテストの問題に反映されることにもつながる。例えば、イラクに対する核保有疑惑について出された次の問題（2001年1月実施）はその典型例だろう。「インド、イラク、パキスタン、北朝鮮の各国はどんな問題で世界の関心を集めているか？ A. 人口過剰、B. 民族浄化、C. 砂漠化、D. 核兵器の拡散」。世論や時事的な情報を読み解くことを要求する問題であるが、時代の偏見や世論の影響をうけた問題となっている。

テストでは、全体的にイスラム世界が複雑な問題をはらんだ紛争地域として描かれ、第1に、今日のペルシャ湾岸沿いからイランにかけての中東に関する問題では、政治や国際的な問題をイスラム教という宗教上の文脈で理解するように求めている。第2に、成立時のイスラム教は寛容性の視点で、政治的な紛争原因となっている今日のイスラム教（イスラム原理主義）は非寛容性の視点という異なる文脈で描かれ、今日のイスラム教国は、多くの場合、民主主義や近代化に対して反動的な体制の国家として描かれている。最後に、地中海周辺の近東地域における紛争の原因を、宗教や民族を背景にしたものよりも、領土的なものとして描いている。

現在のイスラム教やムスリムに対する標準テストのイメージは、現代は原理主義に見られる急進的な集団として、つまり多様なものではなく一枚岩のような集団として描かれ、中世におけるイスラム教に見られるような多様性を持った描かれ方とは対照的である。

2　批判的思考力を求める歴史スタンダード

ニューヨーク州の社会科に関するスタンダード（Learning Standard）は、合衆国史とニューヨーク史、世界史、地理、経済に分かれている。そのうち、歴史は年代順に4つのステージに分けられ、それぞれに目標が定められている。まず、イスラムについて学習が行われる世界史のステージ3や4では次のような目標が設定されている。

> 「世界史における主な社会的、政治的、文化的、宗教的な発展を学習することで、個人や集団の重要な役割や貢献を学ぶ」（ステージ3）、「歴史的に分析するスキルとは、異なっていたり論争中だったりする歴史の理論を調査する能力、なぜ歴史的な解釈は時代を超えて変化するのかということについての仮説を立てたり、歴史的な証拠の重要性を説明したり、また時代を経るごとに変化したり永続したりする歴史的な概念を理解する能力を含む」（ステージ4）。

とりわけ、中等教育段階の卒業時に生徒に求める能力として、ステージ4では次のような目標が示されている。

「歴史的な問題を理解し、分析するための疑問点や仮説を示し、それらを調査し検討を行い、結論形成か一般化を行う。そして新しい疑問やさらなる調査のための課題を見つけること」「世界の歴史における重要な展開や出来事にかかわる文書や物的史料を解釈し分析する」「地域的もしくは世界的な相互関係に関わる歴史的な調査プロジェクトを計画したり、構成したりする」「世界史の発展について社会的、政治的、経済的な面から学習すること、信頼性、有効性、確かさ、権威性がある物、本物、完全な物といったさまざまな史料を活用すること、そして偏見や事実を歪めるもの、見落としや抑圧もしくは作り事としての事実からなるプロパガンダを見破ること、それらを通じて世界史上の重要な出来事、課題、発展について異なる解釈を分析する」。

ここで示されている限り、スタンダードの示している学習者への能力観は史料を批判的に読み込む能力であったり、解釈したりする能力である。これらの能力の獲得を評価する手段として、準備された解釈を選ぶ標準テストは適当なものであるとは言えない。逆に、イスラムにおけるイラン革命への理解や、現代イスラム諸国への認識を一面的にとらえ選択させるテストは、批判的思考の定着を図る思考型授業より、暗記型の授業を教師に押しつけかねない。標準テストがハイステークス性を持っている限り、教師はこうしたテストへの準備を日々の授業の中で繰り返し行うことになる。スタンダードと標準テストが必ずしも一致したものになっていないという疑問の声は、先に述べたグラントの論文にもあるとおり、現場の教師達から寄せられている。

おわりに

全米児童生徒の学力向上などの目的から No Child Left Behind 法が施行され、マイノリティの進学率や学力の向上が一部成績結果のデータなどに見られるようになった。しかし、テストの持つ基準の透明性や公平性という面から進学へつながるケースが見られる一方、成績の向上につながらないエスニックグループとしてのアフリカ系アメリカ人についてのケースも見られる。標準

テストが進級や卒業資格付与の基準となってきた結果、スタンダードやそれに基づくテストが広く学校で行われるようになってきた。

しかしその結果、ディブレイらの調査（DeBray, Parson & Woodworth, 2002）にあるように、低所得者の多い底辺校では標準テストを受けさせても無駄と考える教師が出てくるようになった。今後もさらなるアカウンタビリティの徹底化から、テストへの準備・達成度の向上といったシステムが構築されてゆくことにはつながるだろう。しかし、そこにはプロトタイプ化された選択問題が用意されているだけで、生徒や教師は繰り返し標準テストの解き方やコツを習得することに奔走することになる。数学などの計算問題であれば、これは有効であるだろう。しかし、批判的な思考や資料などの解釈といった能力には不向きと言える。この狭間で作られた問題は、必ずしもそうした能力を評価するものとはならず、逆に解釈を固定化させるといった意味でテストの持つイデオロギー性を生徒に押しつけるものとなっている。

特に、多様な文化を抱える教室において、テストの持つイデオロギーや文化性は、正答を求める選択問題という性質上、多様なものとはなりにくく、逆にスタンダード作成側の文化を押しつけるものになる。低所得者だけでなくマイノリティにとって、小学校から高校まで数学・読み書き能力だけでなく、社会科のような科目にまで拡大する標準テストの実施、さらに進級や卒業の基準として絶対的なハードルとなるハイステークス・テストの実施は、フィンやラヴィッチといった改革推進者の意図（Finn, 1995, p.132, Ravitch, 1995, p.13）を超え、個人の自由な思想の保証や多元的な価値の存立する社会への疎外要因となっている。

グラント（Grant, 2005, p.48）は、ハイステークス・テストについて、高得点を狙うための材料として生徒が何を学ぶかという点で強力な役割を果たすことや、ハイステークス・テストに依拠しない授業を行うとすれば、カリキュラム内容を狭め、ひいてはテスト準備のための指導を減らすことになり、マイノリティや低所得者層の子どもたちにとって引き続き不利な状況を生むことになると述べている。

学校文化とさほど変わりのない文化を持つ中産階級以上の白人家庭では、

テレビで「ディスカバリー・チャンネル」といった歴史的・科学的な教養番組を見たり、家族とニュースや新聞の記事について話したりすることも多い。教科書にあるような WASP 中心の歴史観に多くの疑問を抱くこともなく、標準テストは一般教養的な意味で持ってとらえられる。しかし、移民やアフリカ系アメリカ人の生徒にとって米国史は、家族の文化とは異なる文脈で描かれており、白人の持つ歴史観とは異なる解釈や意見を持つ傾向がある（Epstein, 2009, pp.61-88）。学校外での教育機会にも恵まれた生徒と、マイノリティや低所得者層との間にある文化的な資源の格差は大きく、進級や卒業における有利／不利は、グラントの言うようにハイステークス・テストの実施によってさらに継続されることになるだろう。

注

1　民主党と共和党双方の支持を得た背景に、この教育改革がブッシュ政権の「America 2000」を引き継ぐものであったことがある。ブッシュ政権の教育改革の目標は次の通りである。
① アメリカにいる全ての子どもたちを学校へ、② 高校の卒業率を90％に、③ アメリカの生徒は4年生、8年生、12年生までに英語、数学、科学、歴史、地理を学び、市民性を育成する、④ 数学と科学の成績を世界一に、⑤ 成人の識字率向上と世界経済での中で競争できる能力を備え、市民権を理解し行使できること、⑥ 全ての学校からドラッグや暴力を取り除き、学習環境を整える。

2　H.R. 1804 GOALS 2000: EDUCATE AMERICA ACT, One Hundred Third Congress of the United States of America At the Second Session. Begun and held at the City of Washington on Tuesday, the twenty-fifth day of January, one thousand nine hundred and ninety-four より引用。

3　保守派は歴史の中心に西洋史を置くことを提唱し、一方で左派は多様な文化や民族の歴史を増やすよう主張した。また、学習においても年代史の把握か、批判的な思考力の育成かという立場で論争が展開した。

4　1994年10月20日付、*Wall Street Journal* に掲載された論文。

引用・参考文献

Burroughs, S (2002) Testy Times for Social Studies, *Social Education,* 66(5), pp.315-318.

DeBray, E., Parson, G. and Woodworth, K. (2002) "Patterns of Response in Four High Schools Under State Accountability Policies in Vermont and New York", *From the Capital to the Classroom Standards-based Reform in the States Part two,* The National Society for the Study of Education.

Epstein, T. (2009) "The Racial Divide: Difference in White and Black Students' Interpretation of U.S. History", *Interpreting National History: Race, Identity, and Pedagogy in Classrooms and Communities,* Routledge.

Finn, C. E. (1995) *Who's afraid of the Big Bad Test', Debating The Future of American Education,* Brookings.

Fuhrman, S. H. (2001) *From the Capital to the Classroom Standards-based Reform in the States Part two,* The National Society for the Study of Education.

Grant, S. G. (2005) "Research on History Tests", *Measuring History: Cases of State-Level Testing Across the United States,* IAP-Information Age Publishing. Inc.

Grant, S.G., Derme-Insinna, Alison et al. (2002) "When Increasing Stakes Need Not Mean Increasing Standards: The Case of New York State Global History and Geography Exam", *Theory and Research in Social Studies Education,* Vol.30, No.4 pp.488-515.

Grant, S. G. (2001) "An Uncertain Lever: Exploring the Influence of State-Level Testing in New York State on Teaching Social Studies", *Teachers College Record,* Vol.103, No.3, June 2001, pp.398-426.

Nash, G. B., Crabtree, C. and Dunn, R. E. (2000, 1997) *History on Trial －Culture Wars and the Teaching of the Past,* Vintagebooks.

Ravitch, D. (1995) *National Standard in American Education A Citizen's Guide,* Brookings.

Smith, M. S. (1995) "Reform in America's Public Schools: The Clinton Agenda", *Debating the Future of American Education: Do we need National Standard and Assessments?,* Brookings.

Symcox, L. (2002) *Whose History?: The Struggle for National Standards in American Classrooms,* Teachers College Press.

U. S. Department of Education (1997) President Clinton's Call to Action for American Education in the 21ST Century（西村和雄・戸瀬信之訳（2004）『アメリカの教育改革』京都大学出版会）.

7 統計から見る韓国の幼児教育の軌跡
—— 1962〜2008

松尾　智則

はじめに

　2008年の韓国には8,344幼稚園に24,567クラスが設置され、537,822人の園児が在園している。数字でみる限り現在の韓国においては、幼児教育が広く普及しているといえる。韓国における最初の幼稚園は1897年にソウルに設置されたヨンヘ園であると言われており韓国の幼児教育の歴史は110年を超えることになる。しかし、全国的統計でさかのぼることができる最も初期にあたる1962年の統計を見ると、幼稚園数は336園 (2008年の1/25,以下同じ)、クラス数488クラス (1/51)、教員数1,112名 (1/31)、園児数16,915名 (1/32) で5歳児就園率は1.5％程度と推計される。つまり46年前の時点では韓国において幼稚園は公教育の中で例外的な存在であった。また、その全てが私立であったのである。

　本章では韓国における幼児教育の普及の過程の特色について教育統計を用いながら量的変化の側面から明らかにしていく。

1．幼稚園の全般的成長の推移

1　5歳児人口動態の推移

　まず、教育規模のベースとなる人口動態について、義務教育である国民学校・初等学校 (小学校) の入学者を利用して推計する。韓国では第二次世界大戦後と朝鮮戦争後にベビーブームを迎えているために外見上は10数年周

期の人口の増加期が存在するが、これは、20数年周期のベビーブームが10年ずれて二つあるためと考えられる。従って1966年の約105万人をピークとした団塊Aのジュニアである1980年代半ばの5歳児人口は1987年の約86万人をピークに約20万人減少し、更に約20年後の2000年代にはピークを作ることなく減少を続け、2007年には約54万人と1987年と比較して30万人以上の減少となっている（図7-1）。この間に存在する1977年の101万人をピークとする団塊Bのジュニアである1990年代後半の5歳児人口も1998年の71万人をピークに団塊A同様に約30万人の減少となっている。つまり韓国の5歳児人口動態は2つの団塊層の影響を受けながら1960年代末からの40年間で半減するという急激な少子化が進行しているのである。この結果、韓国の幼稚園教育は人口急増期に生じる自然増圧力からは早い段階で解放されている。従って、韓国の幼児教育の規模拡大は純粋に幼児教育への指向性の高まりを反映しているといえる。

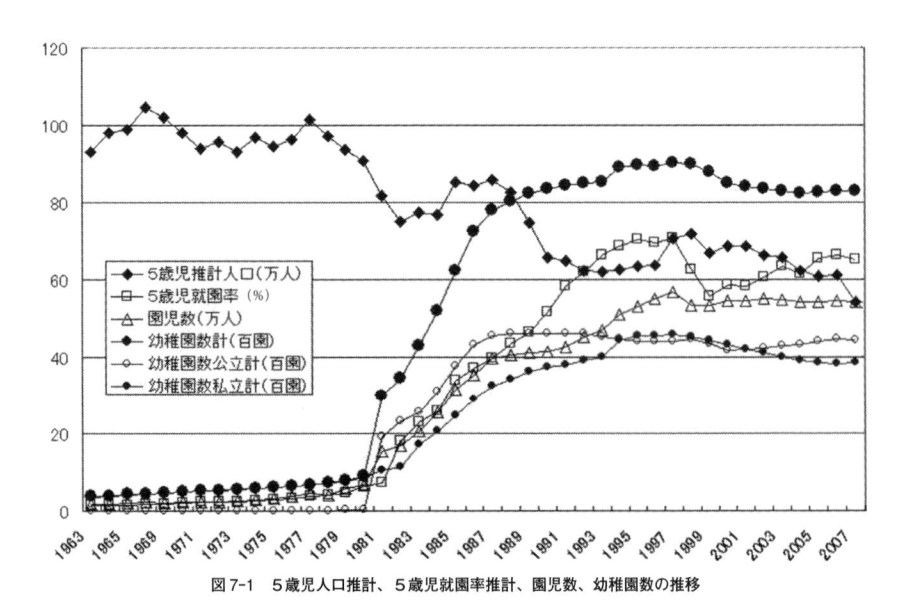

図7-1 5歳児人口推計、5歳児就園率推計、園児数、幼稚園数の推移

2 就園率の推移

韓国の教育統計においては、幼稚園修了者数と前年の5才園児数に乖離が

見られるためにそのまま使用することはできないが、ここでは、幼稚園修了者と義務教育である小学校入学者数から前年の5歳児就園率を推計して、その推移を指標として使用する。5歳児就園率は1962年の約1.5%から微増期が長く続いていたが、1980年代に入って急増期に転換することとなった。1981年に前年より10%以上という急増で18%となり初めて10%を超えた後、1982年には23%、1984年には34%、1987年には43%、1989年には52%、1991年には62%、1994年には70%で、1996年の71%でピークを迎えた後、1998年まで15%以上の急減期を経てその後は再び増加に転じ、2007年には72%となり、過去最高を更新している（図7–1）。このように人口動態とは関係なく、1980年代から1990年代にかけて駆け足で幼稚園教育が普及していった様子が明らかである。その後も経済不況による打撃を乗り越えてその回復といっそうの普及が続いている。つまり、園児実数の急増期はそれが就園率の拡大に直結しており、園児の微増期にはその背景としての年齢コホートの縮小のため、就園率の拡大を結果としてもたらし続けているといえる。

3　幼稚園数の推移

　幼稚園数は1980年までは微増期であったが、1981から急増に転じている。幼稚園数については、1987年の7,792園まで急増を続けた後にそのペースは大幅に落ちながら1997年に9,005園でピークを迎え、若干減少した後にほぼ安定状態に入っている。その内訳を設置者で見ると、1981年からそれまでごく少数であった公立幼稚園が一気に私立幼稚園を追い抜き、1991年には4,622園でピークを迎えた後に安定期に入っている。これに対して、私立幼稚園は遅れて1983年から急増に転じて1997年の4,583園をピークに拡大を続け、その後は若干の減少期に入った後、安定期に入っているといえる。このように公立幼稚園の増加が先行した後に私立幼稚園数が追いつき、1990年代半ば以降は幼稚園数では公立と私立が拮抗する状態となっている（図7–1）。

4　園児数の推移

　園児数は幼稚園数同様に1981年から急増期に入り、幼稚園数の急増期が終わった後も増加を続け、1997年に約57万人のピークを迎えるまで急増した後に、幼稚園数同様に若干の減少を経て安定期入っている。その内訳を設置者別に見ると1981年の急増開始から公立幼稚園数のピーク（約17万人）となる1987年までは公立幼稚園と私立幼稚園が拮抗する形で園児数を増加させていたが、その後、公立幼稚園はいったん園児数を減少させた後に1990年代以降は12万人程度で安定期に入っている。一方、私立幼稚園は1997年まで園児数の急増期が続き、その後若干の減少の後に2000年代から約42万人の安定期に入っている。なお、1998年の私立幼稚園の園児急減期に公立幼稚園児の一時的増加が見られることから、経済不況の影響で、一時的に私立幼稚園から公立幼稚園へのスライドが発生したことが窺える（図7-2）。

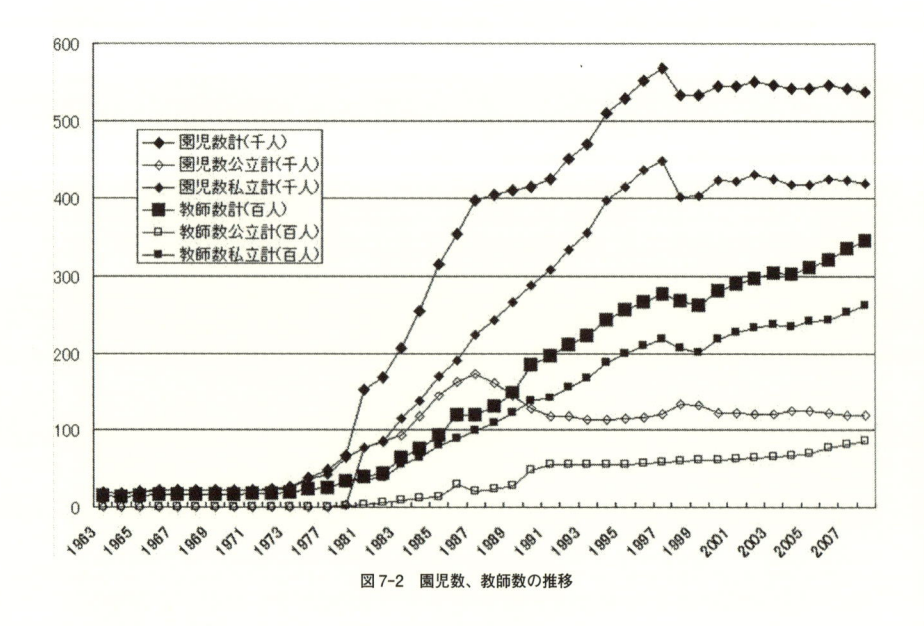

図7-2　園児数、教師数の推移

5　教師数の推移

　教師数の増加は園児数の増加と比べるとなだらかであるが、園児数増加

のピークである 1997 年以降も若干の減少期を含みながらも増加し続けて 2008 年には約 3 万 5 千人で過去最高を更新している。設置者別に見ても、公立幼稚園は 1980 末の園児数の減少期に若干教師数も減少している他はその後現在まで一貫して教師数を増やしている。私立幼稚園に関しても 1990 年代末の園児急減期に若干減少した他は一貫して増加しており、増加数も私立幼稚園の方が公立幼稚園より多くなっている。従って公立私立共に、教師園児比率は継続的に改善され続けているといえる（図 7-2）。

6　幼稚園・学級の規模

1981 年以降の幼稚園の規模の推移を 1 園当たりの園児数で見ると、1 園当たり 55 名程度から 65 名程度に緩やかに増加していることが見て取れる（図 7-3）。

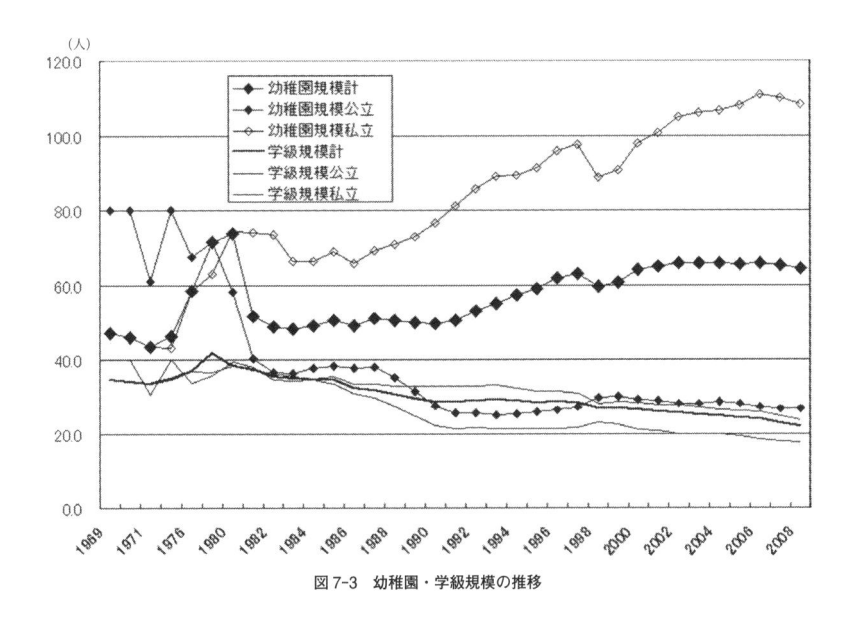

図 7-3　幼稚園・学級規模の推移

しかし、公立幼稚園と私立幼稚園では大きな違いがある。公立幼稚園は 1990 年前後に緩やかに減少した後は、1 クラス程度の 25 名前後で安定しているが、私立幼稚園は 70 名程度から 110 名程度に拡大していることが窺

える。また、学級規模は1981年当初は公立・私立共に37名程度あったが、その直後の1980年代後半に公立幼稚園児数の急減期があったにもかかわらずクラス数を急増させたために、一気に公立幼稚園の学級規模は22名程度にまで減少した。その後は安定していたが、経済不況の影響で私立幼稚園からのスライドが見られた1990年代末に若干の規模拡大が見られる。2000年代に入って再び学級数の増加に転じたため、それに伴って2002年から10名台へと減少に転じている。私立幼稚園の学級規模は公立幼稚園よりなだらかな傾斜で減少を続け、2008年には24名程度となっている。

平均値からの分析結果を補完するために、2008年度の園児数別幼稚園数を見ると、公立幼稚園ではそのほとんどが単級学校と想定される20名未満が1,720園（公立幼稚園の総数に対して38％）で、80名以上の公立幼稚園は225園（同5％）にとどまっている。一方私立幼稚園では30名未満は269園（私立幼稚園の総数に対して7％）で、80名以上が2,399園（同62％）にのぼっている。

この幼稚園規模と学級規模を連動して幼稚園の姿を見ると、公立幼稚園の多くが1、2クラス編成の幼稚園で小学校等に併設されている実態をよく表している。（1988年度の公立併設幼稚園数は4379園で公立幼稚園全体の約98％）そのため、幼稚園規模の縮小と学級規模の縮小が連動していることが見て取れる。一方私立幼稚園は2クラス編成から4クラス編成へと移行していることが裏付けられる。

2．幼稚園における男女の構成

1　幼稚園児の男女構成

1981年以降、幼稚園児数が急拡大したわけであるが、幼稚園児の男女構成比は当初から男女の人口構成比とほぼ同等の割合（1965年の幼稚園児男女比率は53.6対46.4、2008年は同52.1対47.9）を示しており、幼児教育の拡大に期も含め全体として性差は見られない。ただし、経済不況による幼稚園急減期に減少した私立幼稚園児のかなりの部分は女子であった。

2　教員における男女構成

　韓国の幼稚園に所属する男性教師は 1981 年の 552 名から増加し、1994 年に 1,251 名でピークを迎えて、その後減少を続けており、2000 年代に入って 500 名でを推移している。

　男性教員の職位では約 70％ が園長等の管理職で、一般教員に占める男性教員の比率は 0.6％程度（2007 年）である。しかし、男性教師数がピークであった 1994 年の内訳と比較すると、1,251 名のうち 1,212 名が管理職で、一般教員に占める男性教員の比率は 0.2％程度であったので、保育の現場への男性の進出は緩やかな歩みではあるが進展していると言うことができる。その一方、男性管理職の減少は幼児教育発展・拡大の中で女性も管理職に登用できるような人材が蓄積されてきていることを示している。

3．幼稚園における地域構成の推移

1　幼稚園数の地域構成

　1970 年代の幼稚園数の緩やかな増加はソウル及び釜山の幼稚園数の増加が牽引していたが、1981 年以降の急増期においては、その他の地域の幼稚園の増加が目立っている。また、ソウルも 1980 年代には再度微増の傾向を示しているが、1990 年代以降は微減に転じている。一方で、釜山、テグー等のソウル以外の大都市部の幼稚園の増加が目立ってくるようになる。

　設置者別に見ると、国公立幼稚園は、1981 年以降にその他の地域に重点的に開設されているが、1985 年以降はソウル等の大都市部にも若干ながら設置されている。従って、1980 年代以降、公立の幼稚園が政策的に全国に配置されていっていることが明らかである。一方私立幼稚園に関しては、1990 年代末をピークにソウルの占める比率は緩やかに増加するが、その後は一貫して緩やかな減少に転じて現在に至っている。変わって釜山や大邱等の大都市圏の構成比が高まってきている。この両者を合わせると 1980 年代から現在に至るまで私立幼稚園の約半数がソウル等の大都市圏に配置されていることが分かる（図 7-4）。

図7-4 地域別幼稚園数

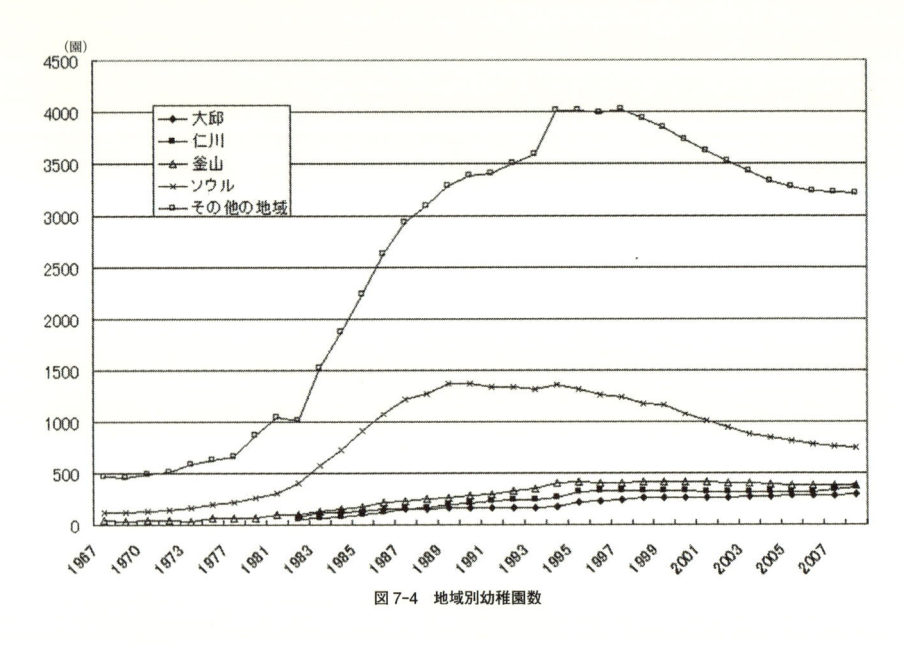

2 幼稚園児の地域構成

1981年の幼稚園急増開始までは幼稚園児の40％以上がソウルと釜山の2大都市圏に集中していた。しかし、1981年以降ではソウル及び釜山の占める割合は20％台前半に急落し、その後若干の回復期はあったが、30％を超えることがないまま2008年には22％に低下している。このようなソウルと釜山の停滞を代替する地域として、その他の大都市部としての大邱と仁川の存在が大きくなってきており、4大都市部を合計すると30％台前半を維持し続けている。また、1990年代末の急減期に大きな影響を受けたのは私立幼稚園が多いソウルと仁川の首都圏で、その他の地域は公立幼稚園が多くを占めることもあり、ピークからボトムへの減少率は4.5％程度であった。地域によってピークとボトムの時期にずれが生じているのは、経済不況の波及時期にずれがあるためと思われる（図7-5）。

図7-5 地域別園児数

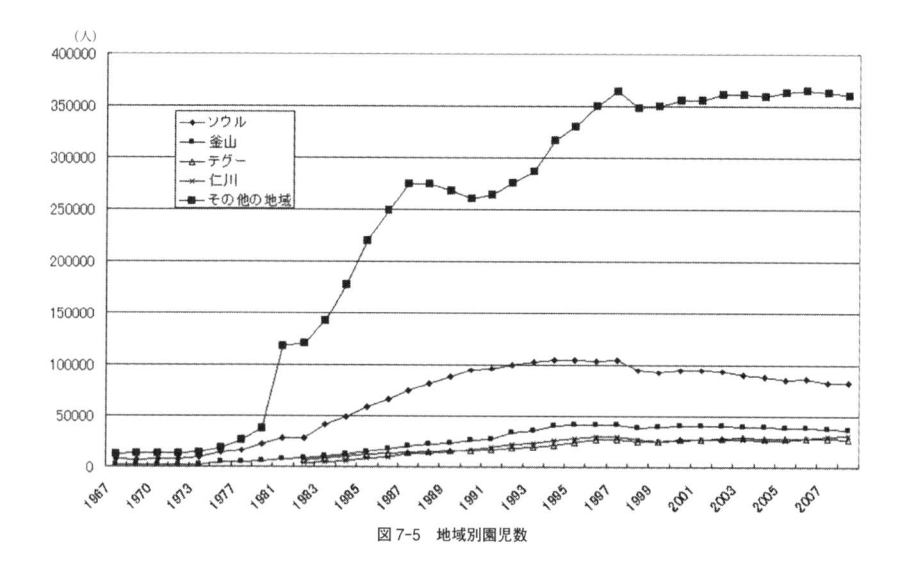

4．園児の年齢構成の推移

韓国の教育統計における年齢別構成を見ると3歳児が統計に表れるのは1992年からで、それまでは韓国の幼稚園は最長で2年保育であったと推定される。また、教育統計はそのまま学年別構成として利用できない要素を含んでいるので、操作を加えて平均年齢を試算すると、1年保育クラス園児数と2年保育クラス園児数の構成比は単純計算で10対1になる。これは上方負荷がかかっているため、そのままでは韓国における学年別クラス構成比を表さないが、年齢の下降幅は構成比変動と連動するので指標とすることができる。

試算の起点である1980年（幼稚園急増直前期）では公立幼稚園より私立幼稚園の方が平均年齢が高くなっており、この時点では公立幼稚園の方が2年保育の比率が高いことが推計される。しかし、1982年に公立幼稚園と私立幼稚園の平均年齢は等しくなる。その後、公立幼稚園では1989年まであまり平均年齢を下げていない。これは年齢別構成に大きな変化がないことを示している。1989年からは3年保育発生直前の1991年までに0.08歳平均年

齢を下げており、この時期に2年保育の拡大が始まったことになる。私立幼稚園の場合は平均年齢の固定期はなく1982年から一貫して平均年齢は低下しており、1991年までに0.19歳低下している。この数値は、上方負荷を補正しなくても既に2年保育1年目の園児数が25%を超えていることを意味する。この上には当然2年保育2年目の園児が存在するので、この時点で園児の約半数以上が2年保育制度に移行していることが推計される（図7-6）。

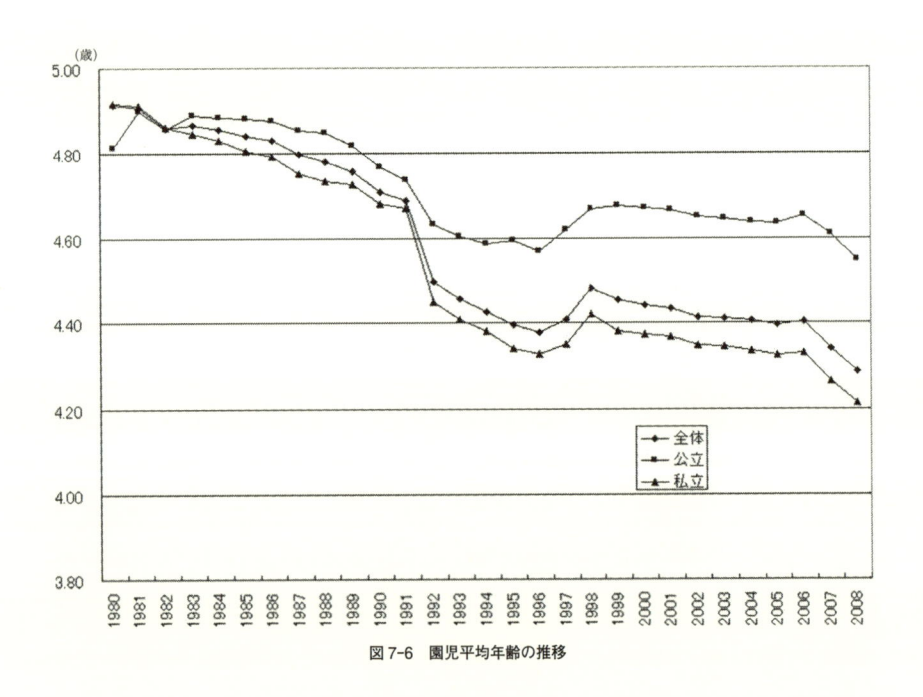

図7-6 園児平均年齢の推移

1992年からは3年保育が開始されているために変数が増えて推計が難しいが、公立幼稚園の場合は3歳児の増加が停止する1996年までは平均年齢が低下しており、その後若干上昇した後に下降し、その後は2001年まで安定している。このことから、3年保育の拡大停止と2年保育の穏やかな拡大が推測できる。2002年以降は3年保育が拡大し、2008年には全園児の10%に到達している。さらに2005年からは5歳児も減少していることにより平均年齢の再度の低下が起こっている。5歳児数を低下させながら3歳、

4歳児数を増加して園児数を確保していると言うことは1年保育クラスを削減し、その結果捻出される資源を複数年保育の拡大に振り向けていることを示している。その結果、2000年代末には公立幼稚園においても全園児の半数以上が複数年保育に移行したことが推計される。

私立幼稚園においては、1992年の時点で全園児の約10％が3歳児となっている。その後も1996年には15％、2008年には20％に到達し、1990年代末の不況期を除き着実な増加を遂げている。また、2000年代後半には5歳児の減少が起こっている。その結果平均年齢は4.2歳と大幅に低下している。この状況から私立幼稚園の園児の大多数が複数年保育に移行したことが推計される。

おわりに

韓国は第三共和国時代から計画的国家発展の基礎資料とするために各種統計の整備に努めており、教育の分野においても継続的な統計の蓄積がある。今回は統計を利用して幼児教育の発展の軌跡を明らかにしてきた。これにより、以下のような特徴が整理される。

①幼稚園教育の歴史は112年にわたるが、量的に国民的教育機関としての地位を占めるようになったのは1981年以降である。
②幼稚園（園数・園児数）の拡大は人口増加圧力によるものではない。ただし、団塊世代現象による急増期には、公立幼稚園による5歳児の一時的受け入れ増が生じている。また、園児の性差は一貫して見られない。また、年齢コホートの拡大縮小と連動しているために、園児数の増加傾向は変動があるにもかかわらず、就園率で見ると一貫した拡大を1990年代末まで続けていた。
③幼稚園教員数は幼稚園数、園児数の安定期や減少期にも安定して増え続けている。管理職においては女性の比率が増加し、一般教員に占める男性の比率は0.6％と微増しているが非常に低い。

③公立幼稚園と私立幼稚園には大きな違いがあり、両者が独自の役割を果たしつつ韓国の幼稚園教育の普及に貢献している。
- ・公立幼稚園はそのほとんどが小学校等に併設されており、比較的小規模で保育年数も短めの傾向があるが、少しずつ複数年保育が拡大している。
- ・私立幼稚園は個人立が多く、規模は拡大傾向にあるが2000年代に入って安定している。保育年数は園数の増加と共に拡大の傾向にあり、ほぼ2年保育の状況にあり、3年保育も拡大を続けている。

④地域構成では、公立幼稚園はそのほとんどが地方に設置されており、4大都市圏に設置された公立幼稚園は10％未満である（2008年）。1990年には私立幼稚園の最大40％近くが4大都市圏設置されていたが、その後減少に転じている。しかし2008年現在ソウルを含む4大都市圏に半数近くが設置されている。

引用・参考文献

教育科学技術部『文教統計年報』、『教育統計年報』各年版、韓国。
松尾智則「韓国の幼児教育の動向」（1994）『九州教育学会研究紀要』第22巻。

※本稿は拙稿「韓国における幼稚園の量的発展」（2009）『中村学園大学・中村学園大学短期大学部研究紀要』第42号、191-202頁を本書の趣旨に合わせて加筆修正、改題したものである。

8 中国における改革開放以降の教師教育改革について
―― ここ 30 年の変革と今後

王　曉燕

はじめに

　中国の改革開放は 1978 年に始まり現在まで 30 年間余りの歳月を経ている。この 30 年間、中国の経済体制は計画経済を脱し、社会主義市場経済体制の確立を目指して発展してきた。この市場経済体制への転換は、深刻かつ激しい経済的・社会的変化であり、中国社会のあらゆる面に大きな影響を及ぼした。特に教育改革は国家の経済発展と緊密に結び付けられ、国家経済発展のための戦略的な手段として、経済改革の一環として、位置付けられるようになった。このような政策指向に基づいて、改革開放以降の中国では、経済体制の改革に対応するため、教育の改革も遂行されている。その中で、教師教育の改革は「最も重要な課題」であると強調され、教育改革の最優先事項として行われてきたのである。

　したがって、中国の教師教育はこの 30 年余りの間に多くの改革が強力に推し進められてきている。具体的には、例えば学校現場の教員人事管理、教員研修、教員評価、教員資格制度といった制度がそのまま焦点化され、改革が行われてきている。

　そこで本章では、改革開放以降、今日に至る 21 世紀最初の 10 年までに重視されきた中国の教師教育改革について考察を行う。研究目的は以下の 3 点である。まず、改革開放以降の教師教育についての政策の軌跡と理念を考察する。次に、教師教育改革の内実を明らかにする。そして最後に、21 世紀の中国における教師教育改革の特徴と今後の方向性を提示する。

1．改革開放以降の教師教育に関する政策の軌跡と理念

　中国の教師教育政策の理念については、計画経済期と改革開放以降の市場経済体制期で明白な違いが見られる。

　計画経済期においては、1950年代から、専門的な教職に関する教育に関する教育よりも政治思想を重視する傾向が強まったことである。すなわち教員養成、教員人事、教員研修、教員評価、全てにおいて政治思想教育が重視された。教員の思想改造によって、国家主義、社会主義のイデオロギーを徹底的に普及することが意図された。

　1980年代に入り、中国は文化大革命による破壊から復興され、発展に向かって大きな転換期を迎えていた。この時期の重点目標は、現代化の実現である。国を挙げて工業・農業・国防・科学技術という「四つの現代化」（四つの側面から国際水準及び現代水準に追いつくこと）を目標に掲げ、経済を中心とする現代国家の建設に取り組んだ。現代化の実現を目指す対外開放政策と経済活性化という2大政策の中でも、最も緊急な課題は、経済体制の改革を中心とするあらゆる分野での改革を推し進めることであった。経済建設を進める上での人材不足の深刻さは、何よりも中国政府が痛感していたことであるが、人材の養成が経済の成否の鍵を握っていることが認識され、教育事業を発展させ、全民族の資質を向上させ、人口大国からを人的資本の強国へ転換させる必要性が認識され、十分な数の適格な教員集団を築き上げることは、問題解決の根本的な道である[1]とされたのである。

　1985年5月に中国共産党中央委員会は「教育体制改革に関する決定」を公布した。この「決定」では、「教育は現代化に目を向け、世界に目を向け、未来に目を向け…（中略）…各級各部門の有能な、新しい人材を大量に準備しなければならない」と指摘するとともに、教員集団の改革についても掲げられている。すなわち「十分な数の、適格で安定した教員集団を築くことは、義務教育の実施、基礎教育水準の向上にとって根本の大計である」として、「決定」は、教員養成と現職研修の拡充を教育事業発展のための戦略的措置としなければならないと指摘している。5年以内に大半の現職教員を教

務に堪える水準まで能力的に引き上げ、その後は適切な学歴を持つか、職能能力審査に合格した者であれば教員として任用することとした。一方、合格できない者は教員に採用せず、教員の質の確保を図ろうとした。また、「決定」では、教育体制改革における教員の役割が高く評価され、学校は教員の意見によく耳を傾け、学校の改革に際しては、教員との十分な討論を行うよう求めている。さらに経済の発展に伴って各レベル政府・関係機関は教員を巡る問題を徐々に解決していくことと同時に、社会全体に教員を尊ぶ気風を盛り上げ、教職が最も尊敬される職業の一つとなるようにすることを訴えている。

　1990年代以降、市場原理の教育への浸透に伴い、教員研修では教員の資質向上に大きな注意が払われてきている。従来は教員の量的不足から十分な資格を取得しないまま教壇に立つ教員が多く、そのためそれら教員の資格取得を目的とした現職教育が盛んであった。こうした傾向は1990年代に入っても続いたが、その後新たな視点が加えられることとなった。すなわち急激な社会変化・科学技術革新及び国際競争に対応した教育の現代化、教員の資質の向上という視点が現職研修において顕著になってきたのである。

　「中国の教育改革及び発展についての要綱」の中で教育が直面していた情勢及び任務については1993年2月に発表された明確に指摘されている。すなわち「現在、世界の政治情勢が目まぐるしく変わり、国際競争が日増しに激しくなり、科学技術の発展は日進月歩である。国際的な経済競争、総合的な国力の競争は、実質的に科学技術の競争と民族の資質の競争である。この意味からいって、21世紀に向かう教育を把握するものが21世紀の国際競争において戦略的な主導的地位に立つことができるのである。このためには、大局的な観点から遠くまで見通し、できるだけ早く中国の教育事業の大計を策定し、21世紀からの挑戦を迎えなければならない」[2]ということである。

　このような政策理念に基づいて、国際的な経済競争と新世紀に向けての変革対応するために、1999年2月12日に、教育部は教育改革及び発展のための総合プロジェクトをまとめた「21世紀に向けた教育振興行動計画」を公表したが、その第2項において「21世紀に向けての"園丁工程"（教員の

現職研修プロジェクト）を実施し、教員の資質の向上に努める」ことが述べられ、多様で広範な教員の現職研修の必要性が指摘されている。

　21世紀の「知識経済社会」に向けた多様な社会的要請の中で、教育の専門家（理論と実践の両面から）としての教員にはこれまで以上の大きな期待が寄せられ、高い資質・能力を持つ専門的な教員が強く求められている。現在の政府は、21世紀の青少年育成という目標を打ち出し、特に創造性、思考能力、個性の育成などを強調している。ただその目標を達成するには、高い資質と能力を持つ専門的な教員が不可欠である。そのため、政府は教員の現職研修プロジェクトを実施し、様々な専門的研修の機会を提供している。例えば、高学歴を獲得するための現職教員の大学院修士課程での研修、ベテラン教員による個別指導、公開授業を通しての評価指導、専門家による公開講座の開設、ITの応用技能をマスターするための学内外での研修、外国の学校・大学における教育研修への派遣、要するに国内外の研修活動などを通じて、見聞を広げ、専門的知識・技術を深めて教員の資質を向上させようということである。また、専門性を向上させるため、研究論文の執筆を奨励し、レベルの高い学術誌に論文を発表した者には、特別賞金を与えるといったことも行われている。

　現職研修は、全ての教員にとっての権利と義務として位置づけられ、取り組まれている。1999年6月13日の第3回全国教育工作会議では、中国共産党中央委員会・国務院が「教育改革の深化と資質教育の全面的推進に関する決定」を公布した。この「決定」の中では、さらに資質教育を全面的に推進し、全ての教員が継続的に職能の向上を図ることが強調され、その第3項は、教員の構成を改善し、資質教育を全面的に推進する教員集団を築き、その実施にあたる教員の能力と水準を高めることを教員養成と研修の重点とすることを明示した。2010年前後には、条件を備えた地域では小学校及び中学校段階の教育における本務教員の学歴をそれぞれ専科（高等教育短期2～3年）と本科（学部4～5年）卒業程度まで引き上げるよう努力し、経済発展地域の高校段階の本務教員及び校長の中で修士学位を持つ教員を一定比率まで高めることも企図された。こうした政策の施行によって、教員全体の資質が

向上することを政府は望んだのである。

2．教師教育システム改革の内実

1　教員人事

　中国における教員の人事管理改革が本格的に実施された1990年代以降、中央集権型の統一管理の下に置かれていた基礎教育について、細かな管理権限は地方の教育委員会へ委譲され、さらに各学校の監督責任が各省・市へ委ねられ、その教育委員会にそれぞれ独自の教育方針・目標を設定させるようになった。現在では、各地方の実状に合った教育方針と具体的な政策が決められ、それに基づいて学校が運営されている。具体的に学校への権限委譲は以下の面に関して行われてきた。

　まず学校の管理体制の側面である。中国は、過去において計画経済体制のもとあらゆる面にわたって中央集権的な管理を行っており、教育活動と教育行政についても全て中央によって統括管理していた。しかし教育体制の分権化改革が行われたことで、学校の行政管理体制も改革されたが、その主な内容は、①学校指導体制の整備、②学校の人事管理における全員契約任期制の実行、③給与配分制度の改革、④職務責任制の実行、の4点である。

　次に学校の組織運営体制の側面である。計画経済の下では単一公有制度（注：単一的な公有営経済のみ存在したため、学校体制も公立だけであった）により、学校運営体制も単一的であった。しかし分権化導入の下、各学校の自主性の確立と、自らの責任と判断による創意工夫を凝らした特色ある学校作りの実現のためには、校長をリーダーとしての責任を明確にした上で教員一人ひとりが、その持てる能力を最大限に発揮し、組織的に協力して教育課題に取り組める体制を作ることが必須となった。このような観点から校長責任制の実施が明確に求められるようになり、学校の組織運営が見直されることになった。

　校長責任制の下では校長に教員の人事権が付与され、人事に関する権限と責任を持ちながら、教員と共に協力し合い、教育に取り組むという仕組みが

形成された。以前は地方教育委員会が、管轄下の全ての学校の状況を勘案して、各学校に対して教員の配置を行ったが、この校長責任制と教員の契約任期制の下では、教員雇用の権限が学校の側（校長側）へ移ったのである。

以前は、教員の人事権は教育委員会に集中し、統一的に管理されていた。しかし、教育委員会は学校現場から離れているため、各学校教員に対する管理が事実上不可能であった。それに対して、校長責任制の下では校長が教員を雇用する権限を持っているため、教育方針を理解する経験を積んだベテラン教員や、やる気あふれる若手教員をそのまま引き抜き、校長を中心とした最善の教員チームを組むことができる。この意味からも校長責任制は、経済的合理化を基軸とする効率原理による学校経営の合理化を目指す施策としてとらえられる。校長によるリーダーシップや責任体制の強化が、学校の自律性や当事者能力の確立と結び付けられるならば、それは、全体として学校の土台を強化し、また教員の意欲を引き出すとともに、彼らの力量を生かして教育目標の達成に向かっていくことができると考えられる。このように、校長責任制の政策化の意図は1985年以降の中国の社会体制、特に経済体制における合理化の理論と方法に依拠している。学校の管理・運営の改善を目指して、校長を中心とした校内の指導体制の確立によって学校の内部組織構造は変化し、同時に活性化・効率化が図られているのである。

2　教員採用

1980年代半ばまで、教員採用は閉鎖的な計画配分方式でなされており、教員の人事配置はすべて国家教育委員会による絶対的で包括的な計画管理により行われていた。教員についてはいわゆる終身雇用の任用形態が採られ、一般に男性60歳、女性55歳の定年まで学校に在職していた。しかし、このような任用形態は、教員の積極性を損なうと指摘されてきた。また中等学校では教員間の資格要件、学歴レベル、教科・生徒指導能力などの格差が大きいことも問題となっていた。結局これまでの終身雇用制は、良い教師を保障するのではなく、能力不十分な教師・無能な教師を保護するものになっていたのである。そのため、学校経営の効率化を図るため、政府は教員の積

極性を引き出し、教員の意欲と努力が評価される体制である契約任期制の実施を企図したのである。それとともに、教員の資質能力向上策の一環として、能力・実績に基づく教員の任用や給与支給を実施した。その具体的な施策として、4段階の級別区分と契約任期制が共に実施された。

　具体的には、採用時に、校長と教員の間で勤務内容・勤務量、任期期間などに関する雇用契約を取り決める。任期については、3〜5年であるが、地域・学校によっては1年として、毎年契約を結びなおすこともある。最初の契約任期制の実施の際は、多くの教員は職場配属制度によって計画的に各地方・学校に配属されており、この配属された教員について校長が改めて契約を結ぶ形態をとったが、その後は職場配属のほか、地域や学校が自ら公募し採用する教員も増えてきた。

　任期終了後の再任にあたっては、期間中の勤務の遂行状況、成績、勤務態度などが審査される。再任審査により新たな契約を結ばないことが決定した教員については、「他の学校への異動」「学校内での配置替え」「研修への派遣」「自宅待機」「一定期間の給与を保証しながら、他職種への就職の促進」などの処置がとられる。

　この制度の特徴は、「大鍋飯」（悪しき平均主義・平等主義）の弊害を克服して、優秀な人材確保と労働の活性化を促すと共に、教員人事異動の自由と教員の自主性の確保を可能にした点である。かつてのように、学校という「単位（大鍋のような職場）」で教員としての身分が保障され、能力や資格を問わずに低い水準のままで安易な教育を再生産することは、今後政府としても、個人としても認められなくなったのである。

　教員の契約任期制と校長責任制の実施に合わせ、校長が直接的に教員の契約任用権を持つことにより、教員の積極性を引き出し、結果として教員の「量から質へ」という転換に対しても大きな役割を果たしている（王、2004、156頁）。

　以上のように、学校への権限委譲の実施は、校長責任制と教員の契約任期制と共に機能して、中国の教員人事と教員採用制度に劇的な変化が生じている。校長責任制の実施により、学校は教員の人事権を持つことになり、多様

なルートによる教員の募集と採用が行われ、学校現場に優秀な人材・より高い資質能力を持つ教員を確保することができるようになった。一方、教員の異動の自由を確保しようとする契約任期制は、校長と教員双方の合意の下で行なわれるという特徴を持っているが、この2つの制度を同時に施行することによって、中央集権的教育行政管理の非効率性の解消を図る一方で、教員人事制度の活性化や柔軟性と効率性の向上といった面において徐々に一定の成果が見られるようになってきたのである。

3 教員研修
(1) 1980年代までの量的拡大を中心とした教員研修

1986年4月12日、全国人民代表大会は「中国人民共和国義務教育法」を採択し、中国で実施されつつある9年制義務教育を法律によって規定した。この法律の目的は、教員の量的拡大と質的向上にあり、「国は、措置を講じて、師範教育を強化・発展させ、教員養成と研修を促進し、小学校の教員は中等師範学校卒業以上の水準を、中学の教員は師範専科学校卒業以上の水準が備わるように、計画的にその実現を図る」「国は、教員の資格審査制度を作り、合格した教員に資格証書を授与する」また「社会全体が教員を尊重しなければならない。国は教員の合法的権益を保障し、教員の社会的地位の向上や教員の物質的待遇の改善のため措置を講じ、優秀な教育工作者を表彰する」(第14条) という具合に、教員養成と研修に対して厳しい要請が打ち出された。

こうして1986年以来、重要な課題とされてきた教員養成と研修の問題を解決すべく、施策が具体化するようになってきた。

教員研修の施策のプロセスは、以下の3つの段階に分けて進められていく。

第1に、5年から7年をかけて現職教員に対する研修を進め、大部分の現職教員が基本的に担当の教務に堪えうるようにし、また、教員が不足している教科（外国語、生物、地理、音楽、体育など）に教員を補充する。

第2に、次の5年から7年をかけて教員の補充と研修を進め、各教科への教員配置を基本的に整え、大部分の教員が教育、教授の任に堪えられ、いっ

そう高い政治的・専門的資質を備えられるようにする。

第3に、9年制義務教育を基本的に実現した後、中等学校教員の政治的・専門的資質あるいは学歴を全体的にいっそう向上させる。

このように、1980年代までの教員の研修は教員陣容を構築するため、量的な研修と不足学歴の補充を中心にして行われた。

(2) 1990年代の教員研修——質的向上を中心に

社会の発展と科学の進歩にともなって、ある時期に習得した知識が一生涯役に立つという考えは次第に否定され、常に知識を更新し、生涯にわたって学習するという意識を持つ人が増えている。そのため中国でも日本と同様に中堅教員などに対する研修が準備されている。例えば、日々進歩するコンピュータ機器の教育における活用、あるいは教科のリーダーに対するリーダーシップ向上のための特別な研修など、経験ある教師に対してもさらに資質向上・深化を目的として多様な研修が準備されている。

1990年代になって、新しい時代を展望して、教員の資質向上がいっそう目指され、教員制度が見直されるようになった。特に教員の現職研修が強化され、より質の高い研修に移行した。それを通して、個々の教員の資質能力を維持・向上させ、高い専門性や高度な実践的指導力を育成し、学校の教育活動を改善することが目指されたのである。

例えば「21世紀に向けた教員の現職研修プロジェクト」を実施することによって、教員集団の資質を全般的に高めることを目指しているのである。具体的な政策内容は以下のものである（王・白土、2002、26頁）。

(1) 3年以内に、さまざまな方法により、現職の初等・中等学校の校長とすべての本務教員に対して現職研修を行うのと同時に、初等・中等学校の校長の現職研修制度と資格所有者の登用制度を確立し、それを改善する一方、初等・中等学校教員に対する現職研修における教材の整備を強化する。また、初等・中等学校の専任教員及び師範学校在学生の全員は、パソコン操作の基礎と応用の研修を受けなければならないとされた。比較的高い実力を持つ高等教育機関は教員研修のためにに役割を果たすべきであることも強調された。

(2) 1999年、2000年には全国において10万人の小学校・中学校・高

校及び職業専門学校の中堅教員を選出し、研修を受けさせる（その中の1万人は教育部により、集中研修を行う）。また、中堅教員は、本務学校での教学改革（教育内容・方法の改革）を実験し、その成果を巡回講演すると共に、研修セミナー及び他の学校教員の見学研修を受け入れる活動等を展開することによって、当該地域の教学改革における中堅教員としての積極性を発揮し、他の教員に対する指導及び優れた教育の普及の面で役割をはたすよう要求された。小学校・中学校・高校の中堅教員集団の資質向上を重点的に強化したのである。

さらに、1999年9月13日、上海で全国初等・中等学校教員の会議が開催されたが、この会議で、中華人民共和国教育部令の第7号「小学校、中学校・高校教員に関する継続教育規定」が公布された。この会議を契機として教員の現職研修は新たな段階に入ったといえる。

この規定で定められた主な項目は次の4点である。①現職研修に関する法規の制定。②教材の開発――ここでは小中高等学校教員の現職研修のための指導と、教育課程の体系化が進められている。③ネットワーク化――ここでは情報化社会に対応するため、大学を中心にしてネットワークを形成することが目指されている。④評価項目の整備――評価基準を可視化する。

また、現職研修は主に以下の内容を含んでいる。すなわち、思想政治教育と教員の道徳的素養、専門的知識・技能とその更新や充実、現代の教育理論と実践、教育科学の研究活動、教育教学の技能訓練、現代教育技術を身につける、現代の科学技術と人類文化社会科学知識、などである。研修は、職位別（1～3級、高級別など）研修と専門的研修に分けられる。前者はまた初任者教員、中堅教員、主任、校長研修なども含んでいる。後者は、教科・領域別の研修などである。

4　教員資格制度

1986年9月6日、国家教育委員会は「初等・中等学校教員の審査合格証明書発行の試行方法」を発布し、さらに、1987、1988年には全国で「専門教科指導合格証明書」のうちの文化専門知識の試験を開始した。それによっ

て、規定の学歴に達していない初等・中等学校教員で、勤務年数満１年以上のものが「教材研究・教授法検定試験」を受験することができ、勤務年数満２年以上ですでに「教材教授法試験合格証書」を取得しているものに「専門検定試験」の受験資格が与えられた。20年以上教職にあるものは、試験を免除されるが、それ以外で所定の学歴を取得していない現職教員は、これらの検定試験に合格することによって学歴の不足を補うことが可能となった(佐藤・若井編、1992)。

　こうした教員の資格制度の規定が初めて作られた際は、教員資格審査に合格した教員に資格証書を授与することが法律によって規定されただけであったが、教員資格制度の審査が実際に施行されるようになったのは、1993年の教師法が定められてからのことであった。

　それによると、中学校の教員の資格は、「①県級以上の地方人民政府の認定による。②中等専門学校・職業・技術学校の教員資格は、県級以上の地方人民政府の教育行政部門組織の関係主管部門が認定する。③普通高等学校の教員資格は、国務院あるいは省・自治区・直轄市の教育行政部門あるいはその委託を受けた学校が認定する。④規定の学歴を備えた者、あるいは国の教員資格試験の合格者は、関係主管部門に教員資格の認定を要求し、その関係主管部門は、法律の規定の条件にしたがって認定を与える。⑤教員資格の取得者が学習指導に就くときには、試用期間を経なくてはならない」[3]とされた。

　1986年５月に国家教育委員会により関係規程が制定され、小学校、中学校・高校の教員は「高級教師」「１級教師」「２級教師」「３級教師」という４つの級別に分けられ、学歴や勤務年数、実績などによってそれぞれの資格等級の教員として任用されることになった。

　また、1997年からは、上記の審査によって認定された中等学校教員に対して「教員合格証明書」が出されるようになり、所定の学歴要件に達していない現職教員に対して、検定テストを経て合格証明書を取得できる能力検定試験制度が発足した。

　現在では、教員の能力については、授業能力（学習指導能力）と学級担任能力（生徒指導・生活指導）のみならず、新しい情報を身につける能力、コン

ピュータを使う能力、教育科学の研究能力、外国語の能力なども持つたなければならないとされ、高級教員になるためには、外国語の試験に合格することが要求されている。また1999年初め、中等学校教員に対して、標準語の合格資格が課された。

3．21世紀の中国における教師教育改革の特徴と今後の方向性

1　教師教育改革の特徴

　以上、これまで紹介したような政策理念と改革実践に基づく21世紀の中国における教師教育改革の特徴について、以下の2点を挙げておく。

　第1の特徴としては、校長責任制など新しい権威の構造と形態をともなう、市場経済体制に適応するための新たな教員管理様式が作られた、という点である。

　教育行政の地方分権化の推進によって、学校へ権限が委譲され、それにともなって学校の自主性・自律性が確立されたことが明らかにされた。この改革の下では校長責任制・教員契約任期制が実施され、学校の人事・雇用制度が活性化され、現代化の自主管理を行う学校を国内に実現させ、定着されてきた。その中で校長の役割は、責任も権限もなく、単に教員の1人という位置付けであった従来の役割から、学校の管理者・運営者、教育者たちのリーダーという抜きん出た役割へと抜本的な変化を遂げた。

　それはとりわけ、学校管理の領域での人事と財政に顕著である。人事については、最大限に管理効率を高めるため、責任性と契約制が確立された。こうして制度レベルでは強い経済目標志向的リーダーシップが構築された。

　このように急速に構築された教員人事管理制度は、組織管理の活性化を目指すものであり、学校現場の効率性（運営管理・教員の人員配置、教育行財政など）を高めていくために、徹底することが求められた。こうしたことは、筆者の現地調査により、教員たちが契約任期制を高く評価するなど、意識の面まで明らかな変容がみられるという調査結果に表れてきている。

　第2の特徴は、教員研修についてである。現在中国でも、諸外国同様に、

専門性を追求する現職研修が行われている。改革以前の教育現場では、教員の量的な不足が深刻な問題であり、教員の資質向上というのは、ただ掛け声だけにとどまっていたし、教育の質を上げる目的での教員研修は重視されてこなかった。しかし、競争原理の導入後は、中国における教員研修は、資質・能力を問う機会の１つとなった。

２　今後の方向性（近年の教師教育措置）

21世紀初頭この10年間以来、世界的な動向の影響を受けて教師教育政策は明確に目的養成の方向へ舵を切り、教師の「専門的能力の向上」をねらう政策が打ち出されてきている。都市部の教師による、西部及び農村地区の教師育成のための支援を強化することになった。また2004年から、教育部は「農村学校のための教育学修士育成計画」を実施し始めた。2009年までに、農村学校に4,400名余りの修士教師を養った。2006年から、各地の教育部門はそれぞれ、都市部の小中学校の教師が農村を支援する計画を立て、貧しい僻地の学校を重点的に支援をするとしている。また、大学の卒業生のなかから農村部に赴任させる教師を募集し、教師の資質向上を進め、同時に、短期雇用や兼職などの形で教師を募り、農村の教育を支援する。

例えば、2006年５月から「農村義務教育段階学校教師特設職場計画」（教育部、財政部、人事部主管）の５年間計画が進められてきた。この政策は中国の全農村地域に実施された。教師不足の問題を解決するためには、政府は資金を拠出し教師の人員補充体制を組織する。2009年までに、農村地区に12万人余りの教師を送った。

さらに2007年、中国の第10期全国人民代表大会において、温家宝首相は政府活動報告のなかで、公平な教育を実現するため、中国教育部直属の教員養成大学（六ケ所の師範大学）の学費を免除する方針を明らかにした。温首相は「優秀な教員を大量に養成すると共に、優秀な青年が終生を教育者としてすごすよう促すべきだ」と述べた。要するに、僻地や貧困農村地域の教師の資質能力を高めるため、優秀な教員養成制度、師範大学の卒業生の定期的な奉仕制度が整備されてきている。

おわりに

　中国の教師教育システムは、1970年代まで政治力強化のための手段として行われており、教師教育システムを含むその管理は中央集権的に統制されていた。しかし、1980年代の市場経済体制への転換は教師教育改革にも大きな影響を及ぼし、教員の人事・研修・評価制度の構造改革に有効に働いている。また高い評価を得ている。換言すると、中国政府は学校現場の効率化・専門化・優良化を図るための、柔軟かつ効率的な教員管理システムの構築に成功したのである。しかしながら、効率的なシステムの導入がうまくいっているように見えるものの、それに伴ういくつかの問題点も見えてきた。

　第1に、市場原理の導入によって、激しい学校間競争・教員間競争が起こっており、学校間の序列化、教員間の分裂化という実態を呈してきている。

　現在までの中国では、市場の競争原理こそが最も効率的であり、すべてを市場に任せればよい、という前提に基づいた教育改革が行われてきた。政府もまた、競争の意義を過度に称揚し、市場原理的な教員制度の構造改革を、急速に、半ば強引に推し進めたため、教員の協働連携の側面を最初無視もしくは軽視する結果となった。しかし競争に敗れた弱者が生み出され、それらの弱者の学校や不合格教員への支援が不足しているため、地域間・学校間・教員間の格差の広がりが顕著になっている。例えば都市と農村・少数民族地域の間で見た場合、都市では教員の数がすでに飽和状態に達した一方で、農村や少数民族の地域では、教員の数が依然として足りず、しかも、教員の学歴レベル・給与や待遇などは、都市と比べるとかなり格差が存在している現状もある。また優秀な教員の内陸部から沿海部へ、農村から都市へ、進学率が低い学校からより高い学校へ、一般学校から重点学校へ、という移動志向が普遍化し、ひいては教員内部の分裂という深刻な社会問題が生じている。このように国の教員全体での不公平感と不均衡な配置が顕在化するに至っている。

　こうした問題点は、市場の自動的な均衡化というような調整機能が、もはや予定調和的には作用していないということを示していると思われる。ラ

ディカルな市場原理改革が進む社会主義国家中国において、こうした市場原理の欠陥と弊害を克服するため、政府の責任と役割が求められている。

　第2に、さまざまな側面において、教育に関し連帯・連携が見られないということが挙げられる。教育改革に取り組む教員の間にも、学校と家庭や地域社会にも、連帯することによって教育改革を進めようとする意識は見られない。

　現実的な問題として、競争原理・自己責任制（個体の重視）・能力・業績評価等が過度に重視されることによって、学校現場では競争関係を中心とする実態が見られ、個別の学校あるいは教員個人が価値やその経験などを共有することなく孤立して、バラバラな改革が行われており、必要なはずの連帯・連携はほとんど見られない。

　連帯が断ち切られたまま、お互いの信頼・協働を欠いたままでは、いくら制度を構造的改革しようと試みても、教育を立て直すことはできない。こういった問題点は、中国政府も認識するところとなり、2005年から地域間・学校間の連帯・連携の強化を図る方針が打ち出された。その全体的な方向性としては、1980年代からの競争を軸とする市場原理による改革のさまざまな問題点を解決するため、学校間連携をはじめとする種々の協働によって、全体の教育水準、質の向上を目指そうとしている。

　改革開放以降30年間の中国の教師教育は、市場原理の導入によって根本的な変化を遂げたが、今後は、上記した協働と連携が重要な課題であるとの認識が出てきた。現在のさまざまな格差の是正をどう進めていくのか、地域間の教員の協働体制、教師教育システムは一体的になってゆけるのか、今後の大きな研究課題として注目していきたい。

　政府は教員の協働関係を作ろうと模索しているが、現時点ではその有効な手段と方法をまだ試行中である。その理論的・実践的可能性は、今後新たな課題として検討する必要がある。その際重要なのは、一過性や局所性にとどまることなく、中国全土において継続的かつ系統的な相互対等性を基盤に据えた連携ができるかどうかをということである。これは、中国一国だけの問題ではなく、グローバルな次元において、おそらく他の国々にとっても大き

な問題であり、これを明らかにすることは今後の重要な研究課題であると考えている。

注

1 『人民日報』1986年4月22日。
2 『中国の教育改革及び発展についての要綱』1993年2月13日、第1部分、第4条。
3 『中華人民共和国教師法』1993年10月30日、第13条。

引用・参考文献

王暁燕（2004）「中国における教職の専門職化─教育の市場化との関わりにおいて─」『九州大学大学院人間環境学府発達・社会システム専攻教育学コース院生論文集：飛梅論集』第4号、151-168頁。

王暁燕・白土悟（2002）「21世紀に向けた教育振興行動計画」（翻訳）、研究代表者：望田研吾『アジア諸国における教育の国際化に関する総合的比較研究：平成10〜12年度科学研究費補助金（基盤研究B（2）研究成果報告書）』23-39頁。

佐藤全・若井彌一編（1992）『教員の人事行政─日本と諸外国─』ぎょうせい。

9 フィリピンにおける価値の明確化理論の可能性
―― 米国発教育理論の変容

長濱　博文

はじめに

　現在、世界の道徳教育は、人格・価値教育、あるいは市民性教育などさまざまな名称で呼ばれるようになっている。それは、道徳を教授する過程において、より積極的に人格の形成を意識した教育、あるいは変容する社会においても保持するよう期待される市民性を説く教育など、学校教育に道徳教育として位置づけられていた教科目は、現在新たな教育的役割への貢献が期待されているからである。また、そこで用いられている教育理論にも新たな役割と展開が期待されている。

　本章は、フィリピンの価値教育を事例として取り上げ、その歴史的背景と特色を踏まえながら、その基礎となっている理論がどのように解釈され、実践されているかについて考察する。その理論は価値の明確化理論と言われ、建国以来の伝統的価値観が揺らぎ始めた 1960 年代の米国において開発された。一方、フィリピンの価値教育が全土において実践される契機は、1986 年のコラソン・アキノ（Corazón C. Aquino）政権の誕生にさかのぼる。権威主義体制であったマルコス（Ferdinand Marcos）政権は、無血革命であるピープル・パワー革命（EDSA I）によって打倒された。この革命による民主化の流れを社会に根づかせ、確固とした「フィリピン人」の創出を目的として価値教育は開始されたのである。

　本研究では、まず米国における価値の明確化理論の成立過程を押さえ、理論と実践のポイントを確認する。次に、フィリピンの価値教育について考察

し、そのなかでの価値の明確化理論の位置づけを分析する。最後に、米国とフィリピンにおける価値の明確化理論の在り方を比較検討し、一つの教育理論が国を越えてどのように教育政策として展開しているかについて考察する。

1. 価値の明確化理論の成立過程

1 米国における価値の明確化理論の時代背景

価値の明確化理論が開発された1960年代の米国は比肩するものなき超大国であり、世界の政治経済だけでなく、文化、社会システム等、資本主義諸国のあらゆる分野に影響を与えていた。それはアジアの国々、例えばフィリピンや日本に対しても同様であった。しかし、スペイン、米国、日本（第二次世界大戦時）の植民地支配を経験し、戦後冷戦構造下における米国のアジア戦略の要衝であったフィリピンにとって、1946年の独立後においても米国のプレゼンスなしにはいかなるフィリピン独自の外交政策も講ずることはできなかった。

1960年代、ベトナム戦争への突入と公民権運動の高まりの中で、それまで米国社会を支えてきた伝統的価値観への懐疑の念が米国社会に惹起する。それは、これまでの米国型民主主義の正統性についても再検討を迫るものとなった。また、第三次産業の拡大とともに、米国の社会システムも人々の生活様式も変容期を迎えていた。

価値の明確化理論は、このような既存の価値への正統性が揺らぎ、規範意識が不明確になり始めた米国社会において開発された。価値の明確化理論は道徳理論であり、子どもの自主的な生活経験を重視するJ・デューイ（John Dewey）の教育理論を引き継ぐものである。フロリダ州立大学のラス（Louis E. Raths）は人間生活の経験のなかで生まれ、培われた自らの価値を自覚し、提示されたいくつかの価値から自主的に選択させていく、この道徳理論を開発した。それは、価値相対主義が浸透する社会において、自らの生きる指針を内発的に導き出すことを目指したものであった。この理論は、ハーミン（Merill Harmin）やサイモン（Sidney B. Simon）によって道徳教育の実践運動とし

て発展していく（ウィルソン、2002、190-191頁）。

2　価値の明確化を目指す教育実践

　次にこの価値の明確化理論の具体的実践について考察する。この価値の明確化理論は教室などのグループによる実践を想定している。授業方法として、価値シート（授業用プリント）を活用する。それをもとに、教師と生徒との対話や討論を行って授業を進めていく。特に、教師をファシリテーター（推進者）として、生徒の発言を活かしながら授業を展開していくことが期待される。生徒との対話は価値シートの記入時にも個別に行い、個々人の関心を喚起したり、小グループ分けした場合における問題意識を高める場面に用いられる場合が多い。討論に関しては、話し合いの形式をきめておき、結論の出ない自由な討論のみで終わらないように工夫が求められる。この価値明確化の授業のどの段階においても期待されるのは、生徒自らの価値判断を客観的に理解し、自己理解を深めるように導くことである。そして、価値の明確化の授業を通して、あるいは授業の後に意識するようになった日常生活の中での経験を経て、ファシリテーターとしての教師が生徒の学習したことを引き出すように援助する必要がある。

　この価値を明確化していくプロセスは、①価値を選ぶこと、②価値を大事にすること、③価値を実行することを中心として進められる。そして、この3つのキーワードは以下の7つの価値選択を行うことと同義であると解釈され、この価値選択を満たすものが生徒自身の最も大切とする価値と明確化される。(1)～(3)は選ぶこと、(4)(5)は大事にすること、(6)(7)は実行することに分類することができる（サイモン、1989、9-16頁）。

(1) 自由に選択すること
(2) 複数の選択肢のなかから選択すること
(3) 各々の選択肢の結果についての十分な考慮の後で選択すること
(4) 尊重し、大切にすること
(5) 肯定すること
(6) 選択に基づいて行為（行動）すること

(7) 繰り返すこと

上記の (4) にあるように、価値は肯定的に評価されるものでなければならない。そして、指導の指針となり、賞賛され尊重されるものでなければならない。また、価値は持続性があるものと解釈される。限られた場所や時でのみ有効な価値は、人の行動規範となる明確化された価値とは言えない。

例えば、この価値明確化の事例として、次のような授業実践が考えられる。「私はいったい何者だろうか」(「はい」、「いいえ」、「たぶん」のうち1つに○印を入れる。あまりたくさん「たぶん」を選ばないように最初に指示しておく。)

私は、1．一人でいることを必要とする人間だろうか。

　　　　　　　　　　　　　　はい　　　いいえ　　　たぶん

　　　2．家庭の主婦向けの連続テレビ番組を見る人間だろうか。

　　　　　　　　　　　　　　はい　　　いいえ　　　たぶん

　　　3．正当防衛のために人を殺す人間だろうか。

　　　　　　　　　　　　　　はい　　　いいえ　　　たぶん

　　　4．自分の子どもに酒を飲ませる人間だろうか。

　　　　　　　　　　　　　　はい　　　いいえ　　　たぶん

　　　5．子どもがマリファナを喫うのを容認する人間だろうか。

　　　　　　　　　　　　　　はい　　　いいえ　　　たぶん

これらの価値シートを記入した後に、1人の場合は振り返り、複数の場合は討論を行う。

そして、それらの後に以下のような文章を埋めて、学習したこと、獲得した価値について再確認する。

　・もし＿＿＿＿＿＿だったとしたら、一体どういうことになっただろう、と思う。

　・もし＿＿＿＿＿＿だとしたら、一体どうなるだろうと思う。

　・私は＿＿＿＿＿＿ということを学習した。

　・私は＿＿＿＿＿＿ということを再発見した。

これらの授業実践を繰り返すなかで、自己理解、他者理解、社会理解を深め、日常の生活においても実践することが求められる（サイモン、1989、9-16、

32-58頁)。

3　価値の明確化理論への批判とその後の展開

　上記の価値の明確化理論の実践を繰り返すなかでは、それまで考えることがなかった多様な価値観を受け入れ、寛容性を身につけることが期待されている。しかし、この理論に関しては、次のような問題も指摘されている。第1に、価値相対主義に陥るのではないかとの指摘である。何が正しい価値なのかという問いに対して、意見の一致が見られない場合が考えられる。子どもは、親や教師、牧師、メディア、友達などからの、さまざまな異なる価値観に絶えず影響される状況にあるからである。第2に、間接的な価値注入になっているのではないかとの指摘である。つまり、意図する場合としない場合にかかわらず、教える側の価値が反映する可能性は否定できないとの指摘である。また、「これは個人的な意見ではあるが」とあらかじめ断って述べられた意見であっても、その発言や意見が教師によってなされる場合、価値の明確化のプロセスを超えて、価値の正当化を回避した教え込みになる場合も考えられる（ライマー他、2004、8-11頁）。

　このように、子どもの価値の恣意的な自己決定に何ら基準を示せず、教師の指導性を発揮できない実践として、学校現場からは子どもの放縦に任せ教室に混乱を招く教育実践として批判が上がるようになる（ウィルソン、2002、191頁）。それ以後も価値の明確化理論の授業実践は各地で継続されていったが、主要な道徳教育理論として全土で実践されることはなかったのである。

2．フィリピンにおける価値教育の成立過程

1　価値教育導入にいたる時代背景と教育改革

　フィリピンの価値教育の始まりは、先述のアキノ政権の民主化政策の一環としてであった。フィリピンは1980年代初頭には初等教育入学者が約93.1％、初等から中等教育への進学者は約54％と、アジアのなかでも高い教育水準を維持していた（文部省大臣官房調査統計課編、1985年、33-38頁）。し

かしながら、長きにわたった戒厳令とマルコスによる権威主義体制は民意を逸していた。1972年の戒厳令以降、権威主義的開発体制を堅持してきたマルコス政権の教育政策は、反人権的な開発優先政策と国際的な教育の動向を折衷する中途半端なものとなっていたのである。マルコス政権末期の1983年、後のアキノ大統領の夫であったベニグノ・アキノ（Benigno "Ninoy" S. Aquino）の暗殺を機に政治腐敗や経済政策の失敗に対する国民の不満が高まり、政権の民主化を示すために価値教育の導入が計画されていた。教えられる価値は改訂されたが、計画されていたとおり1986年からの価値教育が、民主化を推進する教育改革の一環として開始されたのである。

価値教育の特長は、その他の文教政策と協働して推進されていることにも見出される。その1つが1992年のラモス政権下において実施された社会政策「道徳心回復プログラム」（Moral Recovery Program）である。このプログラムの着想のヒントになったのは価値教育であり、その調査成果が後に価値教育に取り入れられるなど、多くの影響を与え合っている。

1990年代には、「フィリピン2000年開発計画」が策定、実行されている。これは基礎教育を充実させ、すべての国民に基礎教育を与えることを目的としており、公立初等教育が重視されていた。もう1つは、経済的に恵まれない優秀なフィリピンの若者に、政府が援助する制度を作り上げることで、これは、初等・中等・高等のいずれのレベルの教育にも適用されるものであった。これにより、かつては少なくとも1冊の教科書を10人の子どもが共同使用できるように目指されていたが、現在、教科書は1人1冊に行き渡るようになっている（野口、1998、115-129頁）。

そして2002年より新基礎教育カリキュラムと、その中核となる統合科目「マカバヤン」がスタートする。価値教育がフィリピノ語で教授される教科目（社会科、生活科、美術・音楽科、体育科）に内包されて統合科目（分野）を形成するに至っている。マカバヤン（Maka-bayan）とは、maka:「〜のために」、bayan:「郷土、国」の語意から「国（あるいは郷土）への愛情」を意味し、初等教育6年、中等教育4年全体において実施されている[1]。旧宗主国と現在の先進諸国からの多大な影響を受け続けてきたフィリピンにとって、フィリ

ピン国民としてのアイデンティティを保持することは価値教育の主要な目的の1つとなっている。

　これら統合科目は、主要4教科（フィリピノ語、英語、数学、科学）のさらなる強化とともに、価値教育をマカバヤンの諸教科目に内包して全面的に展開し、より効果的な価値教育を目指すものである。また、統合科目のなかに価値教育が内包されたことで、価値教育は諸教科目を統合する機能を果たしている。そこでは、より実践的かつ具体的に価値教育を展開することが目指される。この統合科目における価値の教授・教える価値の選択において、各学校・各教師に多くの裁量が与えられたこと、また、そのために教えられる価値や価値解釈に差異が生じる可能性があることも指摘されている（UNESCO-National Commission of the Philippines Education Committee Project, 1997, pp.38-45）。

　ただ、2002年新基礎教育カリキュラム（BEC）において、新たな目指すべきフィリピン人としての4つの国民性が示されたことには注目しなければならない。それは、「理想的な学習者は、急速に変化する世界において、生涯に渡って学習する能力を付与され、いかなる新しい状況においても、学ばなければならないことは何でも学習することのできる人物である。そのような人物はいかに学ぶかを学ぶ能力があり、ライフ・スキル（人生を生きる知恵や技術）を持って自己開発できる次のような要素を持った人物である。すなわちMakabayan（マカバヤン）：愛国心があること、Makato（マカタオ）：人間性が豊かであること、Makakalikasan（マカカリカサン）：自然を敬愛する精神、Maka-Diyos（マカディオス）：神への信仰である」（Department of Education, 2002, pp.8-10）。これら4つの社会的人格のうち、「自然への愛情」以外の3つが、先述した道徳心回復プログラムの研究成果にすでに示され、1986年革命以後の道徳心のポイントとして指摘されている（Ramirez, 1990, pp.18-19）。つまり、統合科目は一連の価値教育改革の帰結として実施され、「国への愛情（マカバヤン）」を第一義としながらも、各教科目の内容に合わせてその他の諸価値を教授することを可能にしている。一方では、マカバヤンの4つの社会的人格が掲げられながらも、明確な定義は述べられていない。それらの解釈が教授する教師に、教授される生徒個人に任されているのも注目すべき特色であ

る。このように、価値の明確化理論を採用しながらも、フィリピンにおける価値教育は明確な教育目標と目指すべきフィリピン人像を掲げている点において、フィリピンにおける価値の明確化理論は米国のそれとは状況を明らかに異にすると推定される。

2 フィリピンの価値教育において教授される価値

では、実際にフィリピンの学校教育においてどのような価値が教授されているのかを考察していく。フィリピンの価値教育において教授される価値は、「価値地図（The Values Map）」と呼ばれる価値のフレームワークに基づいて教授されている（表9-1参照）。そして、この価値地図の理念は1987年憲法に依拠している。教育にかかわる条文において「多様性の中の統一」「人間の権利としての教育」の概念、またナショナリズムや愛国心を学ぶことの重要性が述べられている。つまり、1986年革命（EDSA I）という歴史的背景において、ナショナリズムや愛国心を"人権の一部"とする思想が成立しているのである。

この価値地図は、「個人としての人間」と「社会における人間」の価値群に大別される。さらに、それらが（1）「中心価値（Core Values）」に分類され、それぞれにいくつもの（2）「関連する価値（Related Values）」を内包している。

価値地図におけるナショナリズムに関する項目に着目すると、中心価値が「ナショナリズムとグローバリズム」に統合され、フィリピン社会のグローバル化を意識した要素がさらに強調されている。つまり、ナショナリズムと国際社会への関心の統合が図られているのだが、そこでは、個人−家族−地域社会−国家−地域（アジア）−国際社会へと、フィリピン人のアイデンティティが同心円状に拡大していくと解釈している。それは、頭脳流出、海外出稼ぎなど、国際社会の抱える第三世界の課題をフィリピンが多く抱えるため、世界市民としての自覚とフィリピン人としての誇りを連動させるような国民的アイデンティティの概念が不可欠であると多くの識者が考えるからである。

表 9-1 「価値地図」：1997 年改訂価値教育フレームワーク

中心価値	関連価値
健康と自然との調和	肉体の健全さ、清潔、全人的健康、生命への敬意と尊重、環境への配慮
グローバルな精神性	神への信仰、内的平和、宗教的寛容、あらゆるものの調和
真理と寛容	真理への愛、他者の受け入れと尊重、創造性、批判的思考、未来志向、科学指向
愛と徳（善性）	徳（善性）、同情心、正直 / 誠実、信頼、自負心 / 自尊心、自律、勇気
持続可能な人間開発	職業倫理、経済的公正、生産性と品質、経済と社会発展の均衡、責任ある消費主義、資源の賢明な利用、環境の保護、企業家精神
平和と正義 / 家族	家族への尊敬と愛、家族の団結、親としての責務
平和と正義 / 社会	共通の善への関心、協調性、公平さ
社会的責任と責務	創造的な善意、積極的非暴力、多様性の賞賛、人権の尊重
ナショナリズムとグローバリズム / グローバリズム	国際理解と連帯、相互依存、世界遺産の賞賛、文化的自由、世界の平和
ナショナリズムとグローバリズム / ナショナリズム	愛国心、関与される指導性、英雄的行為と英雄への感謝、文化遺産の賞賛、自由と責任、市民意識と積極的参加、民主主義、国家的団結

（出典）以下の文献を基に作成。UNESCO-National Commission of the Philippines Education Committee Project (1997) pp.6-11.

　さらに、この国際社会の理解の仕方は、長年ユネスコと歩調を合わせてきたフィリピン教育界においては当然の帰結であり、特に、ユネスコ 21 世紀教育国際委員会がまとめた報告書『学習：秘められた宝』(1996) が、1997 年価値地図作成にも大きな影響を与え、そこで言及されるキーワードが価値地図に多用されている。つまり、価値教育の必要性と関心が 1987 年時点の民主化から国際社会におけるフィリピンの在り方に移行し、また教授される価値においても、統合科目において教授されやすい価値に細分化されたと理解できる。

　この価値地図の目標は、2002 年新基礎教育カリキュラム (BEC) においても同様であるが、具体的に次のようなフィリピン人を育成することが目的と明記された (UNESCO-National Commission of the Philippines Education Committee Project, 1997, p.2)。

（1）自己を実現し、人間の尊厳意識に目覚め、全人的に発展する。
（2）コミュニティや環境に責任を持った社会的存在となる。
（3）家族や国家の経済的安定や発展に貢献する生産的人間となる。
（4）市民として、深いナショナリズムへの意識を持ち、グローバルな団結を通して国際社会全体や国家の進歩に貢献する。
（5）現実の生活のなかで、精神的な存在の反映としての神への永遠の信仰を明らかにする。

3 フィリピンにおける価値の明確化の実践

この価値教育の教科書においては、開発し育てていかなければならない4つの人間関係が示されている。それは（1）自己との関係、（2）他者との関係、（3）コミュニティ（人々とすべての他の生き物）との関係、（4）神との関係、である。そして、各学年の価値教育の教科書は、この4つの人間関係に分けて章立てされている。

さらに、この価値教育の教科書における「価値」の説明において、先述したラスの価値の明確化理論の7つの価値選択の基準が明示されるとともに、「人間は選択し、尊重し、行動するという知的な過程によって価値に到達することができる」と価値づけ（valuing）の要点を解説し、授業で学んだ価値を実践するように奨励している（平久江、1995、39-40頁）。このように、価値の明確化理論がフィリピンの価値教育において積極的に活用され、価値教育の主要な理論として位置づけられていると理解できる。しかし、先述の価値地図に示されたすべての価値のなかから、生徒は好きな価値を選択し、学習することができるというわけではない。授業においては、教師が授業の内容に合った価値を選択し、あるいは教科書に示された価値の意味について討論しながら明確化していく。

では、価値地図に示された多様な価値を教授するため、どのような方法論が用いられているのであろうか。表9-2（価値発達アプローチとストラテジー）は、現在のフィリピンの価値教育において活用されている主要な教授法をまとめたものである。認知心理学やコールバーグ理論、そしてキャラクター・

表 9-2　価値発達アプローチとストラテジー

アプローチ	目的	方法/ストラテジー
1. 教え込み（Inculcation）―最も古く最も一般的なアプローチ	生徒の価値の浸透化または内在化。特定の望ましい価値について熟考するように、生徒の価値観を変える。	観察学習（modeling）、賞罰の組合せ、選択肢の操作（nocking, nagging, manipulating alternatives）不完全か偏ったデータの提供；ゲームとシミュレーション、ロールプレイングと発見学習、物語の読み聞かせ
2. モラルの発達（Moral Development）	生徒が高い価値に基づく、複雑な推論を発展させるのを援助すること。生徒の推論の段階で、変化を共有するためだけでなく、彼らの価値選択と価値の位置づけのために、理由を議論するよう仕向けること。	モラル・ジレンマ・エピソード（moral dilemma episode）、小さなグループで議論できる比較的構築されている事例研究の使用
3. 価値明確化（Clarification）	生徒が彼ら自身の価値と他社の価値に気づき、認識するのを援助すること。生徒が彼らの価値について、公に正直に他とコミュニケーションをとるのを助けること。彼らの感情、価値と行動のパターンを吟味するために、生徒の合理的な思考と感情的な認識の両方を助けること。	ロールプレイ・ゲーム、シミュレーション、不自然か本当の価値を持つ状況、徹底した自己分析の実践、感受性を高める活動、学外活動、小グループでのディスカッション、反応の明確化ストラテジー（CRS）価値格子、ランクづけ、グループ・ダイナミックス（group dynamics）
4. 分析（Analysis）	生活する環境にある固有の社会問題を調査するために、生徒が論理的思考と科学的手順を用いるのを助けること。彼らの価値を相互に関係させ概念化する際に、生徒が合理的で分析的プロセスを使用するのを助けること。	証拠（evidence）と同様に理由（reasons）づけを求める組み立てられた合理的な議論、原理の検証（testing principles）、類似した事例の分析、ディベート、研究（合理的なクラス討議を交えた図書館とフィールドでの個人またはグループ・スタディ）
5. 考えと感覚を超える行動する学習（Action Learning-goes beyond thinking and feeling Learning-goes）	生徒に彼らの価値を発見させて、それに基づいて行動する機会と可能性を提供すること。生徒が、完全には自立してはいないでコミュニティまたは社会の一員であるという、個人と社会を行き来する存在（personal-social interactive beings）と見なすことを奨励すること。	学校やコミュニティにおける活動プロジェクトやグループの組織化や人間関係を高める練習、上記の価値明確化や分析の方法やストラテジー
6. トランスパーソナル心理学（Transpersonal Approach）	生徒間で意識と精神的向上をより高いレベルで開発すること。人は自分の能力を十分に発揮できる個人になるために、自己発見プロセスと自己実現の重要性を強調することである。	休息とリラクゼーションのエクササイズ、瞑想と空想、想像、創造力とマインド・ゲーム、認識活動（awareness activities）

（出典）　Major Values Development Approaches and Strategies.
　　　　HP:"Values are caught & taught"by Marte, Nonita C. and Marte, Benjamin Isaac G.
　　　　http://valueseducation.net/aprrchs_dgrm.htm〔2009/08/01〕

エデュケーション（Character Education、人格教育）の方法論も導入され、現在の、特に米国の教授法の潮流を強く意識した方法論が取り上げられている。しかし、そのなかでも相対的に評価が低下するということなく、価値の明確化理論は主要な位置づけを維持している。価値の明確化理論を批判的に発展させていったその他の理論もまた、フィリピンの価値教育においては、生徒の人

格の向上を促すという目的を共有する点において、共に有効な道徳理論として並置されているとも解される。

3．フィリピンと米国における価値の明確化理論の位置づけ

これまで考察してきたように、本来の米国において開発されてきた価値の明確化理論と教授法に依拠していながらも、フィリピンの価値教育におけるこの理論への位置づけは、米国の場合と比べていくつかの相違点を含む。本節において、これまで考察してきたフィリピンと米国における価値の明確化理論の展開を比較考察し、現在もフィリピンの価値教育の中核にある価値の明確化理論の意義を明らかにする。

1 フィリピンと米国における時代と社会背景についての比較考察

米国では、民主主義と正義の国家的理念と国民に共有される物質主義や個人主義的価値観が社会に浸透してはいたが、一方で、コミュニティを支える共同体意識は米国社会を支える伝統的価値観として存在していた。この米国人とそのコミュニティを形成する伝統的価値のモレス（慣習）の構成要素として、聖書的伝統、共和主義的伝統、功利的個人主義（産業社会の公共的生活に適合的な人物像）、表現的個人主義（富の追求を退けて自己を掘り下げて表現する人物像）という4つの要素（ロバート・ベラーらの分析による）などがあると考えられるが、1960年代の米国では、キリスト教の信仰心に基づく伝統的価値観は相対化され、個人主義的趣向のみが若者を中心に支持された時期であった（ウィルソン、2002、190-192頁）。

フィリピンでは、1986年2月にマルコス政権が歴史的な民主化革命により打倒され、アキノ新政権に変わった。この歴史的な転換に際して、革命を支持したカトリック教会の権威は回復し、伝統的なキリスト教的価値観は再評価されるに至る。この新政権の下で価値教育が実施されたことには理由があると思われる。第1に、革命の混乱を防ぎ、なおかつ革命による社会変革を促進するため、第2に、価値教育によって、子ども達の健全な人格形成が

なされる必要性があったためである[2]。

フィリピン社会は、国民の9割近くがキリスト教カトリックであり、神への信仰心は第1の伝統的価値である。1986年革命によって復権したカトリック教会にとって、価値教育の導入は既存の宗教教育の重要性を相対化するものとしての批判もあったが、神への信仰を説く価値教育は、フィリピン社会において、宗教教育に準ずる意義を持つと考えられる。米国においても、米国国民の77％が神への信仰を重要と考えているという統計結果が出されているが（ウィルソン、2002、190-192頁）、価値の明確化理論がこれらの時代背景のもとで教育現場に与えた影響は、米国では相対化した伝統的価値観をさらに相対化させ、フィリピンでは復興した伝統的価値観と神への信仰心により高い価値づけをしたということになる。このように対照的な結果を導いたのは、この理論の特質の何に対する反応なのか。価値の明確化理論の2つの特質、相対主義と過程主義の理論上の観点から次に分析していく。

2 相対主義と過程主義

価値の明確化理論は、万人に通用する普遍的な真理や価値を確定することに、また、実践に参加する人物の発達段階を考慮せずに行うという相対主義の立場をとる。先述したように、米国ではこの立場自体が批判の対象となった。ファシリテーターとして高い技量を持つ教師でない限り、当時の米国のように安易な解決策へと民意が流されやすい状況にあって、教師が発問を通じて生徒自らの内発的な価値を引き出すことは極めて困難な作業と考えられる。一方、国民全体が民主化への期待を共有していたフィリピンにおいては、理論としての価値の明確化理論を採用しながらも、教授すべき価値は明確に定められており、その価値を、それぞれ異なる個人がいかに自らの価値として認識するかという点において相対主義が採用された。開発からおよそ20年後、フィリピンでは自国に適した形で理論が再解釈されたと言える。また、価値教育がフィリピン全土で施行される上で、教師の授業実践を補助する形で開始されたことが定着を可能にしたと考えられる。

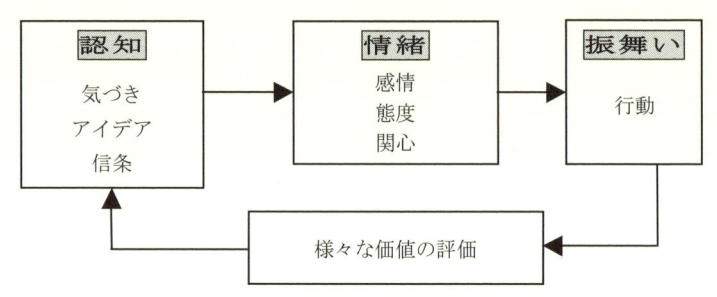

```
┌─────────┐    ┌─────────┐    ┌─────────┐
│  認知   │    │  情緒   │    │ 振舞い  │
│ 気づき  │───▶│ 感情    │───▶│ 行動    │
│ アイデア│    │ 態度    │    │         │
│ 信条    │    │ 関心    │    │         │
└─────────┘    └─────────┘    └─────────┘
     ▲                              │
     │         ┌─────────────┐      │
     └─────────│様々な価値の評価│◀────┘
               └─────────────┘
```

図9-1　フィリピンの価値教育における価値明確化のプロセス
(出典) Marte and Marte (2005/05) 掲載の説明図を基に著者作成。

　もう1つの価値の明確化理論の特色は過程主義にある。人間の本質を固定されたものととらえず、人間が感じたり、考えたり、話し合ったり、行動を起こしたりするプロセスに着眼していく。子どもの内面的なプロセスの動向にこそ価値があると考える。この過程主義の考え方は、フィリピンの価値教育の理論として中心に置かれている。これは、フィリピンの価値教育における価値の定義が「教授されるものではなく、獲得されるものである」とされていることからも理解できる。教師によっては、「教授され、そして獲得されるものである」と言い換える場合もあるが、自分の大切にしている（あるいは、大切にすべき）価値を理解するだけでなく、それを納得し、それを行動に移し、そして自らの生活規範としていけるように導くことである。ここでも、生徒の言動や振舞いを理解し、価値明確化のプロセスに導くファシリテーターとしての教師の存在が欠かせない。これは、米国のキャラクター・エデュケーションを推進するトーマス・リコーナ (Thomas Lickona) が、価値明確化理論は信ずる価値概念と個人的行為の間隙を埋めるように奨励し、価値あることと行為の一致は確かに掲げるべき目標であると述べている通りである（リコーナ、1997、254-258頁）。フィリピンの価値教育において「価値の明確化」が主要な理論として用いられているのは、それが価値教育の目的だからであり、伝統的価値観を再び価値づけしながら新しい「フィリピン人」の育成を目指すための理念とも考えられる。そして、米国においてキャラクター・エデュケーションが「尊重 (Respect)」と「責任 (Responsibility)」を民主主義社会の基本的な道徳的価値と定め、クラスの中で実践的に身につけさせ

るために価値教育の統合的アプローチを推進しているが、これはフィリピンにおける2002年度からの統合科目の実践にも類似していると考えられる。

おわりに

　サイモンによれば、米国における価値の明確化理論は大規模な人間性運動の一部をなすものであり、カウンセリングの「再評価（Re-evaliation Counseling）」やエンカウンター・グループとして知られる認知心理学の活動に含まれることにより、個人に向けられた多くの心理学的、社会学的理論の中の1つとなりうると解説する。（サイモン、1989、14頁）米国における価値の明確化理論はその他の教育理論にまで浸透し、ある場合はその一部となることで価値の明確化を可能にする実践論としてその可能性を希求するであろう。一方、フィリピンの価値教育における価値の明確化理論はフィリピンの学校教育の文脈において再解釈されて中心的な「理念」として提示されるとともに、これまでの一般的な教授法と価値の明確化理論以後の教授法をつなぎ、学習者が自分自身で生きる目的（価値）を獲得（明確化）する「行為」としても位置づけられている。フィリピンにおける価値の明確化理論への評価は今後も変わることはない。そして、「価値の明確化」の観点からの価値教育の改革は今後も継続されていくであろう。それは、国民国家形成を阻害されてきた人々に国民としての自信を与え、途上国を力強く生きるための理念であり、自己の存在に価値を与える行為だからである。

注

1　マカ(maka-)とは、「好意」や「支持」を示す接頭詞であり、バヤン(bayan)とは、町、国家、郷里、生まれた土地を指す語である（Ramos, 1974）。
2　1984年から87年までの中等教育局長であり、アキノ政権下での価値教育タスクフォースの委員長であったエスペランザ・ゴンザレス（Dr. Esperanza A. Gonzales）氏へのインタビューによる。2003年9月6日。

引用・参考文献

Department of Education (2002) *The 2002 Basic Education Curriculum,* 7th Draft, April 15.
Marte,Nonita C. and Marte, Benjamin Isaac G. (2005) "Values are caught and tanght, "http://valueseducatin.net/aprrchs_dgrm.htm[2005/05].
Ramirez, Mina M. (1990) *Movement Towards Moral Recovery: Value-Clarification for Social Transformation: A Trainer's Manual,* Manila: Asian Social Institute Printing Press.
Ramos, Teresita V. (1974) *Tagalog Dictionary,* The University Press of Hawaii, Honolulu, Second Edition, p.42, p.177.
UNESCO-APNIEVE (1997) *Learning To Be: A Holistic and Integrated Approach to Values Education for Human Development,* UNESCO Bangkok.
UNESCO-National Commission of the Philippines Education Committee Project (1997) *Values Education for the Filipinos,* Revised Version of the DECS Values Education Program.
J. ウィルソン監修（2002）『世界の道徳教育』押谷由夫・伴恒信編訳、玉川大学出版部.
シドニー B. サイモン（1989）『教師業ワークブック』市川千秋・宇田光訳、黎明書房.
ジャック・ドロール（1997）『学習：秘められた宝』ユネスコ「21世紀教育国際委員会」報告書、天城勲監訳、ぎょうせい.
長濱博文（2005）「フィリピン統合科目における価値教育理念の検証―異教徒間の国民的アイデンティティ形成に着目して―」『比較教育学研究』第33号.
野口純子（1998）「フィリピンの初等教育」『発展途上国における教育開発過程の構造と特質に関する研究―アジア・モデルの模索と将来展望』平成8・9年度科学研究費補助金（萌芽的研究）代表者廣里恭史、研究実績報告書.
平久江祐司（1995）「フィリピンの価値教育のための教育―中等学校における『価値教育』を事例として―」『筑波社会科研究』筑波大学社会科教育学会編、第14号.
諸富祥彦（1997）『道徳授業の革新―「価値の明確化」で生きる力を育てる（新しい道徳授業づくりへの提唱）』明治図書.
文部省大臣官房調査統計課編（1985）『フィリピンの教育』教育調査第115集、文部省大臣官房調査統計課.
J・ライマー／D・P・パオリット／R・H・ハーシュ（2004）『道徳性を発達させる授業のコツ：ピアジェとコールバーグの到達点』荒木紀幸監訳、北大路書房.
L. E. ラス／S. B. サイモン／M. ハーミン（1992）『道徳教育の革新―教師のための「価値の明確化」の理論と実践』福田 弘・遠藤 昭彦・諸富 祥彦訳、ぎょうせい.
トーマス・リコーナ（1997）『リコーナ博士のこころの教育論：〈尊重〉と〈責任〉を育む学校環境の創造』三浦正訳、慶応義塾大学出版会.

10 戦後フィリピンの教育改革と
　　国民の受容の特徴について
――大土地所有制度という社会構造を持つ社会の観点から

中里　彰

はじめに

　「フランス革命時、近代地主的大土地所有と農民的小土地所有を主軸とするフランス農業の推転は、1,000万人（当時のフランスの全人口約2,300万人）に達すると思われる貧農層を革命のそとに取り残したままで進められた。―(略)―19世紀になって産業革命が進行するとともに、貧農の離村がはじまることで『農業危機』は一応の安定をうることとなるであろう」（河野、1959、192頁）。

　この革命時のフランス社会の状況は、今日のフィリピン社会を説明するのに非常に役立つ。そこでいう「近代地主的大土地所有」「農民的小土地所有」そして「貧農層」も現代フィリピン社会にその存在を認めることができるからだ。それゆえ深刻な「農業危機」も存在する。一方フランスに存在し、フィリピンに欠如しているものがあるとすれば、それは産業革命（＝工業化）であろう。つまり、貧農が「産業革命」によって離村し、農業危機が一応の安定を得ることがない。以上は単純化した図式ではあるが、これが本章のフィリピン社会について考える初期条件の基礎的部分である。この「貧困」と「産業革命（＝工業化）の不首尾」が、フィリピン社会が抱える最も大きな問題の1つである。さらにフィリピン社会の問題の様相を複雑にしている要因として、過去の植民地支配の影響を挙げなければならない。

　それはスペイン及びアメリカ合衆国、日本の植民地支配を受け、そこで得たカトリック信仰、肉体労働の軽視、デモクラシー思想、英語の使用、弱い

国家統合（国語の不在など）といった植民地支配の遺産である。これらが初期条件の残りを担っている。

　以上のような社会構造の中で、第二次世界大戦後、教育改革は展開されてきた。その結果、今日のフィリピンは頭脳流出国家（brain draining）であり、海外に多くの労働者を輸出する国家（brawn draining）として認知されている。国庫収入の1～2割が、海外のフィリピン人労働者が送金してくる仕送りからなっている。一体なぜそのような国家になったのか？

　土地問題の専門家であるラデジンスキー（Ladejinsky, 1899～1975）は以下のように述べている。「アジアの国々は2つとして似ていないが、しかしそのすべてに共通した一定の特徴がある。土地所有制度がそのうちの1つである。極東においてであれ、東南アジアにおいてであれ、小農の多年にわたる悲惨な状態は、根源を同じくしている。しばしば、あまりにも多くの人間が、あまりにも少ない土地に圧力をかけている」（ラデジンスキー、1984、302頁）。この点に着目して、著者は農業における「貧困」に焦点をあてて、フィリピンの教育を解釈したい。そして、フィリピン政府が推進する教育改革を、フィリピン国民はいかに受け止めてきたかを、この社会構造との関係で考察してみたい。

1．大土地所有と貧困

1　誰が貧困か？

　フィリピンにおける大土地所有制はスペイン統治時代の19世紀後半に確立され、20世紀初頭の米国統治時代に制度的に強化された。つまり、この時確定された所有権は、自由に使用、収益、処分できる絶対的所有権とされた。農民の大半は、法律の存在すら知らず、土地の慣行的権利を失った。フィリピンの不在大地主と広大な教会所有地は、第二次世界戦前に形成されたのである（大野、2005、57頁）。

　このフィリピンの土地所有制度の下で働く人々の中に、貧困は存在する。「貧困者とは、収入が彼らの物理的生存を維持するのにやっとという水準に

あり、他の社会的要求へのアクセスを制限されているか、アクセスの手段を持っていない人々である」（カリャンタ、1991、17頁）さらにフィリピンの場合、貧困について3つの概念が用いられている。「相対的貧困」「絶対的貧困」「感知変数（例えば、1つの家族が自分たちを貧困でないと考えることができる感覚的な最低限の必要）に基づく貧困（カリャンタ、1991、17-18頁）」である。先進国ではこの絶対的貧困層が相対的に少ないとみなすことができよう。

アブレラ（Abrera, 1976）によれば、1971年にはフィリピンの家族（=世帯）の56％が食料の基準点（絶対的貧困測定のための貧困。線を引く際に必要な構成要素が食糧であることから用いられている用語）（カリャンタ、1991、19-20頁）以下の収入しか得ていなかった。家族単位の貧困率は、農村地域で64％、マニラ34％、他の都市地域39％となっている。基準点以下の分布状況は、農村地域が78.2％、マニラ5.4％、他の諸都市が15.8％である。家族数を人口に直すと、総人口の60.5％が貧困線以下であり、居住地域別では、農村地域が68.9％と群を抜いて高い（カリャンタ、1991、23-24頁）。

アブレラによれば1985年には、食料の基準点以下の収入の家族比率は64.3％とさらに増加している（カリャンタ、1991、23頁）。同年、イギリスのBBCが行った調査でも、自分を貧困者と思っている者の割合は74％であった。これらの者のうち、88％は農村地域の人々であった。職業的に見ても、最も高い貧困率は農業（79％）、次に漁業・林業・狩猟（77％）、そして賃金・俸給（71％）の順となっている（カリャンタ、1991、27, 31頁）。1970年代から1980年代にかけて、貧困の度合いは拡大していることになる。

1982年の調査（保健省食糧栄養調査研究所）では、全国の児童・生徒10人のうち7人は何らかの形で栄養失調であることが判明した（カリャンタ、1991、41頁）。つまり、フィリピンで貧困にあえぐ者達は減ることはなく、むしろ増える傾向にあること、中でも農村部の農業従事者に集中している。

2　農業従事者の貧困

農業従事者が皆、貧しいのではない。農業従事者のうち土地なしの農民が最も貧しい。土地なし農民とは、土地なしの米・とうもろこし栽培農民、土

地なしの砂糖きび労働者、土地なしのココナッツ労働者、周辺漁民、及び他の作物のプランテーションで働く資産のない者である（カリャンタ、1991、52頁）。つまり農業労働者を意味する。

　土地なし農民すなわち農業労働者は結婚しており、世帯の規模は4～9人である。彼らの平均年齢は40～45歳で、だいたい初等教育を受けている。移動農村労働者として働く者もいる。データは少し古いが、1963年から64年までルソン島の典型的な稲作中心の村（中部ルソンに位置するブラカン州バリワグ町カトリナン村）で調査した高橋彰は、小作農と農業労働者（高橋は農村労働者という言葉を使用）について次のように述べている。「この村を観察していて感じる特徴的なことは―（略）―小面積を貸付けている老女と生産から隠居した老人の世帯2戸を除いた残りは全て零細な小作農か農村労働者なのである。小作農も農業労働を主とする兼業収入に大きく依存しており、実質的にはプロレタリア化しているといえる。しかも、小作農の地位は不安定で農村労働者との間にはしばしば交替がみられる。この両者のあいだには画然たる階層差があるのではなく、むしろその差は不明確でかなり交錯している」（高橋彰、1969、50頁）と。フィリピンでは二期作が行われているため、農業労働の需要は年中、存在する。さらに、農民や小作農の負債を地主は兼業収入から取り去ることはしないので、農民はいきおい兼業労働に向かう。しかし、このことは自己の農業生産を高めることには向かわない。なぜなら農業生産が高まれば高まるほど、地主によって収奪されるからである（高橋彰、1969、66、96頁）。主要作物として米を栽培しているところでは、どこでも土地なし農業労働者が優勢である。彼らは、地域的には、圧倒的に、中部ルソン、西ルソン、西ビサヤ、ビコール、南ミンダナオに見られる（カリャンタ、1991、61頁）。

　稲作地域では分益小作制（一定の経費分を天引きした後、地主と小作の間で収穫物を折半させるシステム。筆者注）が優勢で、そこで農業労働者のうち、土地所有のための土地移転証書を保有している者の割合は僅か5％に過ぎない。稲作地域の農業労働者で注目すべきことは、小作人及び借地人の場合は、たとえ土地なしであっても、土地の耕作権を獲得していたという事実である。ルソン

島ラグーナでは、約20年の間（1959～80年）小作権の料金相場は年率にして14％ずつ上昇した。しかしレイテ島のレイテでは土地移転証書の所有者は、土地なし労働者の2倍の現金収入を得ている（カリャンタ、1991、62,65頁）。

ビサヤでは、250万ヘクタールのうち約70％が実際の生産者の所有ではないし、ルソンでは稲作農民の70％、砂糖生産農民の50％は土地なしである。土地以外の生産資産について見ると、土地なし農業労働者は一般に小さな鎌、大ナイフ、穀物乾燥用のむしろ以外の農機具を所有してはいない。彼らは地代のかからない土地に作った間に合わせの家に住み、自作農と比較すると、安全な水源、清潔な住宅設備、耐久消費財の所有の点で、例外なく劣っている。かなりの土地なし世帯がトランジスタ・ラジオ程度は所有している（カリャンタ、1991、63頁）。

農業労働者は、以上のような貧困の状況下に置かれているにもかかわらず、依然として封建的な軛から解放されていない。その軛とは、1つはプレンデス制（prendes）であり、他の1つはパクヤワン制度である。プレンデス制とは、農業労働者が、来たるべき収穫期に雇ってもらうために、植え付けあるいは除草の仕事を無償で行うことである。また、パクヤワン制（pakyawan）とは、農業労働者による植え変え、草取り及び収穫の全過程に対して固定賃金が支払われるもので、プレンデス制も、パクヤワン制も搾取的慣習と言われている（カリャンタ、1991、65頁）。

フィリピンの土地なし農業労働者は「小作人を解放し、より多くの自作農を作る」という土地改革計画からも排除されている。彼らは融資を受けるための物的担保を持たないため、商業信用へのアクセスを断たれ、農地改革の対象になった農民が、償還保証のために加入する協同組織のメンバーになる資格さえ有していなかった。また彼らは農民組織にも所属していない。その理由としては①直接、間接の抑圧、②厳しい競争及び他の労働者たちと公然と同盟することによって生じる地主（パトロン）との間の関係悪化を避けようとすることがもたらす労働者の分裂、③自分達の苦境の責任はもっぱら自分達にあるという土地なし農業労働者の考え方の3つが挙げられよう（カリャンタ、1991、62-65頁）。

このような土地なし農業労働者の教育へのアクセスの程度は低い。就学の形態では、農民と土地なし農業労働者の7〜12歳のグループの子どもの就学率は共に高いものであったが、これより年長のグループでは両者の間の格差は拡大している。

　フィリピンの初等教育は、1974〜75年に行われた調査（Survey of Cutcomes of Elementary Education）によれば、小学校の卒業者は平均して、学習すべき内容の約65％しか吸収しておらず、最も不足していたのは、読み・算数・言語（タガログ語、英語、地方語を意味する。筆者注）であった。彼らは高水準の「機能的非識字」、すなわち新聞のような類のものを読む能力に欠けている。最もひどいところはミンダナオ、結果が最も良かったところは中部ルソンと南タガログであった。NEDAの統計によれば、小学への入学者は、5年（1980〜85年）の間は実質的には増えず、年平均増加率は1.08％にとどまった。一方、高校及び大学への入学者は、同期間にそれぞれ2.64％、5.3％という高い増加率を示した（カリャンタ、1991、48頁）。

　つまり、貧しい土地なし農業労働者の子弟は初等教育で教育を終え、他の職業分野の子弟の多くは中等・高等教育へ進学しているということになる。また、初等教育で教育を終了する子弟達のかなりの者が機能的非識字のレベルであることが推測されうる。ではフィリピン政府は自作農創設のために、いかなる政策を施してきたかを次にみよう。

2．政府の土地改革政策

　1946年に独立して以来、歴代のフィリピンの大統領は自作農を増やし、農民が経済的に自立できる豊かな生活を目指して、農地改革の推進に努力してきた。その結果、自作農は増えた。しかしそれは零細農、貧困農が増えたのであって、小規模地主が解体されただけであり、大規模地主が消滅したわけではなかった。1955年制定の土地改革法、1963年の農地改革法、1971年の包括農地改革法の順で改革のための法律は着々と制定された。しかしこれほどに時間をかけてやってきた割には、効果は弱かったのである。その1

つの理由として、フィリピンの議会は伝統的に地主と大実業家の支配下に置かれているため、これらの法規定が地主に極めて有利に働いたからであった（大野、2005、62-63 頁）。

　土地改革に 2 つの方法がある。すなわち、第 1 は従来の土地所有者に有利に行うか、第 2 として、勤労する農民大衆に有利に行うかというものである（河野、1959、145-146 頁）。フィリピンの場合、日本と異なり、議会が地主階級に牛耳られていたことが、第 1、すなわち従来の土地所有者に有利な政策を行わせることになったのである。

　参考例としてこの問題をクリアした日本の場合を見ておきたい。フィリピンの土地問題の理解を容易にしてくれるからである。まず第二次世界大戦後、日本を占領した連合軍 GHQ（総司令部）の命令であったこと。それは 2 つの法律（「改正農地調整法」「自作農創設特別措置法」）によって実施されたこと。この 2 つの法律の内容は、主として①不在地主の所有地の全てを国が強制買収し、それを小作農に売り渡した。②在村地主の場合、1 町（1 町 = 9,917m^2、北海道は 4 町）を超える貸付地全てが強制買収の対象になった。③自作農の最高保有限度を都府県では 3 町（北海道は 12 町）としたことなどが挙げられよう（大野、2005、12 頁）。

　また地主は、雇用している小作人が農地取得希望を持っている限り、その値段がどうであろうと、他の買い手に貸付地を売ることは許されなかった。また幸運というべきか、当時、インフレが猛スピードで進行していたので、小作農の大半は、農地を譲渡された年から 1〜2 年以内に農地代金の支払いを完済できたのである。その結果、農地改革の立法制定 2 年後には約 200 万町歩の耕地と牧野が不在地主、不耕作地主から買収され、その 8 割以上が以前からの小作人であった農民に売り渡された。農地改革を推進した以上 2 つの法律には、地主達にとって有利な点は何一つなかったのである（大野、2005、13-14 頁）。まさに日本の土地改革の方法は、従来の土地所有者にではなく、勤労する農民大衆に有利に行われた。その後農村の余剰人口は、工業化の推進にともなって吸収されていった。

　以上の日本の特殊な状況とは異なり、フィリピンでは地主と実業家に議会

が支配され、土地政策は従来の土地所有者に有利になるよう進められた。例えば1987年、政府の土地改革に対して「秩序ある改革のための地主委員会」はマニラのビジネス街マカティで行政命令実施反対の声明書に血判を押し、全国的不服従運動を展開し、政府の強制執行に対しては実力をもって抵抗するとの驚くべき決意を表明した。また翌1988年3月20日には、ミンダナオ島のダバオ市で開かれた全国地主会議で、ホルテンシア・スタルケ下院議員が約600人の参加者を前に演説し、農地改革阻止のため「武器を取って闘え」と訴えている（中村、2008、117-118頁）。このように議会、及び社会のいずれにおいても地主側は強い反対の立場を貫くことができた。

　結果として、フィリピンの土地改革はどうなったのか。これについては、ジェームス・イーダーがパラワン島で行った調査報告の内容が示唆に富んでいる。イーダーによれば第1に中部フィリピンのサンホセ（パラワン島）は土地を全く持たない農家が1971年には全農家の1/3であったが、1988年には5割近くに増加したこと。第2に、全農家の74.5％が0.5ヘクタール未満の土地しか所有しない零細農であること。1世帯当たりの平均所有面積は1971年の3.16ヘクタールから1988年の0.98ヘクタールへと激減した。第3に、5.01～10ヘクタール所有の農家は17世帯（15.18%）から8世帯（2.88%）へと減少していること。第4に、1971年と比較して1988年には零細農・貧困農が増加したにも拘らず、15.01～20ヘクタール所有の2世帯と20ヘクタール所有の1世帯とは、1988年においても全く変りがないことである（大野、2005、64頁）。

　つまり20世紀後半に強力に進められた土地改革はそれまで自作農で、かなりうまくやってのけた農民の多くも零細農民に転落していったのである。土地の所有権も小作権もない土地なし農業労働者は、より良い雇用機会を求めて都市その他の発展している地域に移住した。しかし、工業部門の吸収力は極めて低く、土地なし農業労働者は荷揚人足、作業員、くず拾い、行商、都市失業者の隊列に加わり、最悪の場合、スラムの住民となる。この土地なし農業労働者70万世帯のすぐ上の層に、次は、いつそうなる運命になるか分からない多くの零細農民が控えている（カリャンタ、1991、75頁）。

3．戦後フィリピンの教育政策と経済発展

　経済学者のウィリアム・イースタリー（William Easterly, 1957〜）は発展途上国の教育について次のようにコメントしている。

　「政府の活動が所得移転のインセンティブを高めるのではなく、経済成長へのインセンティブを高めるときにのみ、教育が効果をあげるのである。
　―(略)―政府が無償の公的教育を提供したり、児童に通学を強制したりすることを中心にして、教育の拡大を図っていることにある。初等教育を普及させるという政府目標があっても、それだけでは経済成長をするのに必要な将来へ投資するインセンティブを高めることはできない。将来へ投資するインセンティブの高い国とインセンティブのない国とでは、教育の質が異なっているだろう。―(略)―将来に投資するインセンティブがなく経済が停滞している国では、生徒は授業中にだらけていたりサボったりするし、親は子供を学校からやめさせて畑で働かせ、教師は生徒の子守りに堕して時間を浪費することになる」（イースタリー、2009、114頁）。

　1節、2節で見てきたように、フィリピンの国民の大半は貧しさと闘い、その貧しさの代表とも言うべき人々は土地なし農業労働者であり、小作農はそれより上位にあるとしても、その境界線は曖昧である。1946年の独立以来、フィリピンは自作農を増やそうと努力してきたのであるが、結果的には零細農家を増やすだけに終わり、大土地所有者はさほど減少していない。つまり貧困の度合いはさらに強まり、農民の間における、階級間格差は拡大の一途を辿った。一方、これら貧しい人々を吸収することのできるような工業化または、産業化は進まなかったのである。換言すれば、フィリピンは政府がいかに教育の拡大を図ろうと、経済成長をするのに必要な将来へ投資するインセンティブがなく、したがって停滞する国のケースとしてみなしてるのではないか。

4．ドロニラの衝撃
——フィリピンの学校教育はフィリピン人を作っているか？

　1989年に出版されたドロニラの著書（Doronila, 1989）は衝撃的な内容をもっていた。というのも、その内容がフィリピンの子ども達は学校教育を通して、外国を愛するように育てられているということであったからである。ドロニアの調査によれば、フィリピンの子どもの95％は外国に住みたい、つまり外国の市民になりたいという結果が明らかにされている。彼らはまたアメリカ合衆国や日本を最も好ましい国と思っており、自国フィリピンに対する好意の度合いを常に2位または3位に置いている。アメリカ合衆国の子どもたちの92％が自国を1位に選ぶのとは対照的である。特に生徒の学年が上がるにつれ、自国に対する好意は低下してゆく（Doronila, 1989, p.72）。

　果物について見るとフィリピンの子どもが最も好む物は熱帯の国では生産できない「リンゴ」である。たとえフィリピン産の果物を欲しても、その意志を貫くプライドを持ち合わせてはない。彼らにとって外国の客人を家に迎えてもてなす時の食べ物はアメリカの「ホットドッグ」「スペアリブ」なのである（Doronila, 1989, p.82）。「ペンパルや義理の兄弟を持つとしたら」という設問にフィリピン人を選択するのはそれぞれ、2.9％、7.25％と低い数字が挙げられた。最も好まれる義理の兄弟としてはアメリカ人が選ばれている（Doronila, 1989, p.86）。またフィリピン人という選択は、調査対象者の所属する各語族集団（地方語集団）への忠誠を超えてはいない。学年が上昇するにつれ、他語族への偏見は強化されている事実が判明した（Doronila, 1989, p.83）。ここでは近代的な国民意識に基づいた「フィリピン人」という言葉が何を意味するかが理解されておらず、それのみならず他国民、特にアメリカ人と同一化しようとする強い傾向が明らかにされた（Doronila, 1989, p.74）。因みにフィリピン史上最も注目すべきフィリピン革命を、誇るべき事件と考える子どもは僅か1.9％しかない（Doronila, 1989, p.80）。

　以上のドロニアのフィリピン教育への鋭い指摘は、フィリピン社会を震撼させた。それは我々は国民形成に失敗しつつあるのではないかという衝撃で

あり、危機意識に基づいた教育改革への強い意志の再確認である。

5. 戦後の教育改革は成功したか

本節ではこれまで見てきた2つの視点から戦後、フィリピン政府が行った主要な教育改革について紹介したい。

1 教授用語について

まず1946年の独立後、フィリピンは初めてアメリカ植民地時代の押し付けの教育から開放され、自前の教育を打ち出すことが可能になった。最初の国民教育を動かした大きな要因はナショナリズムであった。教育内容のフィリピン化を進め、初等学校の1年から社会科の導入、国旗掲揚式、愛国カレンダーなどで植民地人ではない「フィリピン人」の形成を目指した（中里、1989、177頁）。しかし、最も困難な問題は教授用語であった。国民統合という観点からすれば、バハサ・インドネシア（インドネシア語）や、バハサ・マレーシア（マレーシア語）などがすでに存在していれば良かったのであるが、今のところまだない。国語化予定のタガログ語（1937年に国語として指定された）が、他の言語を用いる集団からは距離を置かれ、足踏み状態に陥っている。1957年にはタガログ語以外の地方語を初等教育第2学年までの教授用語にした。これは教育による国語推進のための民族化と言うより、種族語受容の広い意味での民族化と考えられる。一方で英語とタガログ語は言語教科及び教授用語として用いられた。その後、1974年地方語は廃止の憂き目にあうが、初等教育の第1学年で使用可として、復活の兆しがあった。しかもこの時にはアラビア語使用も許可されたのである（中里、1989、177-180、183頁）。しかし、社会科を除く他のほとんどの教科では依然として英語が用いられている。基本的には、この問題はフィリピン社会の統合の程度に応じたものにならざるを得ない。ドロニラの研究によれば、生活言語である自己のフィリピン言語（例えばタガログ語、セブアノ語、パンガシナン語などのいずれかの言語）を用いる集団（tribe）に対する忠誠心の方が、フィリピンの「全体社

会（nation）」に対するそれよりも強いこと、及びフィリピン以上にアメリカに対する強い憧れを持っている事実から当分、地方語、タガログ語、英語の関係は変わらないであろうということが予想される。特定の言語を国語に発展させることは教育を通じてしかできないし、学問、ビジネス言語の英語の使用をやめることも現実的ではない。前述の、土地なし農業労働者の子弟にとって、地方語は生活言語であり、タガログ語族でなければ、タガログ語及び英語は学校言語である。とはいえ、彼らは英語を身に付け、英語で会話ができるようになればアメリカに行けるだけではなく、世界に出て行くことが可能となる。たとえ英語が植民地時代の遺産ではあったとしても、この言語はフィリピン人と世界を結ぶパスポートなのである。ここに高等教育終了者の頭脳流出、労働者としての中等教育終了者の海外への流出という根本的な原因があるのではないか。

2　2-2プラン

　次に興味深いのは、現在はすでに廃止された制度であるが、1957年から実施された中等教育改革である。これは4年の普通中等教育の最初の2年間は共通コース、後半の2年間は就職コースと進学コースとに分かれるものである。しかし就職コースを終了した者の83％が上級学校に進学している。つまり、アカデミックな教育への指向がいかに強いかを、その事実によって知ることができる。さらに、この職業コースには保護者からの反対もあった。2-2プランは成功せず、1973年にコースの区分けを止め、職業科目は減少させられた（中里、1989、185-186頁）。

　これについてはスペイン統治時代の悪しき植民地支配の遺産として、職業教育の軽視を、肉体労働の軽視のあらわれだとも解釈できよう。しかし、フィリピン社会の「貧困」という立場から職業教育を理解すれば、この傾向は「貧困からの脱出」を目指しているのではないかと解釈することも可能である。つまり、労働者の道（＝貧困）からの脱出、さらには、それが高等教育への進学（豊かな生活）に向かわせているのではないのか。ではこの中等教育と接続する大学教育についてはどうなのか、特に大学進学についてみてみ

たい。

3　大学進学について

　フィリピンの大学は依然として私立大学が占める割合が大きく、それらはかなり企業的性格が強いものである。ここでの大きな問題は学生の専攻分野の偏りにある。1960 年代から高等教育進学者数が急激に増加した。ところが、入学志願者は「人文」「商学」「経営」系の学部志向が強く、「農業」は人気がなかった（中里、1989、190 頁）。

　当時の大学志願者は、「貧困」の象徴である農業を避けて、それ以外の分野を目指す者が大多数であったし、主流でもあった。この特定分野への志願者の偏りを是正するため、政府は 1973 年から全国大学入学試験（NCEE）を開始した。専攻分野の偏りはかなり是正され、農業などの分野でも学生数が増加したことが示された（中里、1989、191 頁）。しかし、彼らは農業の指導者、研究者を目指しているのであって、農業からの脱出を志していることは否定できないのである。まず大学に行くこと自体が貧困からの脱出、または自己の階級の維持のためと考えられているのではないのか？。1970 年代は零細農民の数が急速に増加した時代であり、入学志願者も、その社会の動きを敏感に感じ取っていたと推測できる。

4　バランガイ・ハイ・スクール

　1977 年に、それまでスペイン語のバリオ（村）・ハイ・スクールと呼ばれていた学校が、バランガイ（タガログ語の「村」）・ハイ・スクールと名称変更された。名称変更だけでなく、その性格や目的も変えられたのである。バリオ・ハイ・スクールの時は単に村落地域の青少年に中等教育を与える学校であった。しかし、名称の変更と共に、コミュニティ・センター化し、コミュニティのニーズや資源が直接教育内容と結びつけられた。学問的教科の時間数が減らされ、成人や中途退学者に労働技能を与えることも意図されていた。（中里、1989、185-186 頁）。

　すでに見てきたように、土地なし農業労働者の家庭は初等教育しか受けて

いないものが大半であったから、村落地域には中等教育未終了者がかなりいたはずである。この学校は社会教育機関のような性格を有し、しかも農民も対象とするならば、かなり実践的なスタイルの学校と考えられる。バランガイ・ハイ・スクールは以後、国家の財政援助を得て次第に発展してゆくが、この学校が最もフィリピン農民にマッチした学校かもしれない。なぜなら、より高い学歴と貧困を改善する労働技能を与えられるからだ。

5　価値教育

「ドロニラの衝撃」で述べたように、フィリピンの公立小学校は、「フィリピン人」を形成しているのではなく、外国の市民、特にアメリカ市民に憧れるような子どもたちを養成していることが明らかにされた。フィリピンのナショナリズムに対しては、かつてレナート・コンスタンティーノが「フィリピン人を他国民と区別することはできても、民族的自覚があったといえるのか」と厳しい疑問を提出していた（コンスタンティーノ, 1975, p. 108）。

しかし1986年、ピープル・パワー革命によってマルコス大統領を追放し、フィリピン国民はそのナショナリズムノ高揚に酔っていた。しかし、まさにこの時期にドロニラの告発がなされたのである。彼女の調査結果は、その後フィリピン教育改革推進の起爆剤であった。その告発を聞いた多くのフィリピン人は夢から眼を覚まし、学校教育を変えなければならないと気づかされたのである。そこから出発したのが価値教育であった。それは愛国心を全面に出したものだった。もっともなことである。この教育改革に取り組んだのが土地改革に消極的な姿勢を取ったアキノ政権であった。1988年には中等教育が無償になり、初等教育の4〜6学年の3年間、及び中等教育の4年間、価値教育は1日1回行われる授業科目「マカバヤン（愛国心）」となったのである（9章参照）。そして1997年の価値教育の改訂はさらに興味深いものとなった。特にナショナリズムとグローバリズムを加えた箇所である。グローバリズム分野は「国際理解と連携」「相互依存」—(略)—「文化的自由」「世界の平和」、ナショナリズム分野では「愛国心」「関与される指導性」—(略)—「民主主義」「国家的団結」などから成る。しかし、ここで

皮肉な見方をすれば日本やアメリカに興味を持つことはグローバリズムとも考えられよう。しかも、グローバリズムを含むことは、海外に出国する人々の行動を正当化できるかもしれない。「国際理解」「文化的自由」「相互依存」は十分にその根拠を与えるのではないだろうか。脱出のエネルギーは蓄積され、それにブレーキを掛けるのが価値教育かもしれない。その教育方法には、ティーム・ティーチングや生徒のグループ学習などが取り入れられ、生徒の態度変容を求めている。唯一、気になるのは、その学校の生徒達が同一の地方語を使用する集団の場合、ドロニラが下したエスノセントリズムにとどまり、ナショナリズムの教育に支障をきたすかもしれない。とはいえ、ドロニラの診断に対する治療方法は、これが現在のところは最も効果的なものであろう。なぜなら価値教育は全カリキュラムの中心に位置し、その周辺にアカデミックな教科さえ配置されるという現状を見ると、その意気込みたるや凄まじいからである（本項は長濱博文氏の「フィリピンにおける価値教育理念の検証」に全面的に負う）。

おわりに

　フィリピンの学校教育は、ただ、教育のみにエネルギーを注いだところで、経済学者イースタリーが喝破しているように、効果はないのではなかろうか。これまでの土地政策の結果は零細農民を増やし、貧困は深化した。ナショナリズム的行動よりも前に多くのフィリピン国民は明日の生存、生活を考えているだけではないだろうか。そのため英語を武器に海外に筋肉流出して、肉体労働者となり、研究者はアメリカに頭脳流出して、頭脳労働者となっているのではないか。まさにこれは貧困からの脱出であり、貧困からの脱出はフィリピンからの脱出にならざるを得ない。武器としての「英語」とニッチを求めての「貧困からの脱出」という２つの要素がフィリピンの教育に対する国民の特殊な受容行動ではないだろうか。

　もし進化教育学というものがあるとすれば、子孫の安全な繁栄が予想できず、自分の生命が危ういとすれば、どんな人間もサバイバルのために別の集

団に死を賭してでも移ろうとする現象を学術的な側面からとらえうるのではないだろうか。そして今日のフィリピンは今まさにそういう状態にきているのであろう。

またもし、そういう事態を避けたいのであれば、一方で教育を推し進めながら、種族でなく、民族としての「フィ̇リ̇ピ̇ン̇人̇」の育成を急ぎ、他方で貧しい人々を吸収できるような産業を発展させなければならないであろう。大土地所有者と事業家が支配する議会が利害感情を脱して、「貧困」の撲滅を決断すれば、その時こそフィリピン国民は「特殊な行動」を取ることをやめるのではなかろうか。

引用・参考文献

Abrera, Ma. Alcetis (1976) "Philippine Poverty Threshold", in Mahar Mangahas, ed., *Measuring Philippine Development*, Development Academy of the Philippines.

Doronila, Maria Luisa Canieso (1989) *The Limits of Educational Change-National Identity Formation in a Philppine Elementary School*, University of the Philippines Press.

ウィリアム・イースタリー（2009）『エコノミスト　南の貧困と闘う』東洋経済新報社。

大野徹（2005）『アジアの農地制度と食糧』晃洋書房。

R.S. カリャンタ（1991）『フィリピンの貧困』連合出版。

河野健二（1959）「土地改革」桑原武夫編『フランス革命の研究』岩波書店。

レナート・コンスタンティーノ（1975）「民族的自覚の問題」『思想』610号。

高橋彰（1969）「バイオ＝カトリナン　フィリピンの米作農村」大野盛雄編著『アジアの農村』東京大学出版会。

谷口興二編（1983）『アジア開発の経験と展望Ⅲ　アジアの工業開発と雇用問題』アジア経済研究所。

中里彰（1990）「フィリピン」綾部恒雄・永積昭編『もっと知りたいフィリピン』弘文堂。

中里彰（1989）「フィリピン―植民地的状況からの脱却をめざして―」馬越徹編『現代アジアの教育』東信堂。

中村洋子（2008）『【改訂版】フィリピンバナナのその後』七つ森書館。

長濱博文（2005）「フィリピンにおける価値教育理念の検証―異教徒間の国民的アイデンティティ形成に着目して―」『比較教育学研究』33号、116-119頁。

ウォルフ・ラデジンスキー著、ワリンスキー編（1984）『農業改革　貧困への挑戦』日本経済評論社。

11　タイにおけるシティズンシップ教育

平田　利文

はじめに

　1990年以降、グローバリゼーションの波が押し寄せ、タイ社会は大きく変化した。96年前後には、グローバル化に対応するための教育政策が矢継ぎ早に打ち出された。ところが、97年には予想もしなかった経済危機に見舞われ、国家存亡の危機に直面することになる。このことがタイ社会の政治、経済、社会、文化、そして教育の面での改革を迫った。97年にタイ王国憲法が発布されたのを受けて、99年には国家教育法が誕生した。この教育法により、タイの教育は抜本的に改革されることとなる。この教育法の内容をひと言で言えば、グローバル・スタンダードなタイ国家を建設し、21世紀を生き抜くタイ人を育成することをねらいとしている。

　こうしたタイ人育成のための教育は、まさに国民教育、公民教育、市民教育である。タイでは、シティズンシップ教育は公式には行われていない。本章では、シティズンシップ教育という観点からタイの教育を検討した場合、どのようなシティズンシップ教育が行われているのかを明らかにする。

1．教育改革とシティズンシップ教育（ポンラムアン・スクサー）

1　1999年国家教育法[1]におけるシティズンシップ（クワームペン・ポンラムアン）

　国家教育法におけるシティズンシップ教育関連の規定をみると、まず、教育とは、身体、精神、知性、知識、道徳すべての面において完全な人間に形

成し、生活していく上での倫理や文化を身につけ、幸福に他者と共生できるようになることが目的とされている（第6条）。具体的には、国王を元首とする民主主義制度を正しく認識すること、権利、義務、自由、法律の遵守、平等、人間としての威厳を護持・促進すること、タイ人であることに誇りを持つこと、公衆と国家の利益を守ること、宗教、芸術、国家の文化、スポーツ、地方の知恵、タイの知恵、普遍的知識の普及を促進すること、自然と環境を保護すること、仕事ができる能力を持つこと、自律できること、創造性を持つこと、継続的に自ら学習していけること、が目指される（第7条）。

また、第23条において、学習すべき具体的内容として、①自分自身に関する知識、及び自分自身と社会の関係に関する知識。すなわち、家族、地域社会、国家、世界に関する知識。またタイ社会の歴史、及び国王を元首とする民主主義制度に関する知識。②科学とテクノロジー面の知識と技能。安定的、持続的な自然及び環境の管理、保護、有効利用に関する知識、理解、経験。③宗教、芸術、文化、スポーツ、タイの知恵、及びそれを応用するための知識。④数学及び言語面の知識・技能。特にタイ語の正しい使用。⑤職業への従事、及び幸福な生活の維持に関する知識、技能、等が示されている。

このように、国家教育法における国家の教育目標においては、完全な人間の形成、倫理・文化の習得、他者との共生の精神の教育が目指され、この目標を達成するために、求められている資質、及び具体的な学習内容が示されている。これらの資質や学習内容がシティズンシップであると明確に規定しているわけではないが、タイのシティズンシップ教育を考える上で重要な要素としてとらえておかなければならない。

2　2001年基礎教育カリキュラムにおけるシティズンシップの育成

国家教育法に規定された「基礎教育委員会は、タイ人がアイデンティティを持ち、国家のよき公民となり、生活を維持し、職業に従事し、継続して教育を受けるための基礎教育コア・カリキュラムを策定するものとする」（第27条）をうけて、新しい世紀を生き抜くタイ人の育成を図るため、「2001年基礎教育カリキュラム」[2]が告示された。本カリキュラムは、まさしくグロー

バル化時代への対応を果たすため、外国語コミュニケーション教育の早期導入、IT教育の振興を掲げる一方、極端な物質主義や消費文化の横行、社会道徳の荒廃といったグローバリゼーションのもたらす負の側面に対して強い危機意識を抱き、こうした弊害からの脱却を目指して「足るを知る経済（充足経済）」原則や「中道」主義を求め、アイデンティティの中核としてのタイの歴史や文化を身につけていくことを意図している（鈴木、2007、127-144頁）。

本カリキュラムには、次の5つの原理が示されている。

1．タイ人らしさと同時に国際性に重点を置く、国家統一のための教育。
2．社会全体が教育に参加し、すべての国民が平等かつ同等に教育を受ける、万人のための教育。
3．学習者が最も重要であり、自然に発達し、潜在能力を発揮することができるという原則のもとに、自ら継続的に生涯にわたって学習し発達するよう奨励。
4．学習内容、学習時間及び学習の提供の各面で弾力的な構造を持つカリキュラム。
5．各ターゲット・グループを網羅し、学習の成果と経験を読み替えることができる、あらゆる形態の教育を提供するカリキュラム。

すなわち、筆頭原理にみられるように、タイ人らしさ（クワームペン・タイ）と国際性（クワームペン・サーコン）の両面から国家の統一を図ることによって、グローバリゼーションを生き抜くタイ人の育成が強く意識されていることが理解できる。

さらに、これらの原理に基づき、9つの具体的目標が示されている。

1．自分自身の価値を認識し、自律の精神を持ち、仏教または自分が信仰する宗教の教義に基づいて行動し、望ましい道徳、倫理、価値観を身につける。
2．創造的に思考し、よく知り、よく学び、読み・書き・探求を愛好すること。
3．普遍的知識を身につけ、科学的な進歩や繁栄、変化に対応でき、コミュニケーション、及びテクノロジーの活用のための技能と能力を身につけ、状況に応じて考え方や仕事のやり方を調整すること。

4．生活を営む技能、思考技能、知性の創造技能、特に数学的、科学的な技能及び過程を有すること。
5．よく運動し、健康でよい人格を持つように自己管理すること。
6．効率的な生産と消費を図り、消費者としてよりも生産者としての価値観を身につけること。
7．タイ国の歴史を理解し、タイ人らしさを誇りに思い、よき市民となり、国王を元首とする民主主義政体に基づく統治と生活様式を尊重すること。
8．タイ語、芸術、文化、伝統、スポーツ、タイの知恵、天然資源、自然環境の保護についての意識を高めること。
9．国家と地方を愛する心を持ち、社会に奉仕し、社会のために価値あるものを創造することを目指すこと。

　これらの目標には、タイ人としてのアイデンティティの形成にかかわる目標（第1、7、9目標）とグローバリゼーションへの対応にかかわる目標（第2、3、6目標）が混在しているのがわかる。つまり、グローバリゼーションへの積極的対応としての創造的思考能力、コミュニケーション能力やテクノロジー活用能力を強調する一方で、極端な物質主義や消費文化の横行、社会道徳の荒廃などのグローバリゼーションの負の側面に対する危機意識の現れがみられる。また、宗教の教義に基づく行動、道徳・倫理・価値観を持つこと、タイの歴史、タイ語、芸術・文化・伝統、タイの知恵、国王を元首とする統治、愛国心や郷土愛といったものがタイ人としてのアイデンティティを形成し、これらがタイ人としてのシティズンシップの原理となっているのである。

　本カリキュラムの基本構造は、①タイ語、②数学、③理科、④社会科・宗教・文化、⑤保健・体育、⑥芸術、⑦仕事・職業・テクノロジー、⑧外国語の8つの学習内容グループと「学習者発達活動」により構成されている。シティズンシップ教育は、「理科」（環境学習）や「外国語」（コミュニケーション能力育成）グループなどで横断的に行われるが、主として「社会科・宗教・文化」グループを中心として行われる。このグループは、内容1「宗教・社会道徳・倫理」、内容2「市民の義務・文化・社会生活」、内容3「経済学」、内容4「歴史学」、内容5「地理学」の5領域からなっている。これらのう

ち、とりわけ内容2「市民の義務・文化・社会生活」は、シティズンシップに深くかかわる内容である。また、他にも、内容1には「平和的共生」、内容3には「足るを知る経済」、そして内容4には「タイ人らしさ」などシティズンシップにかかわる内容が盛り込まれている。ちなみに、内容2の「水準」をみると次のようになっている。

水準1：よき市民としての義務に従い、タイの法律・伝統・文化に基づき自ら実践し、タイ社会及び地球社会において平和に共生する。

水準2：現代社会における政治・統治制度を理解し、信仰心を育み、国王を元首とする民主主義政体を保持する。

　さらに、これらの水準のもとに、ステージごと（第1ステージ：小学校1～3年、第2ステージ：小学校4～6年、第3ステージ：中学校1～3年、第4ステージ：高校1～3年）[3]に「学習水準」が規定されている。その学習水準をみると、ステージが上がるにつれ、自己→コミュニティ→ローカル→ナショナル→グローバルと、段階的に対象範囲が拡大している点が第1の特色となっている。第2の特色は、「地球社会」が登場するのは、第4ステージ（高校段階）であり、義務教育段階（小学校1年～中学校3年）では取り扱われていない点である。すなわち、義務教育段階では、ナショナルなレベルのシティズンシップの育成に重点が置かれ、地球社会というグローバルなレベルの学習が期待されていない（鈴木、2007）。

　以上のように、シティズンシップ教育に関する内容については、主として「社会科・宗教・文化」において取り扱われ、タイの法律・伝統・文化に根ざした生活やタイの統治制度を保持した上で、地球社会における平和的共生を図ることが目標とされている。つまりタイにおけるシティズンシップ教育は、あくまでもナショナルなシティズンシップを前提としている点が特色となっている。そして、本カリキュラムは、自己→コミュニティ→ローカル→ナショナル→グローバルという円心拡大方式をとっているため、義務教育段階ではナショナルなレベルのシティズンシップの育成が強調され、グローバルレベルの内容が取り扱われるのは義務教育段階以降であるという点である。本カリキュラムのもとでこれまで教育が行われてきたが、2008年に異例の

早さで新カリキュラムが告示された。08年の新カリキュラムは基礎教育カリキュラムの改訂版という位置づけであるが、新旧カリキュラムの比較考察、新カリキュラムにおけるシティズンシップ教育の位置づけ等については、稿をあらためて検討することにしたい。

2．シティズンシップ教育に関する調査研究

1　シティズンシップ教育の枠組み

　筆者は、2002～04年度及び2005～07年度の2次にわたって、日本とタイのシティズンシップ教育に関する調査研究を行った[4]。調査研究の過程において、まず日本とタイ両国におけるシティズンシップ教育の枠組みを設定した。

　グローバル化のような社会の変化は、今後いっそう進展することが予想される。そのグローバル化が引き起こす課題も今後ますます深刻化することは間違いないであろう。これに対応する教育としてシティズンシップ教育に着目し、日本とタイ両国でその教育枠組みを検討することとなり、21世紀を生きるための教育、すなわちシティズンシップ教育として次のように枠組みを設定した。

　「異文化を理解・尊重し、共生できるための知識、能力、価値観・態度を持ち、人権、平和、環境、開発などの地球的規模で考えなければならない課題に対して、グローバルな視点から考え続け、ローカル、ナショナル、グローバルなレベルで意思決定でき、行動できる人間を育成する教育」

　このような教育は、まず異文化理解、多文化理解ができること、つまり文化の相互理解ができることが目標となる。1つの社会集団の中で仲良く共生できる、社会集団どうしが共生できることである。そして、ローカル、ナショナル、グローバルなレベルで物事を考え、意思決定し、行動できることが最終目標となる。

　第1次調査研究では、シティズンシップ教育において、どのような資質が育成されなければならないかについて、先行研究や日本とタイにおける教育

政策などから、これまで提案されているシティズンシップ教育における資質について整理した（**表11-1**）。

　これらの資質は、横軸として知識・理解、能力・技能、価値観・態度の3つの要素、縦軸として、ローカル、ナショナル、グローバル、ユニバーサルの4つのレベルを設定した。この資質表には、欧米で普遍的と考えられている資質、アジアで望ましいとされる資質が混在している。日本とタイ両国から提案されている資質の中には、ローカル、ナショナルなレベルの「価値観・態度」の欄に日本的、タイ的な価値観が含まれている。欧米では普遍的と考えられていない資質が日本やタイでは重要要素と考えられている。したがって、シティズンシップ教育とは、その国・社会・地域のスタンスや事情、社会的・文化的背景によって異なる。教育目標や内容は、普遍的に確定的なものではなく、時間（時代）と空間（ローカル、ナショナル、グローバル、ユニバーサル）により決定されるのである。

2　シティズンシップ教育に関する児童生徒へのアンケート調査

　日本とタイの両国において、小・中・高校の児童生徒を対象に、実際に身につけているシティズンシップについてのアンケート調査を行った（2003年11〜12月）。シティズンシップをローカル、ナショナル、グローバル、ユニバーサルの4つのレベルに区分し、それぞれについて知識・理解、能力・技能、価値観・態度の3側面から分析した。日本では1,092名、タイでは2469名を対象とした（森下他、2007、197-224頁）。

　分析結果によると、まず、第1に、「知識・理解」面における日本とタイの比較では、タイの児童生徒の場合、「相互依存関係」「持続的発展」「社会正義や公正」などのグローバル化時代の社会発展や生活にかかわるより具体的かつ実践的な概念について、豊富な知識・理解を持っていることが明らかとなった。一方、日本の児童生徒は、「国際社会」「平和」「人権」などの普遍的な概念について豊富な知識・理解があった。

表 11-1　資質表

	知識	能力・技能	価値観・態度
ローカル	① 地域史 ② 地域の知恵 ③ 地域の伝統、文化 ④ 地域の実情 ⑤ 地域のライフスタイル ⑥ 地域での共存共栄 ⑦ 持続的開発	① 地域レベルでの政治参加 ② 地域における問題の解決 ③ お互いに協力し合う ④ 地域における意思決定	① 共同体を愛する ② 中庸、倹約を実践する ③ 信仰の教えを信条とする ④ 伝統を尊重する ⑤ 地域住民としての誇りを持つ ⑥ 地域社会で平和に暮らす ⑦ 地域における民主主義 ⑧ 地域のアイデンティティ ⑨ 地域の伝統文化のなかで行動する ⑩ 地域の共同体に誇りを持つ ⑪ 開発への関心 ⑫ 命の尊重 ⑬ ボランティアへの関心
ナショナル	① 国の歴史 ② 伝統、文化 ③ 文化の多様性 ④ 法律 ⑤ 中庸と倹約 ⑥ 政治行政の仕組み ⑦ 社会問題 ⑧ 共存共栄 ⑨ 持続的開発	① 国レベルでの政治参加 ② 国レベルの問題の解決 ③ 国レベルでの相互協力 ④ 国レベルでの意思決定	① 自国の伝統と文化のなかで行動する ② 国を愛する ③ 自国に誇りを持つ ④ 平和な生活 ⑤ 民主主義 ⑥ 自国の道徳、自国らしさ ⑦ 国のアイデンティティ ⑧ 中庸と倹約 ⑨ 環境と開発について考える ⑩ 新しいことに挑戦しようとする ⑪ 国民として人権尊重に取り組む
グローバル	① 社会正義と公正 ② 相互依存 ③ 文化の多様性 ④ 持続的開発 ⑤ 環境 ⑥ 世界の歴史 ⑦ 共存共栄 ⑧ 異文化理解 ⑨ 国際社会 ⑩ グローバリゼーション ⑪ 外交儀礼通り行動すること ⑫ 科学技術	① グローバルな問題の解決 ② 国際レベルでの政治参加 ③ 協力 ④ 平和的解決 ⑤ グローバルから批判的に思考する力 ⑥ 効果的に議論する ⑦ 不当、不正への挑戦 ⑧ 生活の質の向上 ⑨ 外国語の能力 ⑩ グローバルな社会で平和に生きる ⑪ 異文化との共存共栄 ⑫ 情報社会に対応する ⑬ 国内外の異文化理解 ⑭ グローバルな意思決定	① 民主的に生活する ② 科学的思考、科学的技術 ③ グローバル経済 ④ アイデンティティ、自尊感情、自己信頼 ⑤ 共感 ⑥ 社会と文化の多様性を尊重する ⑦ 社会的不正と公正に対する態度 ⑧ 自然環境の管理、環境と持続的開発と資源の管理への関心 ⑨ 新しいことに挑戦しようとする ⑩ グローバルな問題を認識し、解決する ⑪ 国際的な協力 ⑫ 異文化理解と共生 ⑬ 国際社会を愛する ⑭ 外交儀礼通りに行動する ⑮ 国際社会の一員として、誇りを持つ ⑯ 国際社会の平和 ⑰ 国際社会の民主主義 ⑱ 地球市民としてのアイデンティティ
ユニバーサル	① 文化の多様性 ② 人権 ③ 平和 ④ 環境 ⑤ 開発 ⑥ 民主主義	① 論理的に考える ② 判断力 ③ 自己を表現し、意見表明する ④ 他人と協働する ⑤ 人権を尊重する ⑥ 意思決定	① 責任感 ② 幸福な生活 ③ 自制 ④ 法を尊重すること ⑤ 道義、倫理、社会のルール、基本的モラル ⑥ 正直、誠実 ⑦ 平和な心 ⑧ 信用 ⑨ 時間を守る

ユニバーサル			⑩	友好、親切
			⑪	自己実現
			⑫	感謝
			⑬	つつましさ
			⑭	民主的な心
			⑮	真理を追究する
			⑯	証拠に従う
			⑰	権利と義務
			⑱	人権を尊重する
			⑲	意思決定し、行動する
			⑳	奉仕の精神
			㉑	寛容
			㉒	努力
			㉓	目標達成
			㉔	強固な意志

　第2に、「能力・技能」面では、タイの児童生徒は、日本の児童生徒に比べると社会問題に対する意見表明の機会を多く持っていることがわかった。外国語によるコミュニケーションについてはタイの児童生徒には積極的態度がみられた。

　第3に、「価値観・態度」についてみると、タイの児童生徒は、日本の児童生徒に比べると、「問題を、協力し合って解決したり、行動したりできる」「不公正、不平等、差別に堂々と立ち向かっていける」と答える比率が高かった。また、タイの児童生徒は、「タイ人としての道徳と誇りを持った生活をしている」との回答を示すものが95％に達しているのに対し、日本の児童生徒は50％強にとどまった。

　他方、ローカル、ナショナル、グローバル、ユニバーサルの4つのレベルについて、タイと日本の間には大きな差異が見られた。すなわち、ローカル、ナショナル、グローバルの3つのレベルともに、日本の児童生徒は圧倒的に「平和であること」を重視しているが、タイの児童生徒は、各レベルの資質の重要性をバランスよく認識していた。とりわけ、村や町、国、国際社会の各レベルの一員として誇りを持つことを重視する態度がみられた。これに対し、日本の児童生徒は、知識・理解の面では国の歴史、伝統、文化の学習を重視しながら、実際には、いずれのレベルでも伝統や文化に従い、その一員として誇りを持った行動をする態度の形成にまで至っていない点が特徴的であった。

3. シティズンシップ教育のカリキュラム開発

1 デルファイ調査による資質の絞り込み

　第2次の調査研究においては、主にシティズンシップとしての資質の絞り込みとカリキュラム開発に重点を置いた。

　まず、資質の絞り込みに関しては、デルファイ調査法により資質の絞り込みを行った。デルファイ調査法とは、多数の人に同一のアンケート調査を繰り返し、回答者の意見を収れんさせていく調査法である。デルファイの名はアポロ神殿にあった古代ギリシアの地名であり、多くの神々が未来を予測したことから命名されたもので、手法自体はアメリカのランドコーポレーションが開発したものである。2次調査においては、これまでの調査研究により構築されたシティズンシップ教育の枠組みを踏まえ、シティズンシップに関する質問紙を作成し、財団法人未来工学研究所に郵送調査を委託し、統計処理を行った。この調査法では、同じ回答者に再度調査票を送付し、同じ質問項目に回答してもらった。すなわち、回答者は、第1回目の回答を参照しながら、再度回答した。これを通して一定のコンセンサスが形成されたか否かを分析した。

　調査対象者は、シティズンシップ教育の政策と実践にかかわると考えられるものを広く対象とし、具体的には、学校長、大学の社会科教育担当教員、社会科教員、指導主事、PTA会長を対象とした。両国とも約500名を対象とした。

　調査項目としては、先の資質表から45の資質をまず抽出し、各資質について、1）調査対象者の専門度、2）現在の達成度、3）10年後の期待度、4）重要性、5）現時点で学習すべき学年段階、6）10年後学習すべき学年段階の6つの設問を設定した。

　2回の調査結果から、日本とタイにおいて最終的に絞り込まれた資質は、**表11-2**及び**表11-3**（196頁）である。これらの資質が日本とタイにおいて今後特にシティズンシップ教育の内容として学習すべき資質として絞り込まれたものである。○印は、どの学校段階で学習すべきかを示している。

表 11-2　資質の学年配当（日本）

	小学校低学年	小学校高学年	中学校	高等学校
知識・理解				
・環境	○	○		
・共生	○	○		
・異文化理解	○	○	○	
・社会正義と公正	○	○	○	
・民主主義		○	○	○
・持続的発展			○	○
能力・技能				
・意見表明	○	○		
・冷静に判断、自分をコントロール	○			
・問題解決能力		○	○	
・意思決定能力		○	○	
・情報社会に対応できる能力		○	○	
・平和的解決能力		○	○	○
・批判的思考力			○	○
価値観・態度				
・不正や差別に立ち向かう	○	○		
・環境・資源を守る態度	○	○		
・意思決定し行動する	○	○		
・文化の多様性を理解し、大切にする態度		○	○	
・公共や人類にとって役立つ態度		○	○	○
・法律を大切にする態度		○	○	○
・国と国が協力して共生する態度			○	○
・地球上にある問題を認識し、解決する態度			○	○

2　カリキュラム開発及び実験授業

　先の絞り込まれた資質をもとにカリキュラム開発が行われることになる。両国で求められている資質は、それぞれの資質が１つの学習単元を構成する。両国ともに教科としてのシティズンシップ教育が設定されていないので、特定の教科内か特別活動あるいは教科外の学習として行われる。第２次の調査研究では、日本の場合小学校のカリキュラム開発を試みた（平田、2008、29-36頁）。

　タイにおいて、タイ側研究者がカリキュラム開発（学習単元）を行い、私立小学校において実験授業を実施した。

　タイでは、３つの学習単元を構成した。第１単元は「足を知る経済における倫理」、第２単元は「地方の知恵を用いた問題解決過程における人権」、第３単元は「科学的な学習プロセスにより平和的に問題解決する学習」であ

表11-3 資質の学年配当（タイ）

	小学校低学年	小学校高学年	中学校	高等学校
知識・理解				
・持続的開発	○	○	○	○
・社会正義と公正	○	○	○	
・相互依存関係	○	○		
・環境	○	○		
・人権		○	○	○
・民主主義	○	○		
・地方の知恵	○	○	○	
能力・技能				
・外国語の能力	○	○		
・問題解決能力	○	○		
・冷静に判断し、自分をコントロール	○	○	○	
・平和的解決能力	○	○		
・意思決定能力	○	○		
・生活の質を高める	○	○		○
・相互協力	○			
【価値観・態度】				
・ 中庸と倹約	○	○	○	
・ 伝統・文化に従い行動	○	○	○	
・ 環境・資源を守る態度	○	○		
・ タイ人としての道徳を守り、誇りを持つ	○	○		
・ 人権の尊重	○	○		
・ 科学的な思考力、科学技術に遅れない	○	○		
・ 公共や人類に役立つ	○	○		
・ 郷土愛	○			

る。実験授業は、バンコクから約350km北に位置するピサヌローク市内の私立M小学校の5年生を対象に実施された。実験授業を実施するに際しては、タイ側研究者が小学校の社会科教育担当の教員に対して事前研修会を実施し、シティズンシップ教育の目的、学習単元のねらいなどについて研修を行った。実験は2007年度に実施された。

本項では、第3単元の実験結果の概要について紹介する（Chantana, 2007, pp.62-69）。

単元名：科学的な学習プロセスにより平和的に問題解決する学習

対象学年：小学校5学年

単元目標：(1) 科学的なプロセスについての知識・理解、及びそれを概念化する能力

(2) 科学的な思考プロセスを用いて協力して平和的に問題解決

できる

単元構成： 1限目：知識及び能力に関するプリテスト、子どもたちのまわりにある問題状況（肥満、交通事故、薬物問題など）についての学習

2限目：数独ゲームによる科学的な問題解決法の練習

3限目：問題解決の事例発表会

4限目：イソップ物語を用いて問題解決法についてのブレインストーミング、及び討論学習による意思決定

5限目：平和的な問題解決に至るフローチャートの作成

　本単元は、5時間構成であり、主として問題解決能力、科学的思考力の育成をねらいとしている。シティズンシップとしての資質である「知識・理解」「能力・技能」「価値観・態度」の要素が組み込まれたバランスがとれた単元構成となっている。プリテストと単元終了後には事後テストも行われている。その結果からは、子どもの変容も統計的に検証されており、科学的なプロセスに関する知識・理解、問題の把握、平和的・科学的に問題解決できる能力といった点において高い学習効果がみられた。

おわりに：課題と展望

　最後に、タイにおけるシティズンシップ教育の課題と展望について触れておきたい。

　まず、第1に、シティズンシップ教育のカリキュラム開発が必要である。第1次と第2次にわたる調査研究では、今後取り組むべきシティズンシップとしての資質を抽出した。日本・タイ両国においてシティズンシップ教育の体系的なカリキュラムを開発しなければならない。タイでは小学校において3つの単元を構成したが、タイで求められている資質（表11-3）すべてについて、また、全学校段階において導入できるカリキュラムの開発が必要である。そのことは日本についても同様である。

　第2に、シティズンシップ教育に関して、理論研究と実践研究に関する調

査研究がさらに発展的に行われる必要がある。これまでの研究では、シティズンシップ教育に関する政策分析やカリキュラム開発を行ってきたが、さらに体系的なカリキュラムの開発をはじめとして、多角的・多面的な視点からの調査研究が必要であろう。たとえば、学校内だけの教育だけでなく、学校外すなわち地域社会と連携したシティズンシップ教育、活動重視型のシティズンシップ教育などに関する調査研究である。

第3には、これまでは空間的広がりとして、ローカル、ナショナル、グローバルといったレベルを柱として調査研究をしてきたが、今後はアジアまたは東南アジアというように、リージョナルなレベルのシティズンシップ教育の調査研究も必要である。

第4に、シティズンシップ教育では、とりわけ日本では最近注目されている領域であるが、学校現場の教員はほとんど認識していないというのが現状である。学校現場の教員がこのシティズンシップ教育に関して深い理解と認識、及び教授能力を身につけることが喫緊の課題であるといえる。また、高等教育段階でのシティズンシップ教育も検討されなければならない。とりわけ教員養成学部におけるシティズンシップ教育の検討が必要であろう。

最後に、シティズンシップ教育に関するセンターの設置あるいは拠点づくりも検討されなければならない。国・地域レベル、またはリージョナルなレベルでのセンターないし拠点を形成し、シティズンシップ教育に関する教材（キットなど）や資料の提供、また、教員研修の提供というように、学校現場の教員が容易に利用できるシステムを構築してゆくことが期待される。

注

1　平田・森下訳（2000）を参照。
2　森下他訳（2004）を参照。
3　2009年からステージ性は廃止されている。
4　平田利文（研究代表者）「日本・タイ両国における『市民性』の育成に関する実証的比較研究」（平成14～16年度　基盤研究B(1))、平田利文（研究代表者）「日本・タイ両国における市民性教育のカリキュラム開発に関する実証的比較研究」（平成17～19年度　基盤研究B)。2次にわたる調査研究において、タイ側からは、チャンタ

ナ・チャンバンチョング（ナレスアン大学），スモンティップ・ブーンソムバッティ（スコタイタマティラート・オープン大学），サムリー・トーンティウ（チュラロンコン大学）の3名が共同研究者として参加した。

引用・参考文献

Chantana Chanbanchong（2007）"Integrating Critical Thinking, Peace Education, and Science Process into Problem Solving Activities: an activity-based citizenship, education for primary schools in Thailand", 平田利文（研究代表者）（2008）『日本・タイ両国における市民性教育のカリキュラム開発に関する実証的比較研究』平成17-19年度科学研究費補助金（基盤研究（B））研究成果報告書。62-69頁。

鈴木康郎（2007）「タイの基礎教育カリキュラムにおける市民性育成の原理と方法」平田利文編著『市民性教育の研究－日本とタイの比較－』東信堂、127-144頁。

平田利文・森下稔訳（2000）『タイ仏暦2542年（西暦1999年）国家教育法』ヨシダ印刷。（非売品）。

平田利文編著（2007）『市民性教育の研究―日本とタイの比較』東信堂、5-25頁。

平田利文（研究代表者）（2008）『日本・タイ両国における市民性教育のカリキュラム開発に関する実証的比較研究』平成17-19年度科学研究費補助金（基盤研究（B））研究成果報告書。

森下稔・鈴木康郎・カンピラパーブ スネート訳（2004）『タイ 仏暦2544（2001）年基礎教育カリキュラム』ヨシダ印刷（非売品）。

森下稔・鈴木康郎・カンピラパーブ スネート（2007）「日本とタイにおける市民性に関する意識調査結果の比較分析」平田利文編著『市民性教育の研究－日本とタイの比較－』東信堂、197-224頁。

12 タイにおける1999年国家教育法による教育改革

森下 稔

はじめに

　本章では、タイにおける教育改革の動きについて述べ、その課題と今後を展望する。タイは、東南アジア大陸部に位置し、熱帯気候と豊かな自然に恵まれ、高い生産力をもつ農業基盤社会である。日本の約1.4倍の国土に約6千万人の人口を抱える。たしかに、タイには貧しさもある。しかし、豊かな農業生産力に支えられているため、飢餓などの生存にかかわる貧困は見受けられない。また、国民の約95％が仏教を信仰し、そのためか、タイ人の国民性は「微笑みの国」と呼ばれるほど、穏やかで他者に寛容である。

　20世紀末、タイは極めて激しい社会変化を経験した。政治の民主化、工業化を核とした高度経済成長による都市化や大量消費社会化、情報通信技術の発達など、グローバリゼーションの恩恵を受けて生じた社会変化とともに、外国文化の流入と価値観の混迷、環境破壊などの新たな社会問題にも直面するようになった。グローバリゼーションは、タイにとってのさらなる経済発展の機会ととらえられる一方で多くの弊害も指摘された。そのさなかの1997年、通貨危機に端を発する経済危機が勃発し、国民経済は大打撃を受けた。同年、新しい国づくりを目指した「1997年憲法」が公布された。この憲法に基づき、「1999年国家教育法」がタイにおける史上初の教育の基本理念・システム・実施方法にかかわる基本法として公布された。

　2009年は、タイにおいて「教育改革第2ラウンド」の年とされている。1999年国家教育法が公布・施行されて10周年を迎え、これまでの教育改

革を点検評価し、同法が目指した教育改革のさらなる実現のために改善策を考えていこうとする機運が高まっている。したがって、今後もこの法律が目指す教育の実現に向けてタイ教育の改革が進められるであろう。すなわち、同法はタイにおける21世紀の教育の改革の基本である。そこで、以下では、1999年国家教育法の内容と、それに基づく基礎教育改革について述べることとする。

1．1999年国家教育法の内容と背景

1　タイにおける近代教育の展開

　最初に、タイの近代教育史を義務教育制度の発展を軸として見ると、**表12-1**の通りとなる。タイは近隣諸国と異なり、西欧列強による植民地支配を経験しなかった。それは、植民地化の脅威に対抗して、19世紀末から積極的に近代化を進めてきたからである。国の近代的教育制度が整備され始めたのもこの時期からで、1921年には義務教育制度が導入された。その機能は国民統合のための教育であり、国の経済発展のための人的資源開発が目標とされるのは1960年代以降のことである。およそ1980年代末までに初等教育の普及が進み、1990年代には前期中等教育の拡大がタイ教育の最大の課題となった。

　表12-1における拡大期以降のタイ教育について、端的にその展開を読み取れるのが**図12-1**である。図12-1は、1972年から近年までの前期中等教育への進学率（前年度初等教育修了者数を母数とした当該年度前期中等教育1年への入学者数の割合）と、前期中等教育段階の就学率（学齢人口を母数とした前期中等教育段階に在籍する総生徒数の割合）を示している。図12-1では、5年おきに補助線が引かれているが、これは5年ごとに策定される国家の基本政策としての国家社会経済開発計画及び国家の教育基本政策としての国家教育開発計画の期間を表している。この図では、常に進学率が就学率を上回っているが、これは初等教育を修了しない子どもの存在と前期中等教育進学後に中途退学する生徒の存在が要因となる。1972年から1986年までの傾向を見ると、

表12-1　タイにおける義務教育制度の歴史的展開

段階	時期	事項と特徴	機能	主たる学校制度
導入準備	19世紀末〜	近代的学校教育の創始・官吏養成教育 1898年地方教育の創始→仏教寺院における世俗的教育	人材供給のための教育 国民教育の準備期	3-3-5
導入	1921年〜	1921年初等教育法による義務教育制度導入 全国のすべての村に学校を設置させる	国民統合のための教育	3-8と初等のみ5年の並列
拡大1	1960年代〜	カラチプランを受けて義務教育を7年制へ拡大 国家社会経済開発計画のもとでの教育拡大 義務教育6年制に縮小の上で初等教育修了率の向上を目指す	国民統合と国家開発のための教育	(1936年以降) 4-3-3-2
拡大2	1990年代〜	EFA宣言と時期を合わせて、義務教育の9年制への拡大を目指す 前期中等教育の拡大	国民統合・国家開発のための教育 教育を受ける権利の保障のための教育	
革新	1999年〜	1999年国家教育法の公布・施行による教育改革 2002年義務教育法の公布・施行 義務教育9年、無償基礎教育12年 教育を受ける権利の法律上の明文化 子ども中心主義の教育観 「国際競争力」＋「タイ人らしさ」の教育方針 教育行政制度の地方分権＋学校の自律化（法人化） カリキュラム開発を学校へ	学習者の権利を保障した多元的市民社会の構築	(1978年以降) 6-3-3

(出典)　筆者作成。

　進学率が下降する一方で就学率には変化が少ない。このことから、初等教育を多くの児童が修了するようになった一方で、前期中等教育の就学状況には大きな変化がないことが読み取れる。1986年は、進学率と就学率の差が3％と最も縮まったことから、初等教育普及の完成時期と見ることができる。図12-1は、1987年からの第6次国家教育開発計画期間からその傾向を大きく変えている。このときから、前期中等教育の拡大及び将来の義務教育化が教育政策の最重要課題となり、初等学校に前期中等教育の学年を開設する機会拡大学校の試みが1990年から開始され、急速に前期中等教育の普及拡大が実現していくことになる。そのため、図12-1に見られるように、進学率・就学率ともに第7次国家教育開発計画期間末の1997年まで急激に上昇していった。進学率は約90％に達し、就学率も約70％に達した。したがっ

て、1986年までは初等教育の普及拡大、1997年までは前期中等教育の普及拡大が達成されたことで、量的拡大目標については一定の成果を得たといえる。そこから、21世紀に向けて教育の質的向上が教育改革の重要課題として捉えられるようになった（森下、2008）。

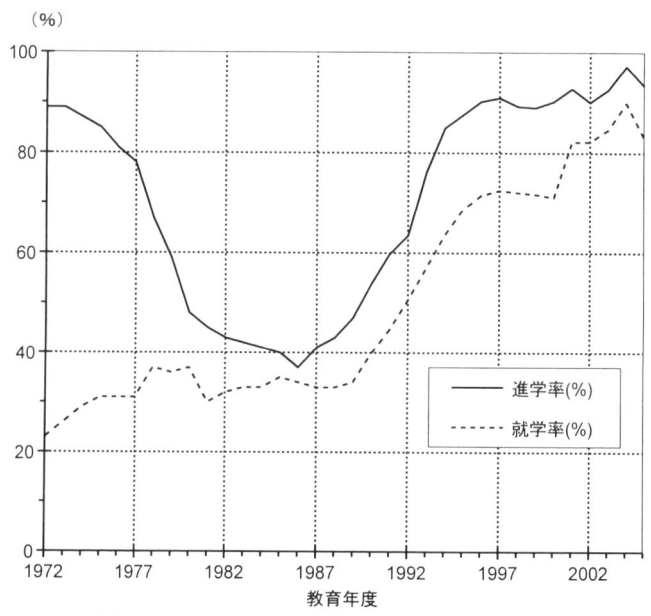

図12-1　タイにおける前期中等教育段階の就学率と進学率の推移
（出典）タイ教育省資料により、筆者作成。

2　1999年国家教育法制定の経緯

　1997年憲法では、第43条で「個人は、等しく国が提供する最低十二年間の無償で良質な基礎教育を受ける権利を有するものとする」とし、無償教育期間の12年間への拡大によるさらなる量的拡大と同時に、質の向上についても目標とするように定めた。さらに、第81条で国が教育整備のための法律を持つべきことが定められたことから、1999年国家教育法の草案起草が着手されることとなった。起草作業には主として、首相府の下にあった国家教育委員会があたった。当時の国家教育委員会は教育省とは別の行政組織

で、国の教育基本方針であった国家教育計画や上述の5ケ年計画であった国家教育開発計画の策定にあたっていた。同委員会では、教育政策に関する専門家集団として国家教育委員会事務局を持ち、日本を含む先進国やベトナム・シンガポールなどの近隣の10ケ国以上にわたる教育改革に関する調査研究を進めさせ、そこから得られた知見が起草に生かされた。ただし、国会で審議された法案には、国家教育委員会案の他に、教育省案、国会の国家教育法案検討委員会案、国家初等教育委員会案などの複数案があった。いずれの法案がよいか、国民に広く問われたことが特徴で、情報公開、啓蒙活動、セミナー、ヒアリングが盛んに行われた。国家教育委員会によれば、セミナーなどに全国で約25万人が参加し、約10万人が投書により意見を届けたという。このとき、国民を2分したのは、無償基礎教育12年間を就学前教育から前期中等教育までとするか、初等教育から後期中等教育までとするかであり、農村部では前者が、都市部では後者が多く支持された。この問題は、教育費の家計負担や子どもの人生に直接的に大きな影響を与えることから、国民から活発な議論が引き出されたと言うことができ、1997年憲法が目指した、国民が主体的に民主主義社会に参画する市民社会の実現を予感させるものとなった（森下・平田、2001）。

3　1999年国家教育法の内容

　このような経緯で公布施行された1999年国家教育法は、タイ史上初の教育全般にわたる基本法であるとともに、教育整備・実施にあたっての手続きを定め、教育改革の理念と方法を同時に示したものといえる。その構成は以下の通りである（ONEC, 2002）。

　　　前文・一般規定：第1条～第5条
　　　第1章　総論－目的と原則：第6条～第9条
　　　第2章　教育の権利と義務：第10条～第14条
　　　第3章　教育制度：第15条～第21条
　　　第4章　国の教育方針：第22条～第30条
　　　第5章　教育の管理・運営：第31条～第46条

第 6 章　教育水準と教育の質の保証：第 47 条〜第 51 条
第 7 章　教師、大学教授団、及び教育職員：第 52 条〜第 57 条
第 8 章　教育資源と教育投資：第 58 条〜第 62 条
第 9 章　教育テクノロジー：第 63 条〜第 69 条
経過規定：第 70 条〜第 78 条

　まず、第 1 章で示された教育の目的についてみると、第 6 条で「教育とは、タイ人を身体、精神、知恵、知識、道徳すべての面において完全な人間に形成し、生活していく上での倫理や文化を身につけ、幸福に他者と共生することができるようになること……」と定めている。前半部では各個人の人間発達について、多面的な資質のバランスをとろうとしている一方で、後半部で他者との関係性の資質を求めている点が特徴である。続けて、第 7 条では、教育によって身につけるべき知識・資質・能力・価値が示された。①国王を元首とする民主主義政体を正しく認識すること、②権利、義務、自由、法律の遵守、平等、人間としての尊厳を護持・促進すること、③タイ人であることに誇りを持つこと、④公衆と国家の利益をまもること、⑤宗教、芸術、国家の文化、スポーツ、地方の知恵、タイの知恵、普遍的知識を振興すること、⑥自然と環境を保護すること、⑦仕事ができる能力を持つこと、⑧自立できること、⑨創造性を持つこと、⑩継続的に自ら学習していけること、以上の 10 項目である。国民統合のために必要とされるナショナルなレベルの資質とともに、生活環境などローカルなレベルで生かすべき資質、人類に普遍的に求められる資質がバランスよく配置されている。

　第 2 章では、教育を受ける権利として、1997 年憲法に基づき、第 10 条で最低 12 年間の無償基礎教育を定めるとともに、同条第 2 項以降で障害を持つ子どもや特別な能力に恵まれた子どもについて、その権利を最大限に尊重するよう求めている。第 11 条では、義務教育について、親および保護者に子または保護する者に教育を受けさせる義務を定めている。義務教育期間については第 3 章の第 17 条で 9 年間と定められた。また、第 12 条で「基礎教育を行う権利」を従来の国公私立学校の他に、個人、家族、地域社会組織などにも認めたことは、多様な教育主体による個人のニーズに応じた教育

提供の可能性を開くものである。このうち、家族による「ホームスクール」と企業による「企業内学校」に関しては2004年9月に教育省令が告示され実施に移されており、いわゆる「オルタナティブスクール」が政府公認の下設置されることが可能となった（ONEC, 2005）。

　第3章では、第15条で教育制度をフォーマル教育、ノンフォーマル教育、インフォーマル教育からなるものとし、相互の読み替えを可能とした。具体的には、寺院など宗教施設での経験、職業訓練、職場での就業体験を学校教育の修学に読み替えさせようとするもので、革新的な規定である。続けて第16条では、フォーマル教育を基礎教育と高等教育の2段階とした。このため、従来あった初等教育と中等教育の区分は教育法上なくなり、12年間一貫の基礎教育となった。このことは、教育行政制度改革にもカリキュラム改革にも大きな影響を与えることになる。

　第4章では、国の教育方針として、第22条で「教育はすべての学習者が学習能力を有し、自己発達できることを原則とし、学習者を最も重んずる」と学習者中心主義に立つ教育観を打ち出した。伝統的なタイの教育方法は、僧侶が民衆に説教するがごとく、教師が子どもに教えを授ける形式であり、教師中心型であったと言われる。これを児童生徒が主体的に学び、自らを成長発達させ、生涯にわたって学習する能力を身につけさせようとするもので、学校における日々の教育実践に非常に大きな革新を求めることになった。また、第23条では、以下の5つの学習すべき内容が規定された。①タイ社会の歴史や国王を元首とする民主主義政体に立脚した、自己及び自己と社会（家庭、地域社会、国家、世界）との関係に関する知識、②天然資源の活用や自然環境の均衡的・持続的管理に関する学習を含めた、科学とテクノロジーについての知識・技能、③宗教、芸術、文化、スポーツ、タイの知恵、及びその応用、④数学及び言語、とりわけ正しいタイ語に関する知識・技能、⑤職業上の能力を持ち、幸福な生活を営むための知識・技能である。

　こうした教育を具体的に実施するため、第27条では、新たに置かれることになる基礎教育委員会が基礎教育コアカリキュラムを定めるものとし、その目的をタイ人らしさを身につけること、国家のよき市民となること、生活

を営むこと、職業に就くこと、及び進学を目指すこととした。このことにより、基礎教育12年間一貫カリキュラムの制定とその基準性について定められた。

　第5章では、中央と地方における教育行政組織改革に関して規定されている。従来は、すべての権限が中央省庁に集中する中央集権型教育行政組織であった。その一方で、教育省の他の省庁も教育行政を担っており、さらに教育省内部でも、初等教育・中等普通教育・中等職業教育それぞれに部局があり、縦割りの行政組織であった。そのため、地方の末端でも初等教育と中等教育の間での連携は十分に行われていなかった。なお1999年の公布時には、教育省・大学省・国家教育委員会事務局を統合して新たに教育宗教文化省を置くものとされていた。その後、2002年の改正時に当時のタクシン政権による省庁再編方針に従い、宗教及び文化部門を独立させ文化省が置かれたため、統合後の新省名を教育省と改めた。2002年改正法の第32条においては、新教育省の主要組織として、教育審議会、基礎教育委員会、職業教育委員会、高等教育委員会を置くものとし、2003年に新教育省が発足した。地方においては、第37条で基礎教育の地方教育行政組織として教育地区を置くものとした。第38条により、各教育地区には教育地区委員会及び事務局が置かれることになった。委員会はコミュニティー、民間団体、地方自治体、教職員会、教育行政職員会、PTAのそれぞれの代表、宗教指導者、及び教育・宗教・芸術・文化の専門家で構成される。従来地方にあった初等教育・中等教育の教育行政組織は廃止され、その職員が各教育地区事務局に配置された。第40条では、基礎教育段階の教育機関に教育機関委員会を置くことが規定され、その委員は保護者、教員、コミュニティー、地方自治体、同窓生、サンガ（仏教国家組織）の仏僧及びまたはその地の宗教組織のそれぞれの代表、及び専門家で構成するものとされた。学校マネジメントにはコミュニティや民間との連携・協働が求められることになり、中央・地方教育行政組織及び各学校の運営は、委員会における合議に基づくスタイルに統一された点が特徴である。

　第6章では、教育の質の評価・保証制度の導入について規定されている。

第5章で地方・学校に権限を委譲し、その主体性に任せた弾力的な教育運営を認める代わりに、その質的な成果については厳格に評価し、保証しようとするものである。第48条では各学校における内部評価保証について定め、年次報告書の作成提出を求めている。第49条では、「教育水準・質の保証評価事務局」が外部評価を行うものとし、各学校は5年に1度、外部評価を受けなければならないとされた。第51条では、定められた教育水準に達していない評価を受けた場合、該当する学校に対し改善勧告が行われることが規定された。以上の規定に基づき、2000年に「教育水準・質の保証評価事務局」が独立法人として設置され、基礎教育部門と高等教育部門がそれぞれ外部評価を実施している。評価の基準となる教育水準が2000年1月に閣議決定され、その後数度にわたって見直し・改善が加えられてきた。2005年度までに全国の約5万ケ所の教育機関の外部評価が一巡し、2006年度以降第2期に入っている。

　第7章では、教員についての改革を定め、特に第53条では、基礎教育段階のフォーマル教育の教育職員について、教員免許制度の導入が定められた。その他、教員の質的向上のための基金創設や、人事管理組織の設置、コミュニティの人々が外部講師として学校に貢献することなどが規定された。

　第8章では、教育財政制度改革が定められた。第58条では、教育のために社会のあらゆる個人や組織が財政的に貢献することが求められており、国や地方自治体に教育税徴収の権限を認めるとともに、教育機関に対する寄付についても認めることとした。第59条では、法人としての教育機関に資源の活用・財政の自由を与えることを定め、第60条では国から基礎教育機関に対し学習者1人あたりの費用を包括補助金として分配する原則が示された。

　第9章では、テクノロジーの教育利用を促進することが定められた。

　以上が、1999年国家教育法の主要な内容である。以下では、具体的な改革動向のトピックを基礎教育段階について取り上げることにする。

2. 1999年国家教育法による基礎教育改革

これまでの研究によれば、基礎教育改革の理念として以下の4点が指摘されている（鈴木・森下・カンピラパーブ、2004）。第1に、グローバリゼーション・経済危機等への対応を打ち出していることであり、タイ人らしさを保ちつつ、国際社会を生き抜く競争力を身につけることが目指されている。第2に、民主化の流れの中で、長期的な視野に立った市民社会の形成を課題としていることである。民主主義的プロセスを重視し、人々が権利と義務に対する認識を持ち、市民としての自覚と責任感を持った市民社会を形成することが掲げられている。第3に、グローバリゼーションの弊害からの脱却を目指していることである。過度の消費主義社会を批判し、国王が唱道する「足るを知る経済（充足経済）」原則による開発を進め、節度ある中道主義を追求している。第4に、学習者中心主義にたった教育観が貫かれている点である。

1 基礎教育カリキュラム改革

上述の第27条に基づき、2001年基礎教育カリキュラムが告示された（MOE, 2001）。同カリキュラムの特色は、12年間の基礎教育を一貫したものとし、その全体の到達目標を示すものへと大綱化・弾力化されたことにある。基礎教育段階の各学校は、そのコミュニティや児童生徒の状況・ニーズを把握した上で、「学校を基盤とするカリキュラム開発」(School Based Curriculum Development, SBCD) により「教育機関カリキュラム」を編成することとなった。同時に教育の質的水準を維持・向上させるため、教育の質の評価・保証制度も導入された。地方・学校への権限委譲には、SBCDを支援する組織体制の改革の意義も認められる（森下、2007b）。

改革以前においては、国家や社会が学習内容を規定し、学校には自由度がなく、中央集権的な教育課程行政が行われていた。従来のカリキュラムは、1977年の国家教育計画に基づき、1978年（後期中等段階は1981年）に施行されたものである。その後1990年に国際化などの社会変化に対応して一部改訂が加えられた。このカリキュラムについては、①中央による拘束性の強い

カリキュラムであるため、教育機関や地方の実状を踏まえたニーズに対応できないこと、②創造的思考能力を軽視した数学、理科、テクノロジーの教授学習過程であったため、その結果国際競争力の低下を招いたこと、③学校現場において批判的思考能力と急速な社会・経済変動に対応する能力の育成に失敗したこと、及び④外国語とりわけ英語学習におけるコミュニケーション能力、情報化社会における情報収集能力の育成に失敗したことの4点が教育省によって、カリキュラム改革の必要性の根拠とされた（MOE, 2001）。

　カリキュラム改革の目的として教育省は、グローバル化時代に対応した「教育の質の向上」を掲げ、社会・経済の変化及び科学的進歩と繁栄の状況に対応させること、タイ社会及び個人のニーズに対応すること、地球社会において競争したり創造的に協力したりできる能力を持つようにさせることを目指すとした。

　基礎教育カリキュラムの原理の特徴は、国家統一のための教育が筆頭原理に掲げられ、タイ人らしさと国際性のバランスをとることによって成り立つとしている点である。さらに、万人のための教育と社会による教育参加、学習者中心主義に立つこと、基準性が大綱的であること、さまざまな学習経験の互換性を緩やかに認めることが示されている。

　基礎教育カリキュラムの目標は9項目あり、その内容から特徴を分析すると①道徳・価値観に加え、宗教を重視していること、②創造的思考能力を身につけること、③国際的に通用する知識を身につけること、④コミュニケーション技能とテクノロジーの応用能力を身につけること、⑤消費主義社会への警鐘として消費者ではなく生産者としての価値規範を身につけること、及び⑥民主主義的価値観を伴った市民としての行動規範とともに愛国心を身につけること、といった点が指摘できる。すなわち、グローバル化時代への対応を図るにあたり、民主主義的な市民社会形成を目的として、節度ある中道主義の原則のもとに、国際的な競争力を維持しつつ、伝統的文化や愛国心を身につけた人間の形成を目指している。

　「基礎教育カリキュラム」の構造は、**表12-2**に示すとおりである。このように、各教育機関は、カリキュラムの原理に則り、上記の目標を達成する

表12-2 基礎教育カリキュラムの構造

ステージ	初等教育		中等教育	
	第1ステージ (小1-3)	第2ステージ (小4-6)	第3ステージ (中1-3)	第4ステージ (中4-6)
	←――――― 義務教育 ―――――→			
	←――――――― 基礎教育 ―――――――→			
学習内容グループ8グループ				
タイ語	●	●	●	●
数学	●	●	●	●
理科	●	●	●	●
社会科・宗教・文化	●	●	●	●
保健・体育	■	■	■	■
芸術	■	■	■	■
仕事・職業・テクノロジー	■	■	■	■
外国語	■	■	■	■
学習者発達活動	▲	▲	▲	▲
学習時間	年間約 800-1,000時間	年間約 800-1,000時間	年間約 1,000-1,200時間	年間 1,200時間以上

(備考)
● 教育機関が思考、学習、問題解決の基礎を培うための柱としての学習内容
■ 人間性を育成し、思考や仕事における基礎的能力を育成するための学習内容
▲ 8グループの学習内容以外の学習で、潜在能力に基づいて自己発達を促す活動
(出典):MOE, 2001, p.8.

ために、表12-2に示された8つの学習内容グループ及び学習者発達活動にわたる学習内容を教科・科目に編成し、年間の総時間数で示された学習時間の範囲内で時間を割り当て、「教育機関カリキュラム」を自律的に編成することとなった。各学習内容グループには、基礎教育12年間で学習者が学ぶべき最低限の「内容」と「水準」が示されている。各教育機関には、この「内容」と「水準」を満たす範囲で、学習内容グループ間の統合を積極的に進めることが奨励されている。また、最低基準を超えて新設科目や発展的科目を置くことが認められており、学習者のニーズに柔軟に対応できる可能性を持たせている(チャンタナー、2008)。

2 地方分権と基礎教育機関の法人化

上述の通り、1999年国家教育法第9条において、地方分権の基本方針が示され、基礎教育に関しては第37条で地方に教育地区を置くことと規定さ

れ、2003年7月に改革が実行された。また、第40条により各教育機関は教育機関委員会を設置することによって運営上の自律性を持つこととなり、前項のSBCDの推進とともに「学校を基盤とした経営（School Based Management, SBM）」の必要性が高まった。財政面でも第60条により国から包括補助金が分配されることとなり、その使途は各学校の自律性に任された（ワライポーン、2006）。

教育地区は国家教育法起草の段階では、そもそも地方における教育自治体として構想されたと見ることができるが、法の施行後、教育地区の自治的性格には批判が集まった。結果的には、教育地区は中央による地方における教育行政の末端組織として機能するようになり、各教育機関が権限委譲の受け皿となるように修正が加えられた。SBMをより強固なものとするために、基礎教育機関の法人化が2003年7月「教育省管理規則法」第35条において規定された。その結果、各学校は国家教育法第59条に定める、法人としての教育機関に与えられた資源の活用と、財政上の自由を行使できるようになった。学校への寄付を国に吸い上げられることなく自由に運用することが法律によって明文化されたという面が最も強調された（森下、2007a）。国家教育委員会事務局長であったルン・ゲーオデーン氏は、その著書で、教育の質の向上を実現するためには教育機関を「強く」しなければならないということであり、そのためには法人化が効果的であるとした。ルン氏は従来の学校が国の行政機関の末端であったために、教員は創造的でなく、学校の質的な発展を考えてこなかったと批判している。また、中央集権的組織構造であったため、実際の学校経営に必要なこと以外に多くの経費がかかり、非効率であったと述べている。したがって、教育機関が法人として「強く」なり、自己完結的に意思決定することによって、効率性が高まり、コストも削減できると主張した。さらに、SBMは世界的潮流であるとし、グローバル化時代にあっては正統的な方向性にあり、教育機関への権限委譲によって教員に創造的思考を促し、コミュニティに学校経営への参画を促す意義があるとした（Rung, 2003）。

実際の学校現場では、学校運営にかかわる意思決定を現場で行えるため、

例えば予算執行のための繁雑な事務作業や地方の出先機関に書類を届ける時間と労力が軽減されるなど、実感として効果が表れているようである。コミュニティなどから寄付を募ることに関しても、仏教的な功徳行事やパーティーを開くなどの工夫が見られる。ただし、集められる金額には地域間格差があるように見受けられる。その一方で、コミュニティによる学校運営への参画については、未だに形式的にすぎない事例が見受けられ、地域住民が主体的に提案したり、企画したりという動きまでには至っていない。

おわりに：課題と展望

　1999年国家教育法に基づく教育改革は、教育理念の改革までも含む抜本的なもので、実践レベルでの改革施策項目は多岐にわたる。改革デザインは非常に意欲的であったとしても、「絵に描いた餅」になってしまったのでは意味がない。その意味で、これほどの教育改革が、途中で崩壊せずにこの10年間継続できたことは、少なくとも評価されるべきであろう。2006年には15年ぶりとなるクーデターが勃発してタイ愛国党タクシン政権が放逐され、2008年に民主党アピシット政権が発足するまで政治をめぐって混沌とした状況が続いた。その中にあっても、教育改革は大きな混乱もなく推進されてきた。その理由は、1つは、今回の改革が法律に基づくもので、為政者が交代しても、法改正されるまでは正統なものだからである。もう1つは、この法律が公布された当時は民主党チュアン政権であり、アピシット首相は与党内で同法の審議に関して最も活躍した政治家の1人であったことも指摘できよう。

　総括すれば、以上のように肯定的に評価できる改革と思われるが、課題も少なからずある。例えば、カリキュラム改革に関しては、学校が主体的・自律的にカリキュラムを編成する構想であったが、すべての学校でSBCDをうまく機能させることは困難であった。例えば、4～5人しか教師がいない小規模初等学校で、6学年8教科、つまり48本のカリキュラムを自主編成するのはほとんど不可能なことであった。そこで教育省は2003年に告示に

より教育省が定める中央カリキュラム70%、学校が自主編成する地方カリキュラム30%とし、負担の軽減を図る修正を行った。また、2008年には異例の早さで新カリキュラムを告示し、2001年基礎教育カリキュラムでは3学年ごとに示されていた学習内容・水準を各学年ごとに配当する改革を行った。一説には、教師にカリキュラム編成の自由を与えても、それを使いこなす能力がなかったためと言われている。基礎教育機関の法人化についても、法人格を持つことで得られる権限や便益を教育の質の向上に生かしている事例はそれほど多くないようである。基礎教育行政の組織はもともと初等教育と中等教育に長く分かれていたものを統合したばかりで、利害関係のもつれや主導権争いが絶えない。

　今後の展望を考えるときには、これまで10年間にわたる成果を点検・評価し、達成したことと問題点を明確に分析しなければならない。それに基づき、さらなる発展を見通す必要があるだろう。筆者が行ったSBCDに関する共同研究では、予算や人員の不足があってもSBCDが成功している事例もあった（森下、2007b）。そこから成功要因を探ると、①SBCDを推進しようとするリーダーシップの発揮、②コミュニティによるSBCDへの積極的な参加及び関与、③地方行政組織（教育地区・地方自治体）によるSBCDの効果的な支援、④SBCDを促す学校文化（教職員の意欲・やる気など）・組織体質・教師と児童生徒の人間関係、⑤SBCDを促す教育方法（学習者中心主義に立つ教育方法・地方の知恵の積極的導入）の導入といった点が導き出された。さらに詳細な分析の結果、学校の内部では積極的な授業改善に取り組む学校文化を醸成すること、学校の外部ではコミュニティとの対話を盛んにすることの2点が成功のための最も効果的な取り組みであることが明らかとなった。このように多岐にわたる改革を評価し、さらなる改革を進める必要があるだろう。

　タイでは、冒頭に述べたとおり、2009年から「教育改革第2ラウンド」が取り組まれている。どのようにこれまでの10年間が評価され、そこから何を学び取って今後につなげていこうとするのかが重要である。

引用・参考文献

Ministry of Education (MOE)(2001) Thailand, Laksut Kaansuksaa Khan Phun Thaan Phutthasakaraat 2544, Bangkok（森下稔・鈴木康郎・カンピラパーブ スネート訳『タイ仏暦2544（2001）年基礎教育カリキュラム』科学研究費補助金若手研究(B)「タイにおける1999年国家教育法による『教育の質の向上』に関する実証的研究」中間資料集（研究代表者：森下稔）、東京海洋大学、2004年）．
Ministry of Education (MOE)(2003) Thailand, Praraachabanyat Rabiap Borihaan Raachakaan Krasuang Suksaathikaan Pho. So. 2546 lae Kot Krasuang Baeng Suan Raachakaan, Bangkok（『仏暦2546年文部省管理規則法および関係省令』）．
Office of the Basic Education Commission (OBEC)(2005) Ministry of Education, Thailand, Naew Phathibat Nai Kaanjat Kaansuksaa Thaang Luak Thii Jat Doi Kropkhrua lae Sathaan Prakoopkaan, Bangkok（『家庭および企業によって行われるオルタナティブ教育の実施方針』）．
Office of the National Education Commission (ONEC)(2002) Office of the Prime Minister, Thailand, Praraachabanyat Kaansuksaa Haeng Chaat Pho. So. 2542 lae Thii Kaekhai Permtem (Chabap Thii 2) Pho. So. 2545, Bangkok, Phrik Waan Graphic LTD.,（「仏暦2542（1999）年国家教育法および仏暦2545（2002）年改訂補遺（第2版）」科学研究費補助金基盤研究（B）中間報告書『日本・タイ両国における「市民性」の育成に関する実証的比較研究』（研究代表者：平田利文）、大分大学教育福祉科学部、2004年、67-90頁）．
Rung Kaewdang (2003) Rongrian Niti Bukkhon, Bangkok, Wattana Panich,（『法人としての学校』）
鈴木康郎・森下稔・カンピラパーブ スネート（2004）「タイにおける基礎教育改革の理念とその展開」『比較教育学研究』第30号、148-165頁。
チャンタナー・チャンバンチョング（2008）「タイにおける基礎教育カリキュラム改革－特徴・問題・今後の研究動向－」『カリキュラム研究』第17号、日本カリキュラム学会、95-104頁。
平田利文編著（2007）『市民性教育の研究－日本とタイの比較－』東信堂。
村田翼夫（2007）『タイにおける教育発展－国民統合・文化・教育協力－』東信堂。
森下稔（2007a）「タイ：基礎教育機関の法人化と公私協働の可能性」日本比較教育学会編『比較教育学研究』第34号、141-155頁。
森下稔（2007b）『タイの基礎教育改革における「学校を基盤としたカリキュラム開発」に関する実証的研究』（科研費報告書、研究代表者：森下稔）東京海洋大学。
森下稔・平田利文（2001）「タイ」『アジア諸国における教育の国際化に関する総合的比較研究』平成10－12年度科研費報告書（研究代表者：望田研吾）、九州大学大学院人間環境学研究院、93-114頁。
森下稔（2008）「タイにおける義務教育の機能変容と弾力化」科学研究費補助金研究成果報告書『義務教育の機能変容と弾力化に関する国際比較研究』（研究代表者：杉本均）京都大学大学院教育学研究科、227-248頁。
ワライポーン サンナパボウォン（2006）「タイにおける教育行政の権限委譲－基礎教育における意思決定と経費負担－」『比較教育学研究』第33号、45-60頁。

13 バングラデシュ学校教育制度の量的拡大とその諸相

日下部 達哉

はじめに

　本章は、途上国教育研究における新たな方法論を模索しつつ、事例としてのバングラデシュにおける今日の学校教育制度を支える複線的教育制度のあり方、及びそれを受け止める住民の受容について分析しようとするものである。

　おそらく一般にあるバングラデシュのイメージは貧困と災害の国で、少なくとも学校教育に関しても、進んだ国であると考える人は未だ少ないであろう。しかし、ここ十数年を通じて、バングラデシュは途上国の中でも有数の初等教育の量的拡大を遂げた国である。

　1971年のバングラデシュ建国以来、世界の各途上国同様、教育の分野で認識されてきたのは初等・基礎教育の量的拡大の問題であった。建国当初から、初等教育の粗就学率はなかなか向上せず、1990年の時点でも67.51％であった（BANBEIS, 2006, p.21）。量的拡大を達成するため、特に1990年の「万人のための教育（EFA）」世界宣言以降、義務教育としての初等教育は「量的拡大」を確かに成し遂げた。それは97％という粗就学率にも如実に表れたし[1]、世界の中でも南アジア・サブサハラ地域という、教育普及の面で非常に問題があった地域の中で、バングラデシュは特筆すべき量的拡大を遂げたといえ、今なお拡大を続けている。

　2009年9月2日には、国家教育計画制定委員会が作成した国家教育計画（National Education Plan）が政府に提出され、初等5年、前期中等2年、中期中

等2年、後期中等2年、計11年のところを、初等8年、中等4年、計12年にするなど、制度そのものの大きな変更も計画されている[2]。

　また、すでに政府の最大の改革課題は、量的拡大によって必然的に低下した教育の「質」を上げていくことにシフトしているし、国内ではその政策も盛んに施策されている。これは無資格教員に資格を取らせる[3]、あるいは、小学校卒業試験を全国統一試験にする[4]などの政策であるが、バングラデシュのみならず途上国の教育を観察する場合、こうした「質」向上の政策がいかに奏功するかは、当該国の学校教育がいかなる方法で量的拡大を遂げているのか、という詳細を分析した上でなければ難しい。世界的にみても、EFA達成後の課題は質の問題であるという方向で議論が移行しつつあるが、国家レベルでみると、量から質への議論の移行は、量的拡大が達成されたから次に移行するという単純なものではなく、量的拡大が、政界、宗教界、経済界、教育を受容する親や子どもの利害が交錯する厳しい交渉の結果によって生み出されていることを現地の文脈をとらえた上で議論しなければ、教育の質向上のための政策効果は、上がらないのではないだろうか。

　さらに、粗就学率は向上したとはいえ、110％程度まで向上する可能性があるため、未だ「ラスト10％」の就学をいかに実現するかが課題として残っていることになる。この「ラスト10％」の問題は、単に学校へ行ってない子どもたちを就学させるという課題のみならず、政府が制度の範囲内に取り込んでいない、さらに言えば、保護者あるいは宗教的権威がナショナルな制度とかかわることを問題視するような場合もあることを示している。

　本章では、以上のような状況にあるバングラデシュを事例として取り上げるが、バングラデシュのような、学校教育制度が法的に整備されて間もない、発展途上にある国々の教育を研究する場合、日頃日本で我々が使っている教育「制度」という言葉、さらには住民の学校に対するイメージなど、先進国水準における教育関連の諸概念規定は、そのまま適用が可能なものではない。このため、先進国の教育や学校になじみの深い我々からみれば、どうしても「遅れた国」の研究としてとらえられがちである。たしかに学校教育制度の歴史をみればそれは、歴然としているが、政府の持つ教育制度整備の現代的

目的、あるいは住民の学校に対するまなざしは、過去の先進国の歴史のなかで起こった学校制度とは異質なものであり、現代のグローバル社会と直結した問題である。こうした「バングラデシュで今、教育をめぐって何が起こっているのか」を分析するための概念規定の問題、及び分析手法について議論を行う。その上で「1990年代を通じてバングラデシュの学校教育では何が起こったのか」量的拡大の視点から分析し、現状分析に移行する。

1. 教育「制度」概念の理論的貧困

議論の前提として、本章における教育「制度」概念についてのとらえ方を述べておこう。というのも、制度という言葉の辞書的な意味は、「強制され習得され、慣性化した行動様式一般で、拘束のシステムとして機能する社会的なもの」(見田、1994、536-537頁)とされているが、この行動様式説は、現在成立し得ないものであるという(盛山、1995、4頁)、極めて重要な指摘があるためである。このことは、義務教育制度を作れば即、義務として就学行動が起こるということではまったくないように、比較教育学の分野でも、受け皿である住民の教育政策受容のあり方を含めた分析枠組みが必要であることを示唆している。以下で若干の問題提起をしておくことにしよう。

政府の力が弱い南アジアの各国では、学校教育「制度」が拘束的システムとして機能しているわけではない。しかし、例えば日本をはじめとする先進諸国では、いじめ、不登校、中途退学などは、施策側である政府にとっても、また、学校教育の受け皿である国民の側にとっても深刻な教育問題の1つであった。しかし、これが深刻であるととらえられるのは国民のほぼ全員が、学校教育制度が自分たちを拘束しているかのように就学するからである。日本ではそれらの「深刻な」教育問題を解消するため、2000年の教育改革国民会議を皮切りに、さまざまな改革の手法が取られ、義務教育のあり方は、少なくともその仕組みの上では全国的に斉一的なものから、地方ごと、さらには学校毎の多様なもの・個性的なラインナップをそろえる体裁をとろうとした[5]。これは、学校という機関に対する危機意識が国民において家族や個

人といったかなりミクロなレベルまで共有されていたことを反映しているものと考えられる。学校や教育の問題は、学校教育の持つ意味体系が一人ひとりに根づいているからこそ、例えば「学校へ意図的に行かないこと」が問題視されるのであり、「これをどうにかしよう」という改革の動きにつながったのである。また少なくとも、日本の義務教育レベルにおいて、それが「義務」である以上、教育改革という言葉には、法改正を含む規制緩和や教育制度の弾力的運用による改革の断行によって、つまり法的拘束力の強弱のコントロールが自分たちの教育や子どものあり方に、大きく関連があるため、マスコミを含めて敏感に反応するような状況が見受けられる。

　ところがバングラデシュでは、未就学、不登校、中途退学も、もっぱら政府にとっての問題であり続けた[6]一方で家族や個人の側にとってはさほどの問題ではなかった。僻地農村においては、2010年を迎えた現在でも、これらは、地域によってはさほど問題視されるものではない[7]。それは、徴税と所得再分配機能の欠如、社会保険の未整備、きわめて大きな格差問題といった、基本的人権を保障しきれない現状があるのと同様、基本的人権の一部である学校教育も、英領期の1853年に着想されてから1990年のEFA政策として本格的に制度拡充が進行するまで、基本は下級公務員養成のためのものであり、ある一定の富裕層については、「就学し、上の教育段階までいく」ことはあっても、貧困層の人々については、ある程度成長すれば、就農あるいはその他の労働に従事することが主なライフコースであった。もし学校に興味を持ち、成績も良い子どもがいれば、他の兄弟が農業に従事するなどして、1人の教育を支えるなどして、メリトクラティック（業績主義的）なサクセスストーリーを実現する稀な例もあったが、基本的には、貧困層である自分たちがそうした「意味体系の外」にあることを自ら認めていた。つまり学校教育を経由した人生設計は難しく、チャレンジングな選択肢の1つであった。そもそもこうした状況が、日本で一般に持たれている学校教育制度の観念とは異なっている。

　またバングラデシュでは、建国時に草創された憲法で教育を基本的人権の一部と規定し、1990年、義務初等教育法を成立させており、法として条文

化された状態にある。しかし就学していなかったり、中途退学したりする子どもは相当数いる。これを杓子定規に解釈すれば、国民がこの法律に従っていないことになるが、就学していたとしても、いかに学校にコミットしているのか背景を調べなければ、質向上への議論の足がかりはできないし、いくら教員の研修を行って質を上げようとしても、意欲の乏しい子ども、というよりも学校における授業に興味を感じているか、あるいは卒業後の見通しを持っている子ども以外を前には効果が薄い。

　こうした指摘ができてしまう状況は、途上国を分析対象と想定していなかった社会科学の理論的貧困といえる。盛山は制度の概念について、「制度は理念的な実在であって、基本的には意味及び意味づけの体系である（盛山、221頁）」とし、「個々人の思念における実在の中に存在する」あるいは「制度とは概念的世界にしか存在しない」（盛山、1995、221頁）」と述べる。この盛山の論はつまり、意味づける主体である個人や世帯といったレベルの教育戦略や、理念といったものを含めて「制度」だととらえ直した上で制度分析を行う可能性がひらけていることを示唆している。これは社会科学の理論的貧困を指摘すると同時に、これまで支配的であった外国教育事情から、途上国の比較教育研究を理論的に展開していく上で、有用な概念の提示といえる。こうした概念に沿ってバングラデシュのみならず途上国の教育「制度」を研究対象とする場合、住民、学校、世帯、個人など、ミクロレベルの文脈において彼らの学校教育制度的意味体系を解釈し、かつそれらが国家、政治、政策などマクロレベルな事象、ある場合には地方自治体などメソレベルの事象とどのような結節点を結んでいるのかを明らかにしていくような視点を持つこと、つまり、法制度としての学校教育が、政策として降りてくる教育政策的視点に加え、現代において人々にさまざまな影響を与えている家庭や地域の状況、宗教の状況、産業や経済の状況など、隣接領域と教育のリンケージにも視点を置く必要がある。こうした教育の外部要因まで含めた教育制度研究を展開することで、教育関連の法制度整備と、人々の教育に対するふるまいの連関を明らかにし、途上国分析のための新しい教育制度研究を試論したい。

2．途上国比較教育研究の理論的地平

　では、上記の新しい制度論でバングラデシュの学校教育制度をとらえ直すと議論はどう展開するのか、また、具体的な分析ツールにはどのようなものがあるのだろうか。本章でも、学校に就学する行為の増減を、就学率や修了率でとらえる以前に、「農村住民が学校教育制度にどれほどの意味を見出し、就学という行為を行っているのか」とらえていくこととしたい。

1　バングラデシュ農村での学校教育制度のあり方

　本格的な初等教育拡充政策以前に、バングラデシュの僻地農村において、学齢に達すれば就学するのが自明のことであったのは、一部の富裕層であり、学校教育に触れることもなく、就農を予定していた貧困層の子どもたちは、そうした意味体系の外にあった。たとえ小学校中退でも、政治的コネクションさえあれば公務員やチャクリー（賃労働者）になれる、というような意味体系が幅を利かせるバングラデシュ農村では、卒業して中学に入り、あわよくばその先の教育段階まで進学することは、授業料を支払えないという理由もあるが、農作業ができる子どもを学校に行かせることで起こる機会ロスという理由もあった。つまり、国民の大部分を占めるバングラデシュ農村の貧困層は、かつての日本におけるような、「良い学校に行き良い就職を得る」意味体系の中にいなかった、さらにいえば、意味体系の存在を認識しながらも自らをその外に置いていたのだといえる。

　仮に就学したとしても、バングラデシュの場合、子どもは学校において名前を登録し、一定の期間通学し、授業を受け、小学生の段階でも卒業試験に合格しなければならない。卒業に至って初めて学校教育制度は制度として機能したことになるが、人々は、法に従って就学するわけではなく、学校教育制度を経由した人生を歩もうと決めた人のみが、このような段階的諸行為を、意志的に遂行する上で学校制度は制度たり得る。日本では近年になってほころびが出てきているものの、大多数が義務教育段階までの就学〜受験〜卒業という段階的諸行為を意志的に遂行していると考えることができる。この部

分に日本人である我々が抱く学校教育制度の前提があって、その前提を保ったままで途上国といわれる国々をみようとするのではないだろうか。

またさらに、徒歩通学圏内に学校という建造物が存在し、恣意的なものではあっても一応は学籍簿が存在し、卒業試験に合格すれば証書が発行され、それが、就職の際には能力を証明する根拠となりうるような、一連の、モノの体系がなければこれも制度たりえない。卒業証書が単に紙切れなのか、学習を終えた記念のモノなのか、あるいは次の教育段階に行くための証明書なのか、住民側におけるモノの価値体系も制度を支える要素として検討が加えられるべきである。

国際的外圧の産物である初等教育制度は、法律として明記され、順守すべき就学の規定を"瞬時"に作りだす。それゆえ、農村における教育制度を活用するような意味体系のなかにいない貧困世帯、さらにそれを概念として持っていないような世帯は、「留め置かれた存在」としてしかとらえられない。しかし、彼らの子どもたちへの教育戦略もしたたかに練られ、就学〜受験〜卒業という「義務」教育制度に内包される段階的諸行為を意志的に遂行しうる人々も増加してきている。彼らは、教育拡充政策によって誘引されて就学した人々とは基本的に異なり、制度を制度たらしめるための主役である。

2　途上国教育研究における分析枠組みの発展

こうした背景を持つ国の教育分析について、比較教育学では、中心－周辺、再生産、南北問題といったキーワードを用いて先進国と発展途上国の関係を支配－被支配の文脈で浮き彫りにしようとする従属理論（dependency theory）が頻繁に適用されてきた。しかし、経済学における従属理論のミスリーディング同様、アジア諸国には主体性があって、大国に振り回されるばかりではないし、アジア各国の政府や国民が、教育に対して確固たるビジョンを持っていることを重視しなかったことが、アジアにおける途上国の教育理解を停滞させたことは否めない。こうした状況については、すでにノアとエクスタインが、批判的検討を加えている。両者は、中心諸国と周辺諸国の関係性は権力にしろ、経済力にしろ、現実は非常に複雑なものを持っている。にもかか

わらず、そうした複雑性を単純化しすぎる傾向があり、イデオロギーの落差を埋めることはできても、経験科学・実証科学として問題があると指摘した（ノア／エクスタイン、2000、167-193頁）。また筆者も、従属理論的な教育把握を「現地で展開されるヘゲモニー闘争にヴェールをかける」という指摘をした（日下部、2007、36-40頁）。

こうした従属理論的限界に対し、マイヤーとラミレスは「教育の世界的制度化（World Institutionalization of Education）」という概念を用いて、途上国を含む世界中の国々で同じ学習内容が、ある場合には公民科の科目でさえも同じ内容が学ばれるようになっており、途上国の、首都から遠い地方でも、教員養成が専門職化されていることをつきとめた（Mayer & Ramirez, 2000, pp.112-132）。これにより、教育がいますぐに利得を生み出すわけではない、現時点で必要なのかどうか疑問もあるような地方でも世界的な教育モデル（英語、数学、科学などを基本としたカリキュラム）を取り入れようとする途上国政府の世界的な同質化をクローズアップした。こうした分析は、標準的な国民国家を目指そうとする途上国が、いかに世界的な教育モデルを範としているかを国家レベルの視点から描いた、途上国の教育を分析する上で非常に重要な研究のあり方だといえる。彼らは、「新制度学派」と呼ばれる研究者たちで、従属理論的理解とは異なり、途上国政府の主体性というものに着目した画期的な研究であった。この考えは教育の自己増殖モデルともいわれ、比較によって政府の主体性を描き得た研究といえるが、各国の内部で起こっている出来事はわからない。

この問題については、地域に根ざしつつも多文化を尊重する教育発展のあり方を目指す内発的発展論に基づく諸研究がある（江原、2003）。本章の文脈からいけば、この内発的発展論では、ローカル・ナレッジのような草の根の主体性に着目した研究だといえる。しかし、途上国といわれる国々の大半はその内部でさえきわめて多様である。そのため、ミクロな視点からの研究は多くの研究群に埋没しがちであり、俯瞰しにくい問題点も持つ。ミクロな視点からの研究はそれだけでも意義あるものだといえるが、「多様性をいかに描くか」という課題は方法論を洗練することによってしか解決はできない。

分析手法の研究では、ブレイとトーマスが1995年に大きな業績を残している。彼らが構築したマルチレベル分析の枠組み（**図13-1**）は、それまで比較教育学がはっきりと国内比較（intra-national）というよりも、超域的、超国家的な比較を主張し続けてきた状況、すなわちそれこそが比較教育学を他の教育諸学とはっきりと識別をしてきた状況に対して、国内の諸地域や個人レベルに至るまでの、比較のより細かな単位を明示的に表し（Bray & Thomas, 1995, pp.472-490)、国家を主要な分析単位としてきた比較教育学に一石を投じた。1996年にこの分析が掲載された論文は、会員数2万人、教育研究の分野では最大級でおそらく最も威信の高い組織であるAmerican Educational Research Association（AERA）によって、「国際研究オブザイヤー」に選ばれるという、記念碑的業績となった（Bray, 2004, pp.7-8）。

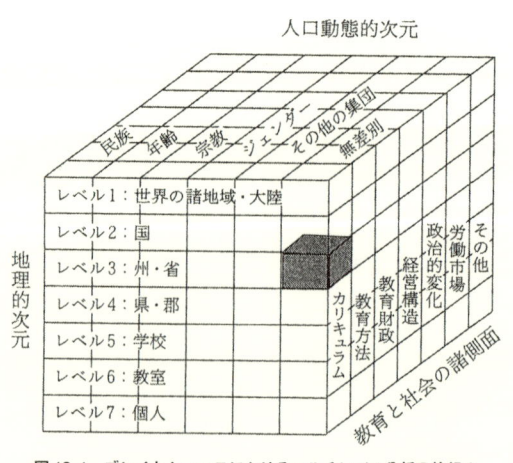

図13-1　ブレイとトーマスにおけるマルチレベル分析の枠組み
(出所) Bray & Thomas(1995), pp.472-490.

　こうしてみると、民族的、宗教的、社会的、あるいは地理的にも多様性が高い国・地域を分析するための概念・方法論がすでに存在しており、途上国の教育の個性記述とともに、こうした途上国への視点を研究に取り入れていくことで、途上国の人々の持つ、教育への新たな意味づけといったものを検証することができるだろう。またそれなしには、結局遅れた国の遅れた教育

を描いてしまうことにもなりかねないのではないだろうか。

3．政府の視点から見た量的拡大の背景

1　バングラデシュの緩やかな複線的学校教育制度

　バングラデシュの学校教育制度改革は、英領期の1853年に、イギリス下院特別委員会がインドで行った教育開発調査をもとにした、『ウッド教育書簡』（執筆は東インド会社のチャールズ・ウッド）で近代教育制度の樹立がうたわれたことに始まり現在に至る。現在はむろんバングラデシュ政府が制度運営を担っているが、ナショナルな学校教育制度が存在する以前から、隣国のインド同様、建国以前から教育NGO、イスラーム神学校であるマドラサ、サンスクリット教育を行うためのパリ／トルと呼ばれる学校も存在した。

　バングラデシュでは、こうした状況を1つにまとめ上げるため、複数存在するある種の教育の形（NGOによる教育やマドラサ）を注意深く判別、認定し、それらを教員給与などの資金的裏付けとともにナショナルな学校教育制度に取り込む。その結果、表向きには（図13-2）のような制度ができあがった。

　この学校教育制度のなかには、NGOやマドラサという、いわば傍流ともいえる教育機関[8]も、政府によって認可され、教育政策に絡め取られたことによって、含まれている。（図13-2）で見ると、世界的に同じようにみえる学校教育制度も、その構築過程をみてみると、複線的な学校教育制度で、そうしてできあがった制度は、後述するように非常にゆるやかなまとまりによって保たれていることがわかる。

　政府は1990年、タイのジョムティエンにおいて採択された「万人のための教育世界宣言（Education for All, EFA）」に呼応し、初等教育就学率と識字率の向上を目指した。同年、義務初等教育法を制定、1992年からは女子に対して前期中等教育までを無償化、低所得者層の20％に対して就学の見返りに10数キロの穀物を与えるプログラムも開始、また2002年からはこれを100タカ（200円程度）の現金に換えて支給し、就学促進政策を進めてきた。その結果、2005年には粗就学率が96％、純就学率が90.1％に達したが、

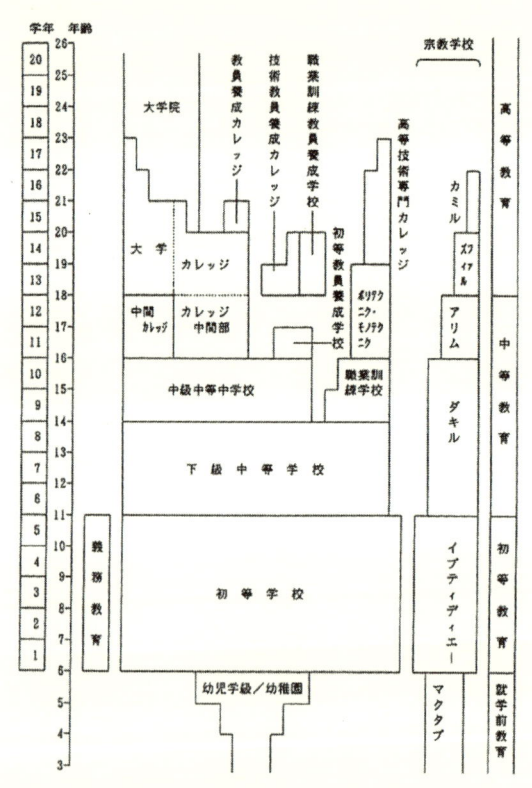

図13-2 バングラデシュの学校教育制度
(出所) 文部省 (1998)『諸外国の教育』115頁。

その後に控える前期中等教育の粗就学率は43％と停滞している (BANBEIS, 2006)。つまり卒業後のプレースメントについてはあまりうまくいっていないのである。

途上国の教育を考えたとき、本当の問題は、構築された学校教育制度が、機能しているのかどうかである。上記のような状況で、学校教育制度が十全に機能しているとは言いがたい。

2　プライベートセクターに頼った量的拡大

初等教育と前中期中等教育は大まかに政府立学校（ガバメントスクール）と

登録私立学校（ノンガバメントスクール）に分けられ、90年代から増加したのは登録私立学校の方である。1990年から2004年まで政府立小学校が37,600校程度から増加しなかったのに対し、登録私立は9,586校から45,197校まで実に4倍以上の数になったのである (Planning Commission Ministry of Planning, 1997, p.421)。これは、最初は村などの共同体で協力して学校を作り、数年間、未登録私立学校として運営を行い、軌道に乗ったら登録私立に昇格させた結果、増えたものである。登録されれば教員給与が政府から支給されるが、この登録私立になるまで、あるいはなってからも、現地や外国のNGO、村の富裕層などが、援助あるいは実質的な設立をする余地がある。これにより小学校は増えると同時に、これまで学校になじみがなかったような子どもも多く就学した。

4．NGOによる教育事業

　NGOは1980年代から教育部門に対して活発に活動を行い、初等教育分野ではブラック（BRAC）、プロシッカ（PROSHIKA）、キャンペ（CAMPE）など大規模なものから中小規模なものまで活動している。これらの多くは学校として認可され、政府から教員給与が支給されるようになっている。
　NGOの教育へのアプローチはさまざまで、BRACのように独自のカリキュラムを組んで、通常5年の初等教育を3年で修了させることも可能である。同時に政府系学校と同様のカリキュラム・教科書を使用して5年の年限を守っているNGOもある。評価の高いNGOでは、政府系学校の教員とそれほど変わらない背景しか持たない女性を雇いながら、訓練や指導を徹底して高い教育効果を生み出している。また、児童数が政府系学校の40～60人に比べ2、30人に抑えられている (齋藤、2003、249-255頁)。むろん、評価の高いNGOがあると同時に、改善の余地を残す団体もあるが、近年では中等教育にも教員用プログラムを提供するなど、教育分野におけるNGOのプレゼンスは以前より大きくなってきている。
　NGOによる教育改善施策に対しては、資金提供者であるドナーの理解が

得やすく、資金援助は安定的であるため、NGO のプレゼンスは急激に高くなった。結果として、バングラデシュでは最も大規模な教育支援を展開する NGO である BRAC による補習教育などでは、小学校 32,000 校、就学前教育（幼児教育）16,025 校を数え、生徒数約 100 万人、今までの卒業生 349 万人（BRAC, 2006.6, HP）を数えている。

　NGO 側からみても、活動における教育の占める割合は非常に大きい。2003 年度の『バングラデシュ NGO ディレクトリー』を参考にみてみると、まず国内では比較的大規模な 2,152 の登録 NGO が、いくつかの活動団体に登録されている。これらにアンケートをとり、1,100 の NGO を調査したら 703 が教育にかかわっているという調査記録がある。なかでも 79.5％は、NFPE（ノン・フォーマル・プライマリー・エデュケーション）、39.5％が成人教育、28.5％が青年期教育、31.6％が就学後継続教育、5.7％が幼児教育という内訳になっている。これらから推定すると、教育関連の NGO の総数は 1,000 を超えていると推察され、バングラデシュの NGO の半分程度は教育に携わっていると推定される。政府は、これら NGO 自体の裁量をある程度認めつつ、巧みに学校教育制度の中に取り込んでいった。そのことによって学校数、就学率など、量的拡大の側面に大きく貢献させたのである。

写真 13-1　BRAC スクールでの授業の様子

5．マドラサ（イスラーム神学校）

　宗教学校は**図 13-2** にもある通り、学校教育に並ぶイスラーム教育体系で、教育省が管轄している。また、イスラームの宗教学校はマドラサと呼ばれている。普通学校同様に、マドラサの数も 1970 年に 1,518 校であったものが 2005 年には 9,214 校にまで増加し、教師数、生徒数ともに非常に増加してきている。マドラサではアラビア語や宗教科目も学ぶが普通学校と同じように国語、数学、科学、英語などナショナルカリキュラムに準じた一般科目も学ぶ。このため修了証は普通学校と同じように通用する。つまり初等レベルのイブティディエーを卒業しても、普通中学校に進学するといったことが可能である。普通学校同様、政府立と登録私立がある。このマドラサも非常に増加し、就学率成長の一因となっている。この政府系マドラサのことをアリアマドラサと呼ぶ。政府は、もともとは寄付金などで独立採算の運営をしていたマドラサも学校教育制度に取り込むことで、量的拡大を達成しようとしたのである。例えば、普通学校が 1 日 6 コマの授業を行うところ、アリアマドラサでは 8 コマとし、2 コマはアラビア語や、ハディースなどの宗教的科目、6 コマは普通学校とまったく同じ内容を学ばせ、100％ナショナルカリキュラムを担保させたのである。

　一方、バングラデシュにはコウミマドラサという、公的な学校体系とは完

写真 13-2　コウミマドラサの試験の様子

全に切り離されたマドラサも存在する。このマドラサは村人からの寄付金を中心とし、中東移住者からの送金なども受け入れて運営されている。カリキュラムも宗教科目が約8割を占め、教授用語もアラビア語、ペルシャ語、ウルドゥー語を駆使するなどより宗教色の濃い内容になっている。コウミマドラサに通った場合、得られる修了証は独自のもので、普通中等学校に進学はできない。正確な学校数は統計に表れないが、このコウミマドラサも増加が指摘されている。またほとんどが男子生徒から構成されていたマドラサも、90年以降は女子生徒が増加し、女子マドラサも増加している。

　筆者が教育省で行った調査では、80年代からこのコウミマドラサをいかに学校教育制度に取り込むか、非常にシビアな交渉があったことが明らかになった。コウミマドラサはコウミマドラサ委員会という代表機関がダッカにいくつかある。コウミマドラサとしては、独自の教育スタイルを守りつつ、政府の設定する中等教育修了証などについて、修了証の読み替えは求めていく姿勢であったが、政府としては、修了証の読み替えをするには、100％ナショナルカリキュラムを担保しなければ認められないという交渉であった。コウミマドラサの生徒は増え続けており、卒業後の進路保障もこれから難しくなるし、一方で、先述した「ラスト10％」のうち相当な生徒数がこのコウミマドラサに通っていることも明らかであったため、政府は、この交渉が妥結すれば、かなり就学率を向上させることができると踏んでいた。

　2009年に入って、この交渉が進展した。それは総理大臣シェク・ハシナとコウミマドラサ委員会の代表との会談が持たれ、政府が、コウミマドラサ委員会の存在を公式に認めたというものであった。コウミマドラサの側は、いくつかの派閥に分裂しているし、8割程度が宗教的科目で、教授用語もアラビア語、ペルシャ語、ウルドゥー語を用いるなど、課題は多く残るが、政府から教員給与が支給されることは、寄付金頼みの不安定なコウミマドラサ経営を解決する有力な方法である。こうした動きは、イスラーム世界では注視されており、今後のイスラーム教育のあり方を分析していく上でも興味深い。

6．人々の教育へのまなざしと複線的学校制度

　制度を受容する側であるバングラデシュの人々の、教育に対するまなざしも熱くなってきている。国民の大半を占める貧しい世帯の親たちは、できることなら自らが苦労してきた雑業、農業労働や分益小作といった仕事よりも、まとまった現金収入が得られる仕事を子どもにさせたいと考えるし、そういった職種がある程度の学歴を求めてもいる。また、かつては1人の母親が、場合によっては10人を超える子どもを産み、1人の優秀な子どもに教育資金を集中、他の兄弟は農業や雑業に従事してそれを支えていたような状況が変化し、2、3人の子どもすべてを就学させ、可能な限り教育を続けさせる状況になってきている。

　さらに、すでに筆者が指摘したように（日下部、2005、213-227頁）、国の経済的発展に伴って、地域によっては女子教育も盛んになってきている。もともとインド亜大陸には、パルダ規範という、未婚女性を家の中に隠してしまう風習がある。また、結婚するとき、女性の実家から嫁入り先に、巨額の花嫁持参金が必要である。しかし、外資系工場などは、女子労働力を求めるし、工場に職を得れば、バングラデシュの一般的な職業と比べて条件の良い給料が、決まった日に支給され、なおかつ結婚の際にこうした女性は、花嫁持参金（ダウリ）が軽減される。そのため、ある近郊農村では、親がパルダの考え方を変え、積極的に学校に行かせる事例も増えてきている。農具の鍛冶や、精米所などの農村工業において、学歴はほとんど必要ないが、外資系の工場などで働く場合も増えて人々の学歴意識にも変化が現れている。雇用先に認めてもらうために学歴を身につけることを「シグナリング」と呼ぶ。もっぱら男性のものであったこのシグナリングが女性の社会進出に際しても行われるようになってきているのである。むろん地域性があり、主に外資系工場のような大規模で近代設備を備え、毎月きちんと給料が支払われるようなところでは女性のシグナリングが増加している。

　こうした社会状況のなか、親の前に、また子ども自身の眼前にも、政府立学校、登録・未登録私立学校、NGO学校、アリアマドラサにおける普通教

表 13-1 初等教育機関の種類

No.	初等教育機関の種類
1	Government Primary School (GPS)
2	Experimental School (EXP) attached to PTI
3	Registered Non-Government Primary School (RNGPS)
4	Community School (COM)
5	Satellite School (SAT)
6	High School attached Primary Section (H/A PS)
7	Non-registered Non-Government Primary School (NGPS)
8	Kinder Garten (KG)
9	Ebtedayee Madrasha (EM)
10	High Madrasha attached Ebtedayee Madrasha (H/A MAD)
11	NGO-run Full Primary School (NGO)

(出所) 2009年の初等大衆教育省資料による。

育、それからコウミマドラサと、教育の多様な担い手が次々に現れた。国家の手によって準備された初等教育ストリームだけでも、実に11通りもある（表13-1参照）。これに各地で行われているコウミマドラサをはじめとする宗教学校を加えると、12通りの選択肢が、親や子どもの前に存在することになる。

さらに、多少余裕のある親たちは、すし詰め状態になって質が低下した普通学校を敬遠し、高額な授業料を徴収し、優秀な教師を集めた未登録私立学校に子どもを行かせるケースが増加している。このような私立学校は登録を行わず、優秀な大卒教師、コンピューターや理科実験室など、政府立にはないような施設を完備しており、小学校からでも高い授業料を徴収するが、どの地域でもかなり繁盛している。

おわりに

本章では、これまで十分には描かれてこなかった住民における学校教育制度の概念のあり方も含めて「制度」と規定し、マイヤーとラミレスが行った教育の「世界的制度化」論において重視された、途上国の主体性も分析の範

疇に入れた。また、ブレイとトーマスのマルチレベル分析を参照しながら、政府〜学校・NGO・マドラサ〜住民と視点を結んで分析してきた。

　結果として、バングラデシュでは、多様な学校教育の担い手を政府が巧みに取り入れ量的拡大を図った事実が明らかとなった。その量的拡大の背景には、把握しておくべき動きがある。その動きとは、政府が1990年に定めた義務初等教育法によって、NGO、マドラサなどさまざまな担い手が現れ、画一的ではなく、あらゆる初等教育の学び方を住民に提案し、それに呼応し、多種多様な担い手が教育に参入してきたことである。さらにそれぞれの担い手は、自らの独自性を強調し、新しい生徒を獲得していかなければならなくなり、そこにはある種の「市場」が出現した。この状況に対して政府は交渉を行い、教員給与と引き換えにナショナルカリキュラムの担保を迫ったのである。

　さらに、制度を受容する人々も、決して豊かとはいえない生活を送りながら、慎重に子どもの学校を選択しようとする人々が増えている。脱農と女子教育については、特筆すべき動きがあるが、そうした需要にいち早く反応し、小学校を建設したり、女子高校を作ったりと、供給側にも現場ではさまざまな動きがみられる。こうした動きの背景として、人々の意識のなかに学校教育制度の意味体系ができつつあるのではないかと推察できる。

　現在、バングラデシュは、途上国のEFA政策に対して、教育発展のモデルを提供する側にまわろうとしているが、こうした量的拡大の背景をみた上でのモデル提供でなければ、多くの教育的損耗（ウェステージ）を発生させてしまうだろう。

　本章では不十分ながら、バングラデシュ内部における教育の政府の主体性と農村における主体性を関連させて初等教育の量的拡大の背景を描いてみたが、別稿に譲るべき研究課題も残されている。それは、本章で描かれている出来事が、国を超えてグローバルな事象と結びついている部分である。本章で述べたミクロな部分と、グローバルな事象とが、分析の上で関連を持つことで、さらなる国際比較研究への発展可能性が残されている。

注

1 粗就学率に対して純就学率は 2005 年で 90.1％と若干低い。これは、児童労働や、親の無関心による未就学が原因であるのみならず、中等教育の就学率が 2005 年の時点で 40.35％と非常に低いように、たとえ子どもが学校に行ったとしても、卒業後のプレースメントまで含めて考えられているわけではないため、中途退学が相当数出ていることも原因として考えられる。

2 ダッカで発行されている 2009 年 9 月 2 日付 New Age 紙は、同日、National Education Policy Formulation Committee が作成した案の中には、計 11 年しかない初等中等教育を 12 年まで拡大する方向に進める内容が含まれていることを報じた。

3 これまでバングラデシュの教育研究は、教育の普遍化（UPE）や、農村の教育開発問題、学校教育におけるジェンダー格差の問題など、基本的に「教育アクセス」や「教育の機会均等」すなわち「量」の問題がメインであったが、最近では「質」についての研究が増える傾向にある。例えば小学校の教師に焦点をあて、その専門職化について研究を行ったの研究などがある（Quddus, 2008, pp.1-255）。近年、「量」から「質」への過渡期を迎え、政府やマスコミ、研究者たちの間では議論が盛んになっている。

4 これまでバングラデシュの小学校の卒業試験は、学校ごとに行われるのが基本であったが、政府は 2009 年、全国統一試験とする方針を固めた。

5 日本を含む諸外国の中等教育の多様化・個性化は、望田研吾教授（九州大学）を代表とする研究グループが調査を行った。また、杉本均教授（京都大学）を代表とする研究グループも、義務教育の弾力的運用についての調査を行っている。本論では紙幅の関係上これらの詳細は述べないが、文献を参照のこと（望田、2004；杉本、2008）。

6 就学率や修了率の伸び悩みは、教育分野への投資に対する、ウェステージ（損耗）の増大を招くことになり、教育セクター内の内部効率性を悪化させる。このことはさらに、教育分野から経済社会分野へのポジティブな影響すなわち外部効率性を悪化させることにもつながり、教育歴を持たない貧困の人々を抱えつつ、世界経済の中でも国をなかなか浮揚させることができない状況をもたらす。また、多くのドナーから援助を受けるバングラデシュは、教育の発展については、どうにか右肩上がりの数字を保たなければならない事情も存在する。

7 これは必ずしも学校に通う子どもが少ないということを意味しない。僻地農村においても学校教育は発展しているし、特に富裕でもない世帯が子どもに家庭教師をつけたり、普通の小学校の質が悪いから、高い授業料を払ってでも私立学校に通わせたりする親がおおぜいいる。しかし、中途退学や長期欠席をしたからといってそれが問題になるものでもない。農村ではそのまま親の農作業を手伝う、マドラサなど別の種類の学校へ通うなど、普通の学校に代わる居場所は多くある。また、「今は行きたくないが、それなりにやる気が出てから」復学するというケースも頻繁にみられる。よく話を聞いてみると、なりゆきに任せて退学しているわけではなく、個人が、自分、そして家の状況、家をとりまく社会や経済の状況に鑑みて自己決定を行った結果である（あるいはその種の理由をつけることができた）ため、問題視されていないだけで、

学業怠慢による退学などは親の目も厳しい。
8　ここで傍流というのはあくまで組織内における位置づけの問題であって、非常に大きな NGO 学校のなかには、生徒の人数を抑え、教員の研修を行い、公立学校よりも高質な教育を展開するようなところも存在する。

引用・参考文献

Bangladesh Bureau of Education Information and Statistics (BANBEIS)(2006)*Bangladesh Educational Statistics*.
BANBEIS(2009.9)HP, http://www.banbeis.gov.bd/
BRAC (2006.6) HP, http://www.brac.net/
Bray, Mark and Thomas, R. Murray(1995)"Levels of Comparison in Educational Studies: Different Insights from Different Literatures and the Value of Multilevel Analyses", *Harvard Education Review*, 65(3),pp.472-490.
Bray, Mark(2004)"Comparative Education: Traditions, Application, and the Role of HKU",*20th Anniversary Inaugural Professorial Lecture*, Univ. Hong Kong, pp.1-32.
Planning Commission Ministry of Planning(1997)*The Fifth Five Year Plan 1997-2002*.
Quddus, Abdul S.M.(2008)*The Feasibility of Professionalization of Primary-School Teachers in Bangladesh-A Critical Analysis of the Actors and Factors, 1971-2001*, A. H. Development Publishing House.
Mayer, Jhon W. and Francisco, O. Ramirez (2000) "The World Institutionalization of Education", in Schriewer, Jurgen(ed) *Discourse Formation in Comparative Education,* Peter Lang pp.112-132.
江原裕美編（2003）『内発的発展と教育』新評論。
日下部達哉（2007）『バングラデシュ農村の初等教育制度受容』東信堂。
日下部達哉（2005）「バングラデシュ農村部におけるジェンダー意識の変容」保坂恵美子編『比較ジェンダー論－ジェンダー学への多角的アプローチ』ミネルヴァ書房。
齋藤英介（2003）「機会拡大から質改善へ」大橋正明・村山真弓編『バングラデシュを知るための 60 章』明石書店。
杉本均編（2008）『義務教育の機能変容と弾力化に関する国際比較研究』平成 18–19 年度科学研究費補助金（基盤研究 B）研究成果報告書』。
見田宗介他（1994）『社会学事典（縮刷版）』弘文堂。
望田研吾編（2004）『中等学校の多様化・個性化政策に関する国際比較研究』平成 13–15 年度科学研究費補助金（基盤研究 A（1））研究成果報告書』。
盛山和夫（1995）『制度論の構図』創文社。
ハロルド・ノア／マックス・エクスタイン（2000）「比較教育学における従属理論－ 12 の教訓」ユルゲン・シュリーバー編著、馬越徹・今井重孝監訳『比較教育学の理論と方法』東信堂、167-193 頁所収。

14　多民族社会における教育の国際化への展望
──民族教育・民族学校を基軸とした国際化に向けて

竹熊　尚夫

はじめに

　21世紀の社会において、国際移動が現在よりさらに容易となれば、世界のほとんどの国家では一時滞在者（sojourner）としての多様な国籍・文化が街の一角を構成し、住民は多様な文化・言語・生活を享受することができるようになる。ただ、一時的な現象としての商業活動等から始まるものであっても、人間の多様な生活活動は永続性を持つ現象であり、当然のことながら人間のライフ・サイクルに基づくものであるため、婚姻、家族化、定住化や国籍変更をもたらし、移住先である国・社会への社会的統合（social integration）過程において、移住者と受入社会双方はさまざまなコンフリクト（conflict）を抱え込むことになる。
　一方で、外界との適度な葛藤やコンフリクトは双方の生活を「豊か」にするためには避けられない必要条件でもある。国内にあってさえも、程度の差こそあれ、さまざまな地域、辺境からの人の流入とそのことによる都市の創設、知識の集積・拡大などに、多くの「発展」と位置づけられる事象がみられる。1つの地域に縛りつけられた価値観や思考方式や環境からは、変化は容易には生まれにくく、ある程度の自由な発想による個性的な努力が蓄積され、構造化、定着される場に文化や特性が生じるのであろう。
　本章では、既存の多様な文化的背景を持つ社会の構成員が、移住先の社会で活躍することが求められ、またその役割を果たすことのできる人材を養成し、かつ市民としての資質・資格を修得させる、養成することのできる学校

教育の側面に注目する。

　学校教育は一般に、将来の社会のビジョンとして求められる教育目標と、当地における教育や成長としてあるべきもの（sollen）として想定される教育像の両面から、人材養成において当該社会で貢献することが「期待」されている。ただし、これらは予測や期待であり、時間的経緯や社会、市民意識の変化のなかで教育の成果は測定並びに検証が容易にできるものではない。ここではまず、さまざまな国及び地域においてマイノリティのための学校教育に求められる教育理念や制度と、当該国・地域の現在の社会状況とを相対させることで、多民族社会における民族教育の将来像を検討していこうとするものである。

　エスニック・マイノリティ（ethnic minority、少数民族または民族的少数派：以下本章では便宜上マイノリティと呼ぶ）は移民（immigrant）と先住民（indigenous people）の２つに大きく分けられる。先住民には保留地を持つ場合があるが、それ以外でも先住民の権利として、あるいは過去における差別や抑制政策に対する補償政策的側面から保護される場合がある。これに対して、移民は時代と世代（１世、２世、３世など）の違いやホスト社会への同化と統合の程度などに応じて多様であるが、移民はホスト社会の主流派のなかでは差別あるいは区別的な扱いを受けることが多い。そして、言語や文化において少数派であるということによって外界からの訪問者、一時滞在者として、ホスト・ゲスト論的視点からはゲスト的な取り扱いをされがちとなる。

　これまでの日本においても、マイノリティの存在ひいてはマイノリティの学校はどちらかといえば、負の遺産や国籍や文化の相違等の事由によりカテゴリー外のこととしてさまざまな施策の視野の受益や対象の外にあった。もちろん国家的な責任や義務からも遠ざけられており、それは福祉的な視点から日本生活を軌道に乗せるための補助的施策であったともいえよう。しかしながら、社会生活上は、納税や市民的資質は義務として課される一方で、学校教育においては、近年では教育を受ける権利、母語（mother tongue）の学習権なども認知されてきている。ただ、母語の権利については、海外の多民族の国家からの移民において今後、祖国の国語を自分の母語とするのではな

く、出自である民族の言語、家庭の言語を母語とする見方が必要となってくる。国際児童や外国籍児童に画一的に祖国の国語を与えればよいわけではないことも前提となりつつある。そしてもう一方で、こうした多民族共存・共生の流れを踏まえて特に多民族社会ではシティズンシップ（citizenship：市民性）がすべての社会の構成員に対して求められている。

このような、消極的な多民族社会の教育理念や施策は、どちらかといえば日本社会に対する単一民族的な発想、ひいては日本と外国という2分法的な発想に基づいている。このために、社会の国際化は海外との交流であり、「内なる国際化」と「外への国際化」が連動しない原因となっているようである。

本章は、多民族社会の状況において、「民族際」が国際化の基盤となりうるという1つの側面について検討していくこととする。国内のマイノリティが民族学校、民族教育を通して、いかにその居住地である当該社会に対して、国際化のための国際的視点や海外との接点の提供、国際的人材養成や言語文化の教育等の面で貢献を行っているかという、多民族社会といわゆる少数民族としてのマイノリティの関係性について、多角的な視点から評価し、その課題を明らかにすることを目指している。

1．民族学校の多様な形態と自立から共存への展開

多民族社会における民族学校は、公立学校、特に国家による国民のための、国民を形成するための機関という意味での「国民学校」と異なり、マイノリティ側の視点から自律的自主的に設立されてきたものが多い。多様な民族の国内的な教育活動には、マイノリティの内側への自文化の教育権の行使としての自文化の伝達・維持があり、対外的にはマジョリティに対して、共生の視点から法的制度的な認知が求められている。こうした側面はマイノリティ、マジョリティ双方の側から広く研究され、紹介されているところである。

一方、マイノリティが海外との連携を持って行われる教育活動は、これまで1つの特長的な取り組みとして、学校の国際化の方向性が近年しだいに指

摘されつつある。この多様な連携活動は日本人学校にも見られるが、祖国への進学、教材の提供、運営経費の補助等の他、さまざまな移民の子どもの受け入れ等を通して見られ始めている。また、学校教育のアウトプットとしての人材の輩出や卒業生の国内への進学、あるいは国際的には留学の送り出しも当該社会への貢献としてみることもできる。

エスニック・マイノリティによる民族学校のシステムには構成要素として、親、生徒、教師、地域、支援団体、機関連合体、ホスト国の政府及び母国などがある。こうした成員による民族学校を設立しようという主要な目的・ニーズは、民族言語の維持、民族文化の維持、そして当該社会でのマイノリティとしての社会構成と歴史の維持や伝達があげられる。また、言語だけではなく、例えばイスラム学校のような宗教教育を主とした教育組織であれば、多国籍のムスリムの子どもが集まることとなる。これは現象的にはインターナショナルスクールと同様である。これは外国人学校においてもしばしば見られ、1つの国籍で集まった子どもたちにしても、国際結婚や母国の多民族性により多様な母語集団が集まったり、母国の学校に行くこともできるが、宗教や民族別の学校に通うことも出来るという多様な選択肢を持つ場合がある。このため、インターナショナル、宗教、国籍、民族性といったそれぞれの基準で学校が設立されることとなる。

末藤によれば外国人学校の類型化として、①宗主国がつくった学校、②宗教団体がつくった学校、③移民がつくった学校、④各国が海外につくった学校、⑤国際機関がつくった学校、⑥各国が自国内につくった学校の6種類に分類している（末藤、2005、16-32頁）。このなかで特に⑥のタイプの学校は、主に国や地方自治体が自国民子弟と外国人子弟がともに学ぶことを目的に自国内に設立した学校であり、フランスやドイツにおいて国際化、グローバル化への対応として近年増加しているという（末藤、2005、18頁）。このタイプの学校に関してはこれまで外国人学校を排除してきた日本でも新たな展開が見られている。末藤は都立国際高校や関西学院千里国際中等部・高等部[1]を例としている。これらは新たにホスト社会側から作られた、帰国子女や在住外国人そして日本人生徒を対象としたものであるが、外国人生徒を取り込ん

だ国際的な学校への変貌を幾分呈しつつある。

　一方、外国人学校の側からは、アメリカやイギリスのインターナショナルスクールをはじめとして、民族学校も次第に変貌を遂げつつある。京都国際中・高等学校（元は京都韓国中・高等学校という名称）やインディアン・インターナショナルスクール（東京やマレーシア）などのように国際化した学校がこのタイプの学校またはグループの中に見られる。

　それでは地域社会のなかでの民族学校はどうであろうか、諸外国・地域の例をみてみよう。

　中国の青島では朝鮮族の新聞社や民族協会を巻き込みながら、漢民族学校へ依存するだけでなく（朝鮮語は教授される機会がある）、より朝鮮族の子どもに即した教育を望む親のニーズに応えるため、朝鮮族学校を設立し、政府からの認可を得ている。

　また、マレーシアの中華系独立中学では既存のコミュニティへの言語、文化的伝達とともに、マレー語をはじめナショナルシラバスを導入しながらも、独自の教科書や教材を作成するなかで、中華系を中心とはするが、異民族を含めた子どもたちを受け入れている。また国内のみならず、中華文化を基盤とした国際的な視野を持ち、サラワクではインドネシアなどの華僑子弟も受け入れ、広域な中華系子弟教育のネットワークを構築する勢いである。

　英国では、中華系の補習型の学校は長い移民の伝統を持つ華商総会のなかにあって、言語と文化の伝達と英国への統合を意識しながらも、中国語の社会的なメリットを生かしながら、コミュニティの核としての機能を保持している様子が見られた。また一方で、フェイス・スクールという認可宗教学校としてのムスリム学校はOFSTED（教育水準局）などの監督下には置かれながらも、公費補助を受けた学校として、非イスラム国におけるイスラム教育のあり方を、そして社会的な統合を視野に置いたなかでのイスラム教育のメリットの拡張を模索している。

　オーストラリアでは政府が移民への教育への援助と管理をさまざまなやり方で実施している。そのなかで中華系移民の例をみてみると、土日補習校として、公教育に子どもたちを通わせながら、それぞれの地域よって移民の

歴史、現状を踏まえながら、民族コミュニティの維持という目的意識を持ち、中国語や文化の伝達のためのボランタリーな活動を行っている。このようなオーストラリアの中華系の補習校も、マレーシアやインドネシア、シンガポール、香港など多くの国々からの中華系移民により成り立っており、世界からの中華系移民の子どものための中華文化の伝達装置として機能している。こうした補習校のなかでのマンダリンや中国語教育へのコミットの程度はさまざまであり、それぞれの地域、学校において中国政府や大学と連携の度合いに応じて教師派遣、教科書送付などの活動が行われている。現在中国政府は積極的に国際的な中華系移民への支援と中国語の普及政策を進めており、こうした状況はオーストラリアの補習校のみならず、フィリピン、フィジーの中華系学校でも確認することができた。

以上のような民族学校のあり方を自立から共存への方向性の視点でまとめると以下のようになるだろう。

第1段階：移民教育の基地、当地あるいは母国への同化教育の装置
　　　　　【ニューカマー、一時滞在民（sojourner）的地位：集住化・内的協力体制】
第2段階：エスニック・コミュニティの核としての民族学校
　　　　　【定住・集住から散住・共存へ：帰化人・居留人（denizen）的地位：母国との関係（援助）、現地の協力、民族系学校の連合体へとその組織化】
第3段階：発信と交流による「開かれた民族学校」へ（ネットワーク型）
　　　　　【交流と共生へ、権利と貢献：市民（citizen）的地位：文化維持と伝達文化の選別・教科書選択・独自編纂】

2．民族学校のローカル化から国際化への課題

「多文化市民権」についてW. キムリッカは、民族集団を2つに分ける視点、すなわち、土地、組織、社会文化制度によって、それらを持つものを「ナショナル」なマイノリティとし、一方、ホスト社会に同化もしくは統合

の方向にあるものを「エスニック」な集団として分類し考察している（キムリッカ、1998）。しかしながら、この分類基準は必ずしも十分ではなく、民族学校（しばしば宗教機関が民族動員機能として見られている）が、集住あるいは散住の違いはあるものの民族コミュニティを社会へと統合する機能を持ち、エスニックからナショナルへとつなぐものとして重要な役割を持つ点を、より重視するべきであろう。すなわち、エスニックな文化権（キムリッカ、1998）を保証する民族学校の役割と機能に注目すると、学校制度は領域（領土）を持つ持たないにかかわらず、支持する集団によって創設されたり、変化するものであり、移民集団といえども学校の設立によってコミュニティ化したり、組織化したりすることが起こり得るのである。

　また、民族学校はホスト社会との共生において単に隔絶した外国人学校としてのみ成立するものではない。先に挙げた末藤は外国人学校を公教育制度との関係から3つに分類している。1つ目は外国人学校を公教育制度に組み入れることが可能なケース、2つ目は日本の朝鮮学校のように外国人学校を公教育制度から排除しているケース、最後は、組み入れと排除を併存させているケースである（末藤、2005、33-41頁）。

　民族学校は、マレーシアの中華系学校のような民族コミュニティが就職先までも準備できるほど充実している場合でも、政府との関係、学校の認可・補助金の程度、ナショナルシラバスの受け入れ、卒業・進学要件の認定等においてホスト社会との条件面での折衝を経て、民族学校のローカル化が実質的に必要となる。日本の朝鮮学校も、マレーシアほどではないとしても充実した教育体系を持っており、朝鮮総連などのコミュニティ支援機関もあり、限定的ではあるかもしれないが、一部の就職先も提供できるほどシステム化している。しかしそれでも、民族学校と公教育制度とが併存状況に置かれると、独自の教育体系で、日本の朝鮮学校やマレーシアの中華学校のように民族教育体系を上っていくにつれ、就職進学等において閉塞してしまう場合がある。これらの解決には卒業資格等の当該社会での認可が必要になる。また同時に海外での進学条件として認知を受けることも1つのルートを形成する。

　一方、併存状況も私立学校あるいは公立学校と同等の扱いを受けられれば、

融合に近い状況となる。フィリピンでのフィリピン人にほとんど融合している中華系フィリピン人に見られるエリート的中華系カトリック・スクール、マレーシアの公教育体系内で認められている初等母語学校としての華語学校やタミル語学校、そして、フィジーでは現在中国からの移民が増加傾向にある中華学校、すでに定住し私立学校として認知されているインド系学校など、これらの学校は公教育として政府の管理下に置かれるものの（例えば、ホスト社会からの校長の派遣などもあるが）、民族学校は一定の保証を受けることとなる。

　オーストラリアでは南オーストラリア州等で「民族学校委員会（Ethnic Schools Board）」が設置され、『民族学校教師のためのアクレディテーションコース』や、『南オーストラリアの民族学校のための情報・手続きマニュアル』などの民族学校導入の指南書が作成されている。先に述べたようにオーストラリアの民族学校は土日の補習制学校として、学校は既存の公立学校の校舎を利用して実施されている。これは公教育と民族教育を平日（全日制公教育）と土日（補習制民族教育）とに使い分ける方式であり、オーストラリアにおける統合を前提とした多民族共生を志向した教育内容を教えることが期待されている。しかし、これもイスラム教育などに十分適応可能かということについては未だ検討の余地があろう。また、子どもたちにとっては休日もなく、外国人学校の補習校と同じ負担があるが、母文化や母国の文化をつなぐ国際人としてあるいはバイカルチュラルな人材としての貴重な学習とも言える。また、移民系オーストラリア人ネットワークの集会場所として機能していることは、コミュニティのハブとして重要な機能を果たしているといえよう。

　このような民族学校は、公教育から受ける影響への対処とローカル化に基づく共生への模索において、マイノリティ側にとっては、どのような歩み寄りや摺り合わせが必要であろうか。公教育として、民族教育あるいは民族学校を認知して、資源を配分できる妥協点は、宗教あるいはイデオロギー、政治性を除くと、学習の必要性という視点から、教育内容に応じて以下の3点にまとめることができる。

　まず母語・母文化の教育であり、子どもの権利として守られるべきもので

ある。また特に集住の場合、地域性が関係し、その言語なくしてはその地域で生活することが困難となる場合もある。だが、生活レベルでは同様のことが国や社会から求められ、その地での公用語と社会慣習や文化の修得が求められる。この海外言語・国際語の教育は、ホスト社会からも国際化の一助としての役割を期待される。また、その背後にある宗教や文化的整合性にまで踏み込んだ さらなる取り組みが今後必要となるであろう。

次に、権利と責任としてのシチズンシップの教育であるが、これは多層あるいは多面的な理解が必要である。権利と義務は自分が所属する地域社会や、民族グループにも存在し、それはしばしば広域的な地域やホスト国への権利と義務とは異なる。このコンフリクトに対する対処法は人々を結びつけるアイデンティティにもかかわるためきわめてナイーブなものである。これは異文化コミュニケーションスキルや技術的レベルから、コールバーグの道徳性、多文化・歴史的重層性の解明、モラル葛藤など倫理的なレベルにまでわたる多様な対応が必要となる。共有のアイデンティティや価値観を核として、応用範囲を拡大していくことによって、国際化社会にも対応できる能力を培うこととなる。

第3は近代的知識の教育であり、実用的または人生における成功のための知識の修得である。数学、理科、道具としての英語能力、問題解決能力や表現力、コミュニケーション能力や集団生活技能などもこれに含めることができよう。しかし先に述べたように、こうした知識の背後にある文化性や政治性を無視することはできない。例えば理科の科目において、西洋起源の知識のイスラム的な解釈、あるいは古典イスラム知識の現代的西洋的解釈などでマジョリティ、マイノリティの知識と理念等が提供されることが必要である。民族学校自体の国際化に向けた課題ともなる。

以上のように、民族学校には単なる伝統文化の維持というだけにとどまらず、公的社会から容認され、支持コミュニティからも期待される、先駆的な学校文化へと変貌することが、マイノリティとしての生き残りという意味においても、不可欠な課題となっているのである。

3．民族学校・民族教育と公教育の接点から国際化に向けた課題

　マイノリティの教育を活性化するためには、定住問題を含めた国内の教育の開放性も重要なファクターとなり、多民族共生社会を構築する基盤となりうる。公的社会での承認も民族学校は国際学校の多様化と共に進展しつつある。国際的なインド人学校の増加傾向や移民社会内で活発化するマイノリティの補習校や、公的に認知されたイスラーム・スクールと認可条件（佐久間、2005、110-119頁）に関する議論などはこのような動向を例証している。

　民族学校が公的社会内に導入される、承認されるということはどのような意味を持つのであろうか。民族学校は学校制度を中心とするコミュニティのなかに位置づけられるが、その見える部分だけで判断できるものではなく、氷山のように（竹熊、2009、50頁の図参照）多様な民族学校は、それぞれが、その背後に包含する文化性、政治性等を帯びた要素と連動している。

　すなわち、民族学校の公的社会への教育制度・政策の国際的な移植（transplant）、そして定着においては、上澄み部分の教育制度のみの複製にとどまらず、教育制度がパッケージとして多くの要素を引き連れ、持ち込まれることとなり、各レベルの社会要素（社会、経済、政治、人権、文化、ナショナル・アイデンティティ等にかかわる規範、理念）の変化を要求することとなる。

　特にマジョリティ側のホスト社会においては単純な文化相対主義、もしくは多元主義では、表面的な社会参加を促進することにはなるものの、それは具体化される過程で多文化並列（陳列）への申し込みにすぎないものとなってしまう恐れがある。例えば、米国で見られたようなクリスマスツリー論争（どの宗教を重んじるのか）やナショナルデー（休日）の制定（各宗教ごとか）、ひいては、国旗デザインの変更要請（当時：地域統合の象徴→現在：集団統合の象徴化）、国歌の変更要請（国籍、国民としての要求）等へと発展する可能性を持つものである。学校の制服・スカーフ論争がフランスの世俗的教育理念を滅ぼすシンボリックな橋頭堡ととらえられてしまうのである。

　民族教育と多民族・多文化の教育に関しては、民族・地域コミュニティ、都市、州、国、連邦のあり方がそのアウトラインを形作る前提となりうる。

それぞれのアリーナでは摺り合わせや、理念的対立、相互利用・相互利益による承認・妥協が行われ、教育の政治的舞台のなかで解決が模索される。そこには多様な行為主体と地域のステーク・ホルダー（利害関係者）や文化権や教育権の人権への読み替え、行政的関与（教育行政、資源センター、管理センター）が必要となる。先に挙げたオーストラリアの民族学校委員会などは公教育と民族学校をうまく橋渡ししている例といえよう。

　一方、文化相対主義とは反対に、例えば市民性及び人権概念に関して、シチズンシップ概念の教授は、異文化の社会において必要視されているが、強制を伴うと「啓蒙」と正当化されがちな、押しつけともなりうるということも踏まえておくことが必要である。特に民族学校には不整合な西洋的なシチズンシップ概念を敷衍しようとすることから、当該社会や民族コミュニティの市民や集団の解体をねらう政治戦略に乗ってしまう危険性も指摘される。開発と教育において、早期割礼や女性の地位などが当該社会構造や文化と密接に絡んでいる場合、それを容易に「低い文明」などと位置づけることは好ましくないと頻繁に指摘されている。すなわち、共通価値としての市民性を模索しながら、それとしばしば対峙しながら、母文化の価値を伴い、それぞれの市民性を尊重する多元的な市民性を築くための新しい基準やパラダイムは、マジョリティ、マイノリティ双方において単なる近代化論や進化論的発想からの脱皮を求めている。現実には、民族系学校のカリキュラムでは民族的特殊性の維持と多民族共存・共生への視点・制度が「対立・葛藤する」科目の「併存」や「追加」であったり、先にも示したような「読み替え」や「解釈」で対応されている。例えば朝鮮学校では日本語科目を設定し、教科書・内容には日本の作家の文章も教材として用いている。また、京都朝鮮小学校では京都府による『人権教育資料』(2003)も用いられているように生徒、教師、保護者のなかでそれぞれの環境に応じて現実的にとらえられている。

　学校教育の理念については、例えば公教育とイスラム原理との齟齬の問題を例にとると、世俗教育と国家、宗教の問題は、かつてのアメリカのコモン・スクールの理念のなかで比較的穏健に進められた。しかし、西洋のグ

ローバリズム・自由主義とイスラムの対立が鮮明になって以降、イスラム原理主義の抵抗が社会の牽引力を増していることは言うまでもない。イスラム教は本来、食生活はもとより、日常生活全般を包括するものであり、これまでのコモン・スクールの学校理念では相互妥協が成り立たない。新しいコモン・スクールの理念が必要とされている時代背景があろう（Callan, 2000）。一方で、ホスト社会のマジョリティ（民衆）のなかでも例えば、ホームスクーリングなどのように、新たな学校の模索は、草の根や民間から起きてくるものもある。

　こうした民族教育と公教育の交差部分の解釈としての優先順位は3つのステップから検討できよう。まず①抑圧レベルでの統合と解放要求であり、被抑圧マイノリティが対象である。ルーツ（シンボル）、アイデンティティの危機意識の共有・維持が図られ、経済的被抑圧からの解放が主たる目的である。

　次に、②現実的レベルでの統合と発展である。これは民族有志集団が中心であり、集団的権利、経済的利益、言語教育、階層、政治教育、多民族教育としての公正・公平性も必要とされ、自文化学習から始まり多言語学習（多文化学習）要求へとつながる。

　そして最後に、③価値レベルでの統合と共生である。これまで述べてきたように、共通のシェアできる理念、価値、権利、文化の明確化と並んで、宗教レベルでの共通性と相違性の認識と理解が進められなければならないが、一方で、マイノリティ、マジョリティと普遍的価値との間の、歴史的な利害関係が止揚され、将来にわたる利害のシェアも必要とされる。

　先にも述べたが「普遍的価値」の押しつけによる「共生理念、共生イデオロギーを共有する個人」によって、個へ解体されることは民族コミュニティにとっては脅威である。宗教団体や民族支援団体、学校教育の活動しだいでホスト社会とは葛藤が生じるが、国、州、都市、地域の多文化主義政策において、他の文化への理解と承認を示す足がかり／足場づくり（佐藤、2003、29頁参照）として民族学校をとらえることも必要となるだろう。

　社会的に分散居住する民族系マイノリティは、キムリッカ流にいえばエス

ニック集団であるが、そうした分散的な記憶や認知（佐藤、2003、21頁参照）、あるいは民族の文化や言語を集約し、時には分散させて保持する活動が学校、特に民族学校では行われている。そしてしばしば、日系アメリカ人やイスラムの平和思想の発信など、それぞれの価値を社会へフィードバックし、反映させる機能を持つ。これが民族学校の役割でもあり、国際化への貢献として期待される部分でもある。また、地域コミュニティのなかでは、民族学校は異民族を受け入れ、あるいはコミュニティ意識を持った国際化（国際児童受け入れによる多様性認知、地域、ホスト社会の言語学習としての民族言語の承認）を達成する場でもある。

　キムリッカは、「もし、人々が、深い多様性そのものを認めて、文化や政治共同体への帰属形態が多様な国に暮らしたいと欲するのでなければ、『深い多様性』を土台とする社会は長続きしそうにない。……多民族国家を維持し続けたいなら、市民たちは『深い多様性』一般に価値があると考えなければならないだけでなく、彼らが現在1つの国を共にしている個々のエスニック集団や民族文化にも、価値を認めなければならないのである」（キムリッカ、1998、287頁）と述べている。共通の価値の実現には多様な集団から承認され、自らを創造し、共有されていくことが必要となる。

　対話やコンフリクトが教育のポリティカルな場面に顕在化している「場」は、社会的統制／制御も可能となる潜在性を持っている。公教育を巻き込みながら民族系学校が個性化し、新たな概念を創造しようとする環境は、伝統文化から革新へというモチベーションが学校ごとに成立し、また、伝統文化の維持と革新との連動の中核に民族学校が位置していることを意味する。伝統からの選択と改革によって変貌を遂げる文化と、文化や伝統を伝達しながら改革の機軸となる教育と学校という、これまでの文化伝達機能としての学校から、多文化際かつ文化創造の場として、あるいは民族や母国への交流の窓口（gateway）としての学校へと民族系の学校は再認識されることが必要であろう。

おわりに

　韓国や中国で国際学校が開設され、韓国人、中国人に開放され始める動きがあるのと同様に、日本においても、公教育のなかで日本人への英語小・中学校を設立する立場と、各種学校の位置づけのインターナショナルスクールを公教育には含められないとする立場との両方が見られる。現代の国際社会情勢からは、日本においてもこれまでの公教育の場での帰国子女の受け入れによる国際化の時代から、海外からの外国人子女の受け入れによる国際化の次元への転換も展望されている。そこには海外からの優秀な人材獲得という、すでにシンガポールなどでは当然視されている政策に日本も踏み込みつつあることを示している。

　しかし、そのような動向だとしても、独自の日本語・日本文化を有する日本社会がグローバリゼーションによって英語化・西洋化することが是とされるわけではない。そこに、多様な形態での民族学校の位置づけの検討がなされる余地があると思われる。オーストラリアで民族学校が認知され、一方で英語以外の言語（LOTE）教育が教育の国際化路線によって公立学校で実施され、多文化教育を一面では「コントロール」するように、バイカルチュラルな状況を維持しつつ社会的統合を図ることが、民族学校にも公教育にも求められている。

　これまで、メルティングポット（るつぼ）からサラダボウルへという言説がアメリカ多文化主義の流れとして象徴的に喩えられてきた。るつぼには、とけ込み融合した結果として新しい価値や人材が輩出するという期待が込められていたが、サラダボウルには、そうした視点は弱められ、民族の共存によって豊かな発展が享受できるという視点が込められている。民族学校とそれを受け入れる公教育は現在、グローバリゼーションというもう1つのファクターによって、さまざまな地域社会において、サラダボウルからもう一段階進んだ次元へと展開することが求められているといえよう。

注

1 http://www.kokusai-h.metro.tokyo.jp/indexjp.htm（2009.9.25）．
http://www.senri.ed.jp/site/（2009.9.25）．2010年4月より名称変更．

引用・参考文献

Eamonn Callan（2000）"Discrimination and Religious Schooling", in Will Kymlicka and Wayne Norman (eds.), *Citizenship in Diverse Societies,* Oxford University Press,
G. ウイッティ／S. パワー／D. ハルピン（2000）熊田聡子訳『教育における分権と選択』学文社．
外国人学校研究会（1996）『諸外国における外国人学校の位置付けに関する研究』．
ウイル・キムリッカ（1998）角田猛之・石山文彦・山崎康仕監訳『多文化時代の市民権－マイノリティの権利と自由主義－』晃洋書房（Will Kymlicka, *Multicultural Citizenship : A Liberal Theory of Minority Rights,* 1995, Oxford Univercity. Press）．
月刊『イオ』編集部（2007）『日本の中の外国人学校』明石書店．
佐久間孝正（2002）「多文化、反差別の教育とその争点」宮島喬・梶田孝道編著『国際社会4 マイノリティと社会構造』東京大学出版会、78-81頁．
佐藤公治（2003）『対話の中の学びと成長』田島無元・無藤隆編『認識と文化10』金子書房．
佐藤千津（2005）「イギリスの外国人学校と国際学校」福田誠治・末藤美津子編、前掲書、110-119頁．
末藤美津子（2005）「序章 外国人学校研究の課題」福田誠治・末藤美津子編『世界の外国人学校』東信堂．
竹熊尚夫（1996）「日本における外国人子女の教育環境に関する一考察－定住外国人を中心として－」『外国人子女教育に関する総合的比較研究』科研報告書（代表：江淵一公）235-245頁．
竹熊尚夫（2009）「多民族社会の教育研究における民族教育制度の視座－比較教育学的考察－」『九州大学大学院人間環境学研究紀要』第11号、九州大学大学院人間環境学研究院、45-60頁．
竹熊尚夫（研究代表）（2006）『多民族社会における多民族共生教育と民族教育の整合性に関する比較研究－マレーシア、イギリス、オーストラリアの民族学校を中心に－』科研報告書．
服部美奈（研究代表）（2008）『多文化化する社会における外国人学校の位置取りのポリティクスに関する国際比較研究』科研報告書．
三脇康生・岡田啓司・佐藤学編（2003）『学校教育を変える制度論』万葉舎．

15　中国と日本の留学交流の将来に関する考察

白土　悟

1．中国の将来の留学動向

1　IDPによる留学需要の将来予測値

　オーストラリアの留学広報及び研究機関であるIDP Education Australiaは、世界の留学需要を将来予測した報告書『Global Student Mobility 2025』(2003年版)を発刊した(Bohm et al., 2003)。留学需要とは外国の高等教育に対する需要を指す。それには外国留学だけではなく、自国にある外国の大学分校への進学や、外国の遠隔教育の受講なども含まれる。

　IDP報告書は実質所得の中位水準での成長と国連の中位人口推計を利用して、2003～2025年の間、世界144カ国の外国高等教育に対する留学需要は「シェア横ばいシナリオ」(英語圏の先進国の市場シェアが不変と仮定する)の下で、年率6.08%の割合で増大し、2003年の211万人から2025年には769万人にまで拡大するという。また中国、インド、マレーシア、韓国、ベトナム、トルコ、モロッコ、バングラデシュ、パキスタンで新しい留学生市場が成長するが、特に中国は世界の留学需要の50%以上を占めるに至ると予測する。

　中国の留学需要は表15-1のように2010年の79万人から2020年210万人、2025年319万人と増え続ける。巨大化する中国の留学生市場をめぐって欧米・豪州・日本などの教育機関による留学生獲得競争が繰り広げられるだろう(Bohm et al., 2003)。

表 15-1　中国・香港・台湾の留学需要の将来予測　　　　　　　　　(人)

年	2000	2005	2010	2015	2020	2025
中国	327,351	431,127	788,361	1,321,480	2,099,309	3,195,916
台湾	46,423	49,230	58,588	67,474	76,618	86,133

(出所) Bohm et ai., 2003, p.56.

2　留学資金別の送り出し情況

　中国の留学需要が将来も増大し続けるか否かは、IDP報告書の統計的推論とは異なる社会的・教育的観点からも検討してみなければならない。

　中国では1978年12月末の改革開放以来、海外留学の様相は一変した。国家派遣制度（国家公派）に加えて、1980年代に地方政府や各官庁等による機関派遣制度（単位公派）と自費留学制度が発足し、21世紀に入って海外留学は**表15-2**のように急増している。2000年と2006年を比較すると、国家派遣は約2,700人増加、機関派遣は約3,600人増加した。国家派遣や機関派遣など公費派遣には帰国義務が課されており、一定の需要に基づいて計画的に実施されている。これに対して、帰国義務のない自費留学は、盲目的と言えるのかもしれないが、はるかに多く2006年には12万人が出国している。そして、毎年全留学の約90％を占めるようになった（白土、2008、43-75頁）。

3　自費留学増加の原因論

　国家派遣や機関派遣の増加は明らかに中央及び地方政府等の政策の結果である。この政策は今後も続けられるだろう。だが、その派遣規模には限度が

表 15-2　各年度の留学資金別送り出し実績

年	国家派遣 (人)	機関派遣 (人)	自費留学 (万人)	計 (万人)
2000	2,808	3,888	3.23	3.89
2001	3,495	4,426	7.60	8.39
2002	3,500	4,500	11.7	12.5
2003	3,003	5,149	10.91	11.73
2004	3,556	6,882	10.43	11.47
2005	3,979	8,078	10.65	11.8
2006	5,580	7,542	12.1	13.4

(出所)　各年度『中国教育年鑑』より作成。

表15-3　自費留学増加の社会的背景

教育政策的要因	自費留学の自由化政策 自費留学仲介制度の確立 国内での外国語教育及び能力試験の普及 留学情報の普及
教育社会学的要因	高等教育への進学意欲の上昇 大学卒業生の失業予測 活躍する留学帰国者に対する憧憬
経済的要因	一般家庭の所得向上

ある。将来、全体として海外留学の規模が大幅に増加するとすれば、それは全留学の90％を占める自費留学が増加した結果であろう。つまり、自費留学の増減要因の分析をすれば、中国の将来の留学動向を見通すことができる。

では、今日、自費留学が増加している原因は何であろうか。原因は個々人の留学動機とそれを強めたり弱めたりする社会的背景に求めることができる。社会的背景として国内の政治的安定や知識人尊重政策などが間接的に影響しているとともに、**表15-3**のような諸要因が直接的に影響していると考えられる。以下、順に見てみよう（白土、2007、138-148頁）。

3-1　教育政策的要因

①　留学の自由化政策

中央政府も地方政府も自費留学を促進するために有効な政策を特に行っているわけではない。ただ、鄧小平の南巡講話を受けて、1992年8月、国務院「在外留学者関連の問題に関する通知」（関于在外留学人員有関問題的通知）において提唱された「留学を支持し、帰国を奨励し、往来は自由とする」（支持留学、鼓励回国、来去自由）の方針を堅持しているだけである。そして2001年12月、WTO正式加盟以後、完全にこれを自由化した。

②　**自費留学仲介制度の整備**

自費留学の補完的制度として、1999年7月5日、教育部、公安部、国家工商行政管理局は合同で「自費出国留学の仲介業務管理規定」（自費出国留学仲介服務管理規定）及び同年10月には「実施細則」を発布、自費留学者の権益保護を目的に、留学斡旋を行う民間会社・公的機関の資格認定条件を規定

して、中央政府の管理下に置いた。それまで斡旋業者は営業許可を受けたあとは、ほとんど行政からは無干渉に近い状態に置かれていたため、例えば、斡旋業者に入学料・手続き料を支払っても留学できないケースや留学条件が約束とは違うケースなど、トラブルが続出していたのである。2004年12月1日現在、資格認定を受けた留学仲介機関は全国341ヶ所に達した（教育渉外服務管理叢書編集委員会編、2005、217-563頁）。

　③　**外国語教育および能力試験の普及**

　外国語教育が普及し、TOEFL、IELTS、JLPT（日語能力測試）など各国の能力試験が国内で実施されるようになった。それらは留学の資格判定に利用されているものであり、受験者は年々増えている。

　④　**留学情報の普及**

　インターネットの普及により留学情報を入手しやすくなった。公的な情報支援として、教育部は「教育渉外監管信息網」（www.jsj.edu.cn）や「中国留学網」（www.cscse.edu.cn）を開設し、自費留学の仲介業務に関する情報や、米国・カナダ・イギリス・日本・韓国・オーストラリアなど中国人留学者が比較的多い21カ国の良質な学校に関する情報を発信している。2003年8月から在外公館が「国外教育機関資質情況認定表」を用いて各国学校の質的情報を収集しているが、中国留学服務センターではその資料を基に問い合わせに応じている。また、海外の教育機関が中国で留学フェアを開催し、宣伝勧誘するようになった。

3-2　教育社会学的要因

　①　**高等教育への進学意欲の上昇**

　1999年1月、教育部は「21世紀に向けた教育振興行動計画」（面向21世紀教育振興行動計画）を制定、高等教育規模を拡大して2010年には適齢人口（18～22歳）における高等教育の粗在学率（毛入学率）を、当時の9％から15％前後まで高め、またいくつかの大学と重点学科を10～20年後には世界一流の水準まで引き上げると述べた。同年6月、中国共産党中央委員会・国務院は「教育改革を深め素質教育を全面的に推進することに関する決定」

表15-4　高等教育進学率と粗在学率　　　　　　　　（％）

年	普通高校卒業生の大学進学率	高等教育在籍学生の粗在学率（18～22歳）
1998	46.1	9.8
1999	63.8	10.5
2000	73.2	12.5
2001	78.8	13.3
2002	83.5	15.0
2003	83.4	17.0
2004	82.5	19.0
2005	76.3	19.5
2010	―	20.0
2020	―	30.0

（出所）各年度『中国教育年鑑』。

（関于深化教育改革全面推進素質教育的決定）を発布、「行動計画」の述べた高等教育の発展目標を正式に決定した。

　こうして高等教育機関の入学枠は拡大され、**表15-4**のように粗在学率は上昇し始める。2002年に15％という大衆化段階に達し、2003年に17％、2004年に19％、2005年には19.5％となった。教育部附属国家教育発展研究センターでは、粗在学率は2010年に20％以上となり、2020年に30％を超えると予測している（国家教育発展研究中心編、2005、47頁）。

　因に、1999年の普通高校卒業生の大学進学率は63.8％に高まり、2005年には76.3％まで上昇した。なお、進学率とは普通高校卒業生数と大学の募集定員の比率であり、外国の大学への進学者数は含まれていない。

　こうして社会全体で高等教育への進学意欲が高まり、さらなる上昇志向を持つ学生が増えることによって、海外留学が活発化したと考えられる。

② 大学卒業生の失業予測

　普通大学の卒業生（本・専科）の就職に関しては、1950年から1985年まで国家による配属制度（分配制度）が実施されてきたが、市場経済化に則して徐々に変革され、ついに1997年3月、国家教育委員会は「普通大学卒業生の就職工作の暫定規定」（普通高等学校卒業生就業工作暫行規定）を発布、卒業生と雇用者（用人単位）による相互選択制度（双向選択）に全面的に移行した。

表 15-5 2004〜2010年の「大学卒業生」の求職・求人予測　　　　（万人）

年	大学卒業生数	大学卒業生のなかの求職者数	大学卒業生の新規求人数	大学卒業生数と新規求人数の差
2004	335.7	251.8	522	−186.3
2005	390.1	292.6	514	−123.9
2006	441.3	331.0	536	−94.7
2007	466.1	349.6	590	−123.9
2008	529.9	397.4	574	−44.1
2009	559.4	419.6	580	−20.6
2010	661.7	496.2	589	72.7

（出所）曽湘泉他、2004、119頁。

　他方、大学院修了生は1953年から大学・研究機関に重点的に配属されてきたが、1991年からは一定の範囲で相互選択することが許可された。相互選択制度は需要と供給のバランスという市場原理に従う。そのため普通大学の卒業生といえども就職できない事態が生じるようになった。

　表15-5 は2004年から2010年までの「大学卒業生」の就職動向に関する2004年時点の予測である。ここにいう「大学卒業生」とは、大学院、普通大学（本・専科）、成人大学（本・専科）の3種類の学校の卒業生を指す。これを見ると、2004年には「大学卒業生数」335.7万人に対して、「大学卒業生の新規求人数」は522万人で、求人数が186.3万人ほど上回った。つまり、「大学卒業生」の就職は非常に良好であった。ところが、2010年には「大学卒業生数」661.7万人に対して、「大学卒業生の新規求人数」は589万人で、求人数が72.7万人ほど下回り、「大学卒業生」の就職難が来ると予測する。原因として多くの国有企業や事業機関や公務員系統の中で大卒相応のポストの空きが少なくなることを挙げている（曽湘泉他、2004、119-120頁）。

　このような将来の就職難の予測は、全国の青年の留学動機を強めたのではないだろうか。海外留学により外国事情・外国語に通暁することは就職に有利となり、特に給与の高い外資系企業への就職に有利であると考えられたのである。

　予想された就職難は、不幸にも2008年9月以降の世界金融危機によって予測以上に深刻となった。特に、求職率の高い普通大学の本科卒業生を直撃した。このような事態が海外留学希望者を増加させていると言えるだろう。

表15-6　抜群の国家貢献者の中で留学帰国者の占める比率

名　称	留学帰国者の比率
中国科学院院士	81%
中国工程院院士	54%
中国社会科学院研究員	4%
中国医学科学院・高級専業技術者（留学1年以上）	37.3%
中国農業科学院研究員	13.7%
九期5カ年計画期間の国家863計画課題組長以上の科学者	72%
「百千万人材工程」12レベルの入選者	18%
「長江学者奨励計画」の入選者	93%

（出所）中央宣伝部・人事部・教育部・科技部「中国留学人員回国創業成就展」
（中国人材網、2007年8月掲載）。

③　留学帰国者の高い社会的評価

　留学動機を強めている要因の1つに留学帰国者の各界での活躍がある。例えば1995年の中国科学院の第1期委員中92％が留学帰国者であったし、1999年9月に原水爆・ミサイル・人工衛星（両弾一星）の開発によって中国共産党中央委員会・国務院・軍事委員会から「両弾一星功勲奨章」を授与された23人中21人が留学帰国者であった。また**表15-6**のように、2005年現在、中国科学院の院士の81％と中国工程院の院士の54％が留学帰国者である。このように各界で輝かしい業績を挙げた人々に留学帰国者が多いことは、青年の留学に対する憧憬を強めている要因であろう（中国人事科学研究院、2005、173-174頁）。

3-3　経済的要因

　1990年末からの順調な経済発展は、一部に富裕層を出現させただけでなく、多くの一般家庭の所得を引き上げた。**表15-7**は国家統計局による1人当たりGDPの予測である。これによれば、2000年から2020年まで経済成長は続き、1人当たりGDPは2020年には2000年の4倍近くに達するという（国家教育発展研究中心編、2005、26頁）。

　所得水準が向上すれば、子女の留学資金の問題はなくなる。さらに、

表15-7　中国の経済成長の予測

年	1人当たりGDP（米ドル）
2000	840
2003	1,094
2004	1,270
2010	1,742.2
2020	3,252.7

（出所）国家教育発展研究中心編、2005より作成。

1980年から実施された「一人っ子政策」によって、1人の子どもに対して、父母、父方の祖父母、母方の祖父母という6人の期待が集中することになり、1人の子どもに対する教育投資への意欲は熱気を帯びている。留学資金もこの熱気から拠出されるものと想像される。

2．日本における中国人留学生の受け入れ動向

1　日本における中国人留学生の増加

　前節で見たように、中国人の海外留学は将来も増加すると思われるが、はたして日本留学は増加するのだろうか。なお、日本でいう「留学生」は出入国管理及び難民認定法における在留資格「留学」の取得者を指す。

　これまでの実績をみると、**表15-8**のように在日留学生は年々増加している。2008（平成20）年5月現在、在日留学生数は123,829人で、そのうち中国からが72,766人（58.8％）と最も多い。次いで韓国、台湾、ベトナム、マレーシア、タイの順である。これまでの経緯から見て、この順位は今後も大きく変わることはないと思われる。

2　日本の大学の外国人留学生受け入れ予測

　一方で、日本の高等教育機関は留学生の受け入れを増やすつもりがあるのだろうか。筆者らは、2005年8〜11月に日本全国の大学・大学院大学717校の国際部門の責任者に質問紙調査を実施した。回答数は362校（50.5％）であった（横田雅弘他、2006）。

表 15-8 日本における上位の国籍別留学生数の推移　　　(人)

年度	中国	韓国	台湾	マレーシア	タイ	ベトナム	留学生総数
2000	32,297	12,851	4,189	1,856	1,245	717	64,011
2001	44,014	14,725	4,252	1,803	1,411	938	78,812
2002	58,533	15,846	4,266	1,885	1,504	1,115	95,550
2003	70,814	15,871	4,235	2,002	1,641	1,336	109,508
2004	77,713	15,533	4,096	2,010	1,665	1,570	117,302
2005	80,592	15,606	4,134	2,114	1,734	1,745	121,812
2006	74,292	15,974	4,211	2,156	1,734	2,119	117,927
2007	71,277	17,274	4,686	2,146	2,090	2,582	118,498
2008	72,766	18,862	5,082	2,271	2,203	2,873	123,829

(出所) (独) 日本学生支援機構調べ (各年度5月現在)：短期留学生も含む数値である。

2-1　外国人留学生を増やしたいと考えているか

今後の受け入れ方針では、**表15-9**のように、「大いに増やす」32校 (8.8%)、「少し増やす」80校 (22.1%) であった。すなわち、増加方針を持つ大学は合計112校 (31%) である。逆に、「大いに減らす」「少し減らす」という抑制方針を持つ大学はわずかに16校 (4.4%) しかない。

しかし、「現状維持」の大学もかなり多く、94校 (26%) に上る。「現状維持」とは留学生の受け入れを継続して考えているという意味であるので、受け入れにはある程度積極的な姿勢を持っていると言える。その意味で増加方針を持つ大学と同じ範疇に入れて合算すれば、206校 (56.9%) に達する。日本では今後も受け入れ増加の傾向が続くと見てよいだろう。

表 15-9　外国人留学生受け入れの増加・抑制方針

項目	回答数 (校)	割合 (%)
大いに減らす	1	0.3
少し減らす	15	4.1
現状維持	94	26.0
少し増やす	80	22.1
大いに増やす	32	8.8
どちらともいえない	83	22.9
無回答	57	15.7
合計	362	100.0

(出所) 横田雅弘他、2006。

2-2　外国人留学生を増加させる予定の課程

　増加方針を持つ大学に対して、どのプログラムにさらに留学生を増やすつもりであるかを問うと、「学部課程」(66%)、「交換留学プログラム（学部課程）」(約55%)、「大学院博士前期（修士）課程」(約50%)、「大学院博士後期（博士）課程」(約45%)の順に多かった。すなわち、学部留学生及び学部の交換留学生（1年未満）を増やしたい大学が過半数を占め、大学院の修士・博士課程の留学生を増やしたい大学も半数を占める。

　他方、短期（1年未満）の英語によるプログラムや2～3週間の短期日本語研修プログラムなどへの受け入れを増加させようと考えている大学は比較的少ない。大体20%前後である。思うに、短期留学生を受け入れる体制が整っていない大学が多い。短期留学生受け入れは今後もあまり大きくは進展しないように思われる。

2-3　外国人留学生受け入れの問題点

　受け入れを推進する上で問題となる事柄については、第1位が「留学生の日本語力不足」であり、130校（45%）の大学が問題としている。入学後に日本語学習のフォロー体制が必要であり、専門課程の講義を理解できるようになるためには専門日本語の学習も徐々に積み上げられねばならない。そういうフォロー体制がないならば、少なからぬ留学生が初年度から講義を消化できない状態に陥るのである。

　次いで、「宿舎の確保が困難」(127校、44%)、「事務局の負担が大きい」(115校、約40%)、「財政的負担が大きい」(113校、約40%）、「教員の負担が大きい」(83校、約30%)の順に多い。

　これら上位5つの問題について4割を超える大学が障碍であると感じている。これらは日本留学の基本的課題として従来からずっと言われ続けてきたものであるが、いまだに解消されていないのである。

3．日本の国家戦略としての留学生受け入れ政策

1　「留学生 30 万人計画」骨子の策定

　日本の留学生政策は今後の在り方について、アジア・ゲートウェイ構想 (2007 年 5 月 16 日)、教育再生会議・第二次報告書 (2007 年 6 月 1 日)、経済成長戦略大綱 (2007 年 6 月 19 日改定) 等で示された提言を受けて、2007 年 12 月 25 日より中央教育審議会大学分科会の制度・教育部会留学生ワーキンググループで検討の結果、翌 2008 年 1 月 18 日、当時の福田康夫首相は第 169 回国会における施政方針演説において「留学生 30 万人計画」を発表した。そこでは「開かれた日本」を形成するために、「アジア・世界との間のヒト・モノ・カネ・情報の流れを拡大する『グローバル戦略』の展開」を推進し、その一環として「2020 年を目途に外国人留学生を 30 万人まで増やす」計画を策定するとしている。

　その後、中央教育審議会大学分科会の留学生特別委員会において検討の結果、2008 年 7 月、外務省・文部科学省・経済産業省・国土交通省・法務省・厚生労働省の 6 省庁合同で「留学生 30 万人計画」骨子が策定された。骨子に則して今後具体策が打ち出されるものと思われる。

2　日本社会のグローバル化に関する政策

　「留学生 30 万人計画」骨子は、留学生受け入れ体制について、下記の 5 つの施策を実施するとしている。すなわち、①日本留学への誘い：日本留学への動機づけとワンストップサービスの展開、②入試・入学・入国の入り口の改善：日本留学の円滑化、③大学等のグローバル化の推進：魅力ある大学づくり、④受け入れ環境づくり：安心して勉学に専念できる環境への取り組み、⑤卒業・修了後の社会の受け入れ推進：日本の社会のグローバル化、である。

　①〜④は、いわば大学のグローバル化政策であり、留学生受け入れ体制の全般的な強化策、あるいは重点的な財政投入による拠点校作りに関する方針を述べたものである。しかし、⑤は、「日本の社会のグローバル化」という

副題がついているように、卒業（修了）留学生の日本での就職を視野に入れたものである。この点は従来の留学生政策の理念と異なっている。1980年代の「留学生10万人計画」は、途上国の人材育成への協力あるいは知的国際貢献という文化政策的理念によって推進されたが、今度は優秀な外国人材を日本に獲得するという国益を追求している。

このように理念が変化した理由は主に3点ある。

第1に、日本の少子高齢化による高度人材の不足を補うためである。厚生労働省統計によれば、2008年10月1日現在、日本人0歳児の人口は約109万人であった。20年後には20歳になり新社会人となるが、これは現在の20歳人口に比べ20％減（130万人から21万人減）である。また現在の20歳人口は20年後に40歳の中堅幹部人材となるが、現在の40歳人口に比べ30％減（約177万人から47万人減）である。すなわち、20年後には、熟練した労働力人口は確実に減少する。

第2に、知識経済の発達によって高度人材を獲得する必要が認識されたのである。経済産業省編『通商白書2008』は次のように述べている。「近年、労働移動の活発化は新たな局面を迎えつつある。先進国において少子高齢化及び知識経済化が進んだことにより、経済活動における経営資源の中でも『ヒト』の重要性」が高まり、「豊富な人的資本を有する高度人材及びその予備軍である留学生を中心に、ヒトの移動が急速に活発化しており、世界は人材獲得競争の様相を呈している」と。日本もまた他の先進国と同様の政策を取る必要があるというのである。

第3に、アジアが日本経済にとって魅力ある市場となったことである。日本経済は首都圏一極集中型（支店型経済）と呼ばれるように、地方企業は人口の集中する首都圏を市場として安定的に確保するために、首都圏に本社を移し、いち早く情報・ニーズを入手することに努めてきた。戦後、アジアは経済が長く低迷し、所得水準も低く、日本企業の市場として重視されなかった。アジアには1990年代初頭に日本企業の進出ラッシュがあったが、多くが安価な労働力を求めるためであった。ところが、1990年代後半から中国・韓国・ASEAN諸国の経済成長が続き、日本経済にとってそこは魅力ある市場

に変わった。日本企業はアジア市場を確保するために、アジア諸国の優秀な留学生を採用するようになった。かくして日本経済はアジア市場に本格的に軸足を据える方向を取り始めたのである。

3 中国人留学生の日本での就職状況

3-1 日本での就職の現状

近年、留学生で在留資格変更を許可された人数、すなわち日本での就職者数は**表15-10**の通りである。2007年度には1万人を超え、中でも中国が圧倒的に多く、就職者全体の73.5%を占めた。次いで韓国の10.8%、台湾の2.7%が続き、この3カ国で全体の87%に達する。つまり、日本は中国・韓国・台湾から高度人材を多数受け入れている。これは**表15-11**のような企業の海外進出先の情況とも一致しており、今後もこの傾向は大きくは変わらないものと思われる。

表15-10 留学生の国・地域別の「在留資格変更」許可人数　　　　　　（人）

年度	中国	韓国	台湾	バングラデシュ	ベトナム	マレーシア	タイ	スリランカ	その他	計
2003	2,258	721	139	66	31	31	53	31	448	3,778
2004	3,445	811	179	84	53	59	60	25	548	5,264
2005	4,186	747	168	57	64	69	67	34	493	5,878
2006	6,000	944	200	119	92	118	67	55	677	8,272
2007	7,539	1,109	282	138	131	120	81	81	775	10,262

（出所）法務省入国管理局。

表15-11 日本全国の企業の地域別海外進出状況（2003年現在）

地域	アジア	北米	EU	その他	合計
進出件数	13,500	4,217	3,492	2,663	23,872
構成比（%）	56.6	17.7	14.6	11.1	100.0

（出所）経済産業省（2004）。なお、「進出」とは、100%現地法人、現地企業との共同出資、支社・支店等の設置などを含む。

3-2 就職先企業の所在地

表15-12は都道府県別の留学生の就職状況を示している。各地の企業

表15-12 留学生の就職先企業等の所在地の推移　　　　　　　　　　　（人）

年度	東京	大阪	愛知	神奈川	福岡	埼玉	兵庫	千葉	その他	計
2003	1,975	403	224	175	86	93	70	50	702	3,778
2004	2,699	579	282	227	115	171	135	75	918	5,264
2005	2,599	669	453	258	192	147	158	87	1,315	5,878
2006	3,892	919	570	353	299	239	220	172	1,608	8,272
2007	5,055	1033	786	469	307	275	254	215	1,868	10,262

（出所）法務省入国管理局の統計より作成。

や地方自治体が留学生の獲得に取り組んでいる様子をうかがうことができる。2007年度では、東京が最も多く、全体の49.3％を占める。次いで大阪10.1％、愛知7.7％、神奈川4.6％、福岡3.0％、埼玉2.7％、兵庫2.5％、千葉2.1％の順である。上位の8地方で82％を占めている。

　例えば、福岡県では全国に先駆けて2001年4月に産官学で「国際ビジネス人材支援会議」を立ち上げ、県内企業が留学生を含む海外高度人材を採用することを支援している。県内で就職説明会を実施することはもとより首都圏で開催される留学生向け就職説明会にも出展し県内企業への誘致を進めている。このように地方自治体主導で大学・企業と連携を図り、留学生を含む海外高度人材の導入政策を実施するところは徐々に増えていくだろう。

　卒業（修了）留学生の労働市場では、国内の企業間の獲得競争だけではなく、企業を支援する都道府県の行政間の獲得競争、すなわち都市間の獲得競争にまで進んでいる。これが今後、予想される事態ではないかと思われる。さらに大局的に見れば、この獲得競争は国内だけではなく、留学生の出身国及び他の先進国の企業や都市との国際的競争ともなっている。

おわりに

　今後、中国の海外留学需要が増大し、日本の大学の過半数が外国人留学生受け入れを増加させるという方針を持ち、日本政府も「留学生30万人計画」を標榜しているとすれば、将来も中国からの日本留学は増えていくものと考えられる。

さらに今後、以下の可能性が高まれば、中国人の日本留学はいっそう増加するのではないかと思われる。

①中国人の不法滞在者が減少する可能性

不法滞在者が増えれば、日本政府は入国制限を行う可能性があるが、2004年「不法滞在者5年半減計画」を開始、中国人の不法滞在者は2004年の33,522人から2009年1月には18,385人とほぼ半減した。

②日本での外国人の就職状況が改善される可能性

現状では、日本企業の外国人の採用率はいまだ低く、雇用体制も未整備である。しかし、「留学生30万人計画」が提起するように、長期的に見れば外国人留学生の国内就職は増加していくものと予想される。

③日本の大学と中国の大学との共同教育制度が増える可能性

中国では国内の大学で2年間、残り2年を外国の大学で学習し、外国の学位を取得するツイニング・プログラム（2＋2）方式の人気が高まっている。留学費用をかなり安く抑えることができるからである。日本の大学とのツイニング・プログラムの数は徐々に増加しているので、今後の展開が期待される。

④日本の大学院教育課程が中国で共同実施される可能性

2003年3月1日、国務院は「中華人民共和国中外合作辨学条例」を発布、外国の組織・個人ないしは国際機関が中国で中国の教育機関と共同で学校や教育課程を運営することを正規に認可した。米国、オーストラリア、イギリス、フランスなどの大学は中国の大学と共同で主に修士課程を開設している。中国に居ながらにして外国の修士学位が取得できるので「不出国留学」と呼ばれている。日本の大学は出遅れている。

最後に、外国人留学生が日本に増加する際の焦眉の課題について2点述べておきたい。

第1に、例えば大学は「定員充足率に貢献する」「日本人学生の国際性を涵養する」などさまざまな理由で留学生を増加させてきた。今後も状況は変わらないだろう。それは必ずしも「留学生30万人計画」が掲げるような大

学のグローバル化や留学生の日本企業への供給などを念頭に置いているとは限らない。「留学生30万人計画」骨子は「なぜ自分の大学は留学生を受け入れるのか、とことん考え抜く必要がある」と述べているが、多くの大学は留学生受け入れについて明確なビジョンを描けないでいる。

第2に、もし「留学生30万人計画」によって留学生が今後増加し、かつ日本国内での就職率が高まれば、それは留学生を含む外国人が日本社会に定住することを意味する。しかも、首都圏だけでなく、地方の中枢都市でも今後起こってくる事態である。留学生の増加と外国人の定住化に対して、それら都市はどのような理念と政策を持って臨むべきだろうか。大学、地方自治体、企業及び地域住民など社会全体が外国人と共生する理念を共有して、彼らを支援する体制を整えるために連携しなければならないと思われる。

今、日本の社会や大学は経済のグローバル化と少子高齢化の進行のなかで岐路に立っている。どの方向に進むか、できる限り賢明な判断をするために正確に現状を把握する必要があるだろう。

引用・参考文献

A.Bohm, D.Davis, D.Meares, D.Pearce (2003) *Global Student Mobility 2025*, IDP Research Publication,
国家教育発展研究中心編（2005）『2005年中国教育緑皮書』教育科学出版社。
教育渉外服務管理叢書編集委員会編（2005）『自費出国留学指南』高等教育出版社。
曽湘泉他（2004）『中国就業戦略報告2004：変革中的就業環境与中国大学生就業』中国人民大学出版社。
中国人事科学研究院（2005）『中国人材報告2005』人民出版社。
経済産業省（2008）『通商白書2008』。
経済産業省（2004）『九州アジア国際化レポート2004』。
白土悟（2008）「中国における自費留学制度の形成過程の考察」『九州大学留学生センター紀要』第17号。
白土悟（2007）「中国の留学交流の将来動向に関する考察」『留学生交流の将来予測に関する調査研究』（平成18年度文部科学省先導的大学改革推進経費による委託研究）。
横田雅弘・坪井健・白土悟・太田浩・工藤和宏（2006）『岐路に立つ日本の大学―全国四年制大学の国際化と留学交流に関する調査報告』（平成15・16・17年度文部科学省科学研究費補助金（基盤研究B）最終報告書）。

16　教育の国際化と学生の国際感覚について

竹熊　真波

はじめに

　我が国の国際化、グローバル化の進展は誰もが認めるところであろう。身近なところでは 2008 年 9 月にアメリカの一企業（リーマンブラザーズ）の経営破綻に端を発した世界的不況が日本にも大打撃を与えたことが挙げられる。また、2009 年 4 月にメキシコで発見された新型インフルエンザ（H1N1）は 1 年も経たないうちに日本全国に拡がってしまった。

　ここで、法務省入国管理局のデータを基に、我が国の国際化の進展をいくつか示す。まず、人の往来についてであるが 2008 年現在の日本人出国者数は約 1,599 万人、外国人入国者数は約 915 万人で、20 年前の 1989 年に比べ、日本人出国者数は約 1.7 倍、外国人入国者数は約 3 倍に増えている。図 16-1 の年度別推移を見ると、日本人出国者数は、1996 年までは急増を続け、それ以降は SARS や国際テロの影響のあった 2003 年に大幅な減少が見られた以外は 1,600 万人から 1,800 万人のところで推移していることがわかる。

　一方、外国人入国者数については、毎年緩やかに上昇を続けている。ただし 2008 年は景気後退の影響等で日本人出国者数とともに前年比減となっている。2009 年は新型インフルエンザの流行により、さらに減少することが予想されるが、同年 7 月から、中国国民訪日個人観光ビザの取り扱いが開始され、より自由に往来ができるようになったため、中国を中心に外国人入国者数が増加する可能性もある。

(万人)

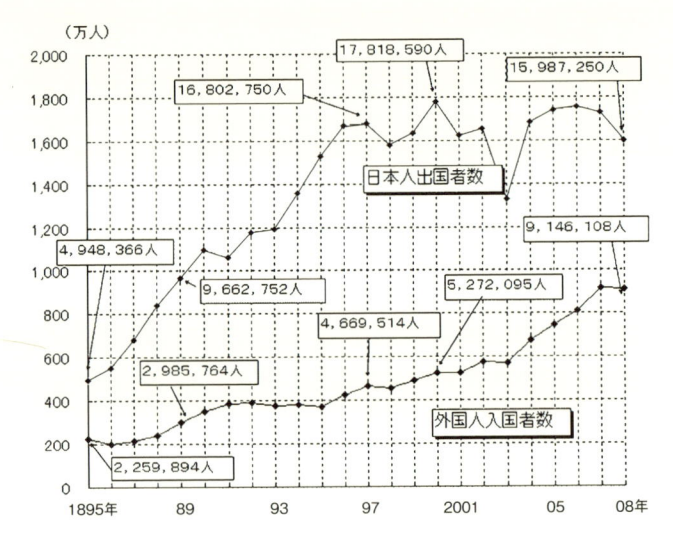

図16-1 外国人入国者数・日本人出国者数の推移

次に、2008年末現在の外国人登録者をみると、221万7,426人で、過去最高となっている。日本の総人口に占める割合は1.74％程度であるが、これも過去最高である。

その内訳を国籍別に見ると、中国が最も多く約65万5,000人で全体の約30％を占める。以下2006年末まで最大の構成比を占めていた韓国・朝鮮（約59万人、26.6％）、ついでブラジル、フィリピン、ペルー、米国と続く。

次に在留資格別に見ると、最も多いのが一般永住者で49万2,056人（22.2％）、対前年末増減率は11.9％（5万2,299人増）となっている。一方、特別永住者は420,305人（19.0％）で対前年末増減率は逆に2.3％の減となっている。特別永住者の多くが帰化し、日本国籍を取得する傾向にあるとも言われているが[1]、この現象からも、中国を中心とするいわゆるニューカマーが在日と言われたオールドカマーを凌駕する新たな段階に入っていることがわかる。なお、増加率が高い資格は、「技能」（21.6％）、「技術」（17.0％）であり、こうした高度人材の受け入れが重視されつつあることが見て取れる。

しかし、このような国際化、グローバル化の進展の中で、日本人の意識

はどの程度「国際化」されたのだろうか。「冬のソナタ」や「2002年FIFAワールドカップ」に始まる韓流ブーム、それに続く華流ブームの兆しは、それまで近くて遠い国だった韓国・中国を一挙に近くて近い国に変えたように思われるが、それでも、筆者が大学生だった頃の1980年代にも言われていたのと同じ「留学生がいても日本人どうし、留学生どうしで固まってしまい、相互交流をしない」という声を耳にしたり、外国人だからという理由でアルバイトを断られたりするケースが依然として存在する。

したがって、本章では、まずは教育の国際化に関する諸政策や現状を概観し、大学生の国際交流の頻度や外国に対する意識について明らかにした上で、教育の国際化への課題を検討したいと考える。

1．教育の国際化に関する諸政策の現状

1　国際教育の推進について

教育の国際化に関する施策に関しては、臨時教育審議会の最終答申（1987年）以降、情報化と共に強調されてきたが、1996年7月19日に出された中央教育審議会第1次答申「21世紀を展望した我が国の教育の在り方について」においても国際理解教育のさらなる充実が謳われ、さらに2003年3月20日付け中教審答申「新しい時代にふさわしい教育基本法と教育振興基本計画の在り方について」の中でも「日本の伝統・文化を基盤として国際社会を生きる教養ある日本人の育成」が教育目標の1つとして掲げられた。

そして、2004年8月12日に「初等中等教育における国際教育指針検討会」が設置され、翌2005年8月3日に「国際社会を生きる人材を育成するために」という副題が付与された同報告書が出された。そこでは、「国際化がいっそう進展している社会においては、国際関係や異文化を単に『理解』するだけでなく、自らが国際社会の一員としてどのように生きていくかという主体性をいっそう強く意識することが必要」であることから、「国際理解教育」からさらに一歩進んだ形での「国際教育」すなわち「国際社会において地球的視野に立って主体的に行動するために必要と考えられる態度・能力

の基礎を育成するための教育」が提唱されている。

　このうち初等中等教育段階においては、すべての子どもたちが身につけるべき態度・能力として、「①異文化や異なる文化を持つ人々を受容・共生することのできる力」「②自らの国の伝統・文化に根ざした自己の確立」「③自らの考えや意見を自ら発信し、具体的に行動することのできる力」の3つを示した。そして、そのための重要なストラテジーの1つとして、総合的な学習の時間などの授業実践のさらなる充実、国際教育を指導する立場に立つ教員が「多様な経験を有し、国際教育に情熱を持ち、実践的な指導ができる」よう、教員養成段階よりその力量を高めていくこと、そして留学、海外研修旅行、海外修学旅行、姉妹校提携による学校間交流などを通じて「直接的」な異文化体験を重視することなどが挙げられている。

2　英語教育について

　国際教育を推進するための授業実践のなかで最も重要なツールとなるのが語学であり、日本の場合それは英語力の向上とほぼ同一とみなされているのが現状である。2000年に学習指導要領が改訂された際に「総合的な学習の時間」が導入され、小学校においても体験学習の一環として英語学習を行うようになった。2007年度の時点で全国の公立小学校の97.1％が何らかの形で英語活動を実施している。

　2003年には、「『英語が使える日本人』育成のための行動計画」が打ち出され、国民全体が英語でコミュニケーションできることを目標とした英語教育改善のためのアクションプランが提示された。そのなかでも小学校における英会話活動の支援について示されたが、2008年1月に出された中央教育審議会答申「幼稚園、小学校、中学校、高等学校及び特別支援学校の学習指導要領等の改善について」を経て同年3月に改訂された小学校学習指導要領において、ついに小学校5、6年生において「外国語活動」が週1回必修化されることとなった。中学校や高校でも英語学習はコミュニケーション能力の向上を中心として強化されることになり、中学校での外国語の授業・数は全学年を通じて週3回（105単位時間）から週4回（140単位時間）に増大、高

校でも原則として英語の授業においては教授用語を英語とする方針が打ち出された。

3　教員養成と国際化

国際教育推進のための重要な担い手となる教員については、その資質向上が叫ばれ、2009年4月より教員免許更新制が実施されることとなったが、この教員の資質能力について文部科学省は「いつの時代にも求められる資質能力」（教育者としての使命感など）と共に「これからの時代に求められる資質能力」を挙げ、このうちの1つとして「地球的視野に立って行動するための資質能力」すなわち「地球、国家、人間等に関する適切な理解、豊かな人間性、国際社会で必要とされる基本的資質能力」が必要であると述べている。これはまさに「国際教育」推進の目的と同じである。すでに国際教育を指導する立場の者に対する研修等は実施されているが、今後は、こうした資質を教員養成課程のなかでいかに国際的資質を育成していくかが問われることとなろう。

4　日本人学生等の異文化体験

国際理解教育に欠かせないのが学生や児童・生徒の直接的な異文化体験である。具体的には、日本から海外におもむくケースと海外からの訪問を受け入れるケースがある。以下にその実態を示す。

4-1　海外への留学・研修

文部科学省によれば、2006年に海外の大学等に留学した日本人は7万6,492人であり、その主な留学先はアメリカ (46.1%)、中国 (24.0%)、イギリス、オーストラリアである。一方、2008年度に海外に3ヶ月以上の「留学」をした高校生は3,190人で、主な留学先は生徒数が多い順にアメリカ (36.5%)、ニュージーランド (18.2%)、カナダ、オーストラリアとなっている。また、3ヶ月未満の「研修旅行」を行ったものは2万7,025人で、研修先は同様にオーストラリア (32.8%)、アメリカ (19.9%)、カナダ、ニュー

ジーランドの順であり、英語圏の国々に集中していることが分かる。

　修学旅行情報センターが行った生徒の研修内容についての調査では、「語学研修・ホームステイ」が71.8％と最も多く、次いで「国際交流・国際理解」が10％、「学校間交流」が8.1％の順となっている。さらに研修先別に見ると、東アジア・東南アジアに行く場合「国際交流・国際理解」が53.0％と最も多く、「語学研修・ホームステイ」の割合は19.4％にとどまったのに対し、オセアニアや北アメリカに行った場合は「語学研修・ホームステイ」が84.9％と圧倒的に多くなっていた。これらのデータからも海外への留学・研修は「英語圏へ英語を学びに行く」ということが主流となっていることが見て取れる。

4-2　修学旅行

　次に高校生の海外への修学旅行について、2008年度に海外修学旅行を実施した高校は943校、参加生徒数は17万9,573人で、公立高校の11.4％、私立高校の37.2％が海外への修学旅行を実施しているという状況であった。旅行先を国・地域別に見ると、オーストラリアが最も多く215校2万9,662人、次いでアメリカ、韓国、シンガポール、マレーシアにそれぞれ2万人超、そして中国（約1万人）、台湾（約8千人）と続く。修学旅行の場合は、期間も予算も限られていることもあり、英語圏だけでなく、より身近なアジア地域

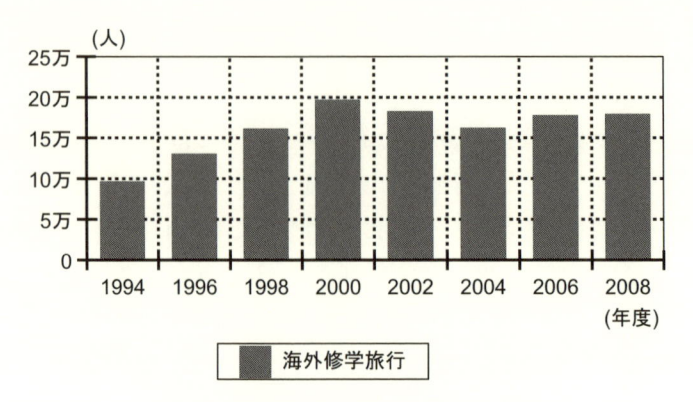

図16-2　高校生の海外修学旅行参加者数の隔年別推移

に行くケースが多くなっているといえよう。なお、私立学校を中心に、海外への修学旅行を実施した中学校（221校1万7,008人）、小学校（16校499人）もあり、この場合の渡航先はオーストラリア、ニュージーランド、アメリカ、カナダ、イギリスと英語圏が上位を占めていた。

　ここで、1994年度以降の海外への修学旅行の参加生徒数の推移を見ると、2000年度をピークに参加者数が頭打ちとなっていることが分かる。特に2004年度は参加者数の減少が目立つが、前年の2003年にSARSやアメリカの対イラク軍事行動等が起こったことと関連すると思われる。2007年は燃油サーチャージの問題があったが、2008年度は微増となっており、その影響は特に現れていないようである。ただし、2009年度は新型インフルエンザの影響で海外への修学・研修が中止となるケースも多く、今後大幅に減少することも考えられる（図16-2）。

　総じて、海外の不安定な状況もあり、日本人学生等が直接海外におもむいて異文化体験をするケースは期待ほど増大していないといえる。

4-3　海外からの訪問者の受け入れ

　海外からの児童・生徒の受け入れを見ると、まず外国からの教育旅行による学校訪問を受け入れた学校は、高校が958校で、韓国、台湾、中国など53ヶ国・地域から33,615人、中学校が660校で12,910人、小学校が372校で7,546人という状況であった。また、高校での外国人留学生（3ヶ月以上）・研修生（3ヶ月未満）の受け入れについては、前者が748校で中国、アメリカ、オーストラリアなど69ヶ国・地域からのべ1,816人、後者が544校でオーストラリア、アメリカ、韓国、中国など51ヶ国・地域からのべ3,630人であった。これらのデータから、英語圏や近隣国を中心に広く交流している点が評価できる一方で、日本人の海外渡航の数値に比べてもなお一層努力する余地を残していることがうかがえる。

5　留学生の受け入れ

　初等・中等教育段階での直接的な異文化体験は、多くの場合、海外への修

学旅行や外国人のゲストとの交流など限定的なものになりがちであるが、来日留学生との交流は日本にいながらにして長期的で日常的な異文化体験を可能にする有効な手段といえる。これは主として高等教育段階において行われる。

1983年に「留学生10万人計画」が打ち出され、日本は留学生の積極的な受け入れを行うこととなった。当時1万人程度であった留学生数は、バブルが崩壊する1993年までは計画を上回る増加率を示し、順調に5万人を突破したが、その後、停滞、減少の時期に入る。しかし、入国審査の緩和及び短期留学生制度の導入、渡日前に受験できる「日本留学試験」の導入（2002年）などの努力もあり、1998年からは再び増加に転じ、2003年に当初の計画より3年遅れはしたが、10万人の目標を突破した。

しかし、目標達成と軌を一にして、政府は2003年9月の中央教育審議会答申「新たな留学生政策の展開について」において、留学生の在籍管理等の徹底を打ち出し、今後は留学生の「量」より「質」の確保へと方向を転換することになった。この背景としては、この年に福岡市の一家4人殺害事件をはじめとする留学生による凶悪犯罪や、不法就労問題がマスコミをにぎわせたことが挙げられよう。

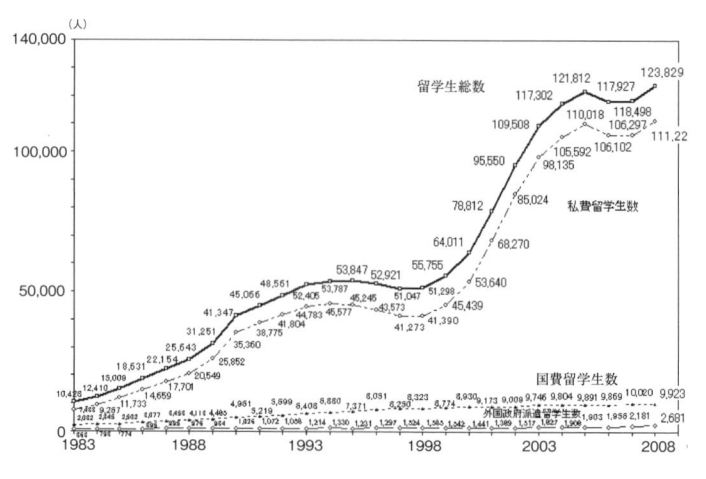

図16-3　来日留学生数の推移

政府は「2004年からの5年間で、不法滞在者を半減させる」との政府目標を掲げ、特に中国、ミャンマー、モンゴル、バングラデシュの4ヶ国からの入国者に対して入国管理審査の厳格化を行っている。同じく2004年の入管法改訂において、国内で学ぶ留学生に対する資格外活動の違反についても罰金の最高額が30万円から300万円に引き上げられるなど「管理」の強化がなされている。さらに、テロ対策という理由から2006年には、16歳以上の外国人に日本入国審査時の指紋採取や顔写真撮影を原則として義務づけることとなり、当然のことながら留学生にも適用された。こうした政策は、留学生に対して門戸を閉ざす結果となり、留学生数も2006年、07年と2年続けて2005年度を下回る数となっている。

　一方で、政府は留学生交流を国際交流・協力の大きな柱の一つとして位置づけ、2007年に出された「教育再生会議第2次報告書」や「アジア・ゲートウェイ構想」等においては、教育政策のみならず外交政策、産業政策を含めた国家戦略として新たな留学生政策を策定、推進することが必要とされた。その具体策として、経済産業・文部科学両省は、2007年度よりアジアからの約2,000人の留学生を対象として、大学・大学院が採用意欲のある企業と提携して行う2年間の特別コースの受講生に月20万円から30万円相当の奨学金を支給する無償奨学金制度の導入を打ち出した。

　そして、福田康夫首相（当時）が2008年1月に行った施政演説を具体化するべく、同年7月29日、文部科学省、外務省、法務省、厚生労働省、経済産業省、国土交通省が合同で「留学生30万人計画」の骨子を提出、「グローバル戦略」展開の一環として2020年をめどに留学生受け入れ30万人を目指すこととなった。その中には大学等のグローバル化の推進、すなわち「国際色豊かなキャンパス」（国際化拠点大学、英語のみによるコースの拡大など）作りが目指されることになったのである。

　2008年5月1日現在の留学生数は、12万3,829人と過去最高となっている。このうちアジアからの留学生は92.2％と圧倒的多数を占め、国別では中国が7万2,766人（58.8％）と最も高く、次いで韓国（1万8,862人）、台湾（5,082人）の順である。また、私費留学生が11万1,225人と全体の

89.8％を占めている。こうした状況、すなわち中国を中心とするアジアからの留学生（92.2％）が、主として私立大学の学部レベル（40％）に私費留学生として在籍し、民間アパート（75.7％）を借りてアルバイトをしながら生活するという一般的なパターンは、実は留学生1万人計画が出された1980年代、あるいはそれ以前からあまり変わらず続いているのである。

　2008年度学校基本調査統計による大学（大学院含む）の学生総数は283万6,127人であり、留学生の占める割合を計算すると、わずかに3.3％程度である。この点も教育の国際化という視点からすれば改善の余地があろう。

2．学生の国際感覚

　ユビキタス社会の到来といわれるほど、インターネットが身近なものになっている今日、若者達はテレビなどの一方向的なマスメディアにおいて海外の情報に触れるだけでなく、ネット上で瞬時にあらゆる情報を検索し、時に遠い国の人々とオンタイムで交流することも容易になった。

　しかしながら、現在の若者は、マスメディアやインターネットといった媒介を通さずに、どの程度「直接的に」海外に触れ、外国の人々と交流しているのであろうか。そして、そうした経験が彼らの外国に対する意識や留学生に対する意識に何らかの影響を与えているのだろうか。

　こうした疑問を探るために、2005年と2006年、そして2009年に、のべ545名の大学生を対象として質問紙調査を行った。調査の対象としたのは筆者が担当する授業を受講していた、佐賀県の国立大学の教職課程を履修しているA大学（法経、理工、農学部）、福岡県の私立大学であるB大学（看護科）、及びC大学（国際コミュニケーション学部）の学生である。2005年はA大学（135名）とB大学（69名）、2006年はA（157名）、B（64名）、C（19名）全大学、2009年はA大学（101名）のみを対象とした。学部の1、2年生を中心としていることから、回答者の平均年齢は19.4歳、また男女比はほぼ同率（1:1.05）であった。

　質問項目は年度によっても異なるが、共通した設問のうち「海外旅行経

験」「外国人の友人」という直接的な異文化体験の有無及び「外国」や「日本にいる外国人や留学生」に対するイメージについて尋ねた設問について検討することとする。

1　直接的な異文化体験
1-1　海外経験

まず、海外経験の有無についてであるが、全体として海外経験のある者が217名（39.8%）、ない者が328名（60.2%）であった。興味深いことに、海外経験者の割合を年度ごとに見ると、2005年が44.6%であるのに対し、翌2006年は39.6%、2009年は29.7%と徐々に下がっていた。図16-4は3ヶ年とも調査を実施したA大学のみを抽出した数であるが、ここでも同様に48.9%、38.2%、29.7%と海外経験者の割合が下がっている。彼らの多くが大学1、2年であり、海外経験の多くが海外への修学旅行（90名）、語学研修・留学（17名）と回答していることから、SARSや国際テロの影響のあった2003年前後にちょうど、中・高校生であり、海外経験を逸する結果となったことが海外旅行減少につながっているのではないかと予想される。また、日本の景気の後退とも関連するのかもしれない。

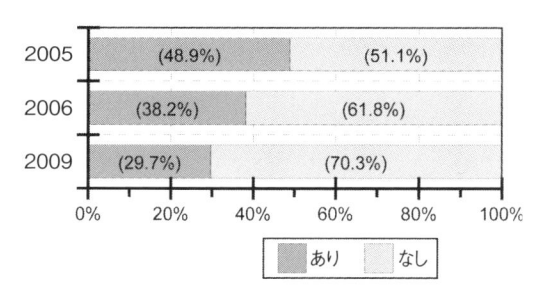

図16-4　A大学における海外体験の年度別状況

表 16-1　海外旅行経験者の主な渡航先と渡航目的

	総計	修学旅行	語学研修・留学	交際交流（ホームステイ等）	個人家族旅行
韓国	66	11	8	8	31
米（含：ハワイ・グアム）	56	6	3	8	35
中国（台湾を含む）	42	27	0	1	11
オーストラリア	39	19	6	3	11
ニュージーランド	27	25	0	0	0
シンガポール・マレーシア	26	10	1	7	3
イギリス	19	12	2	1	0
カナダ	11	3	3	3	2
のべ数	318	90	17	25	74

　海外経験者に対して、渡航先と渡航目的について最大3ヶ国まで自由記述形式で記入してもらったが、2ヶ国以上の記載ある者は海外経験者217名中77名、3ヶ国以上記入した者は24名であった。以下に、海外経験者の主な（10名以上）渡航先と主な渡航目的を表に示している（表16-1）。

　これをみると、韓国に渡航したものが最も多いことがわかる。しかも、韓国への渡航目的は、「個人旅行」が半数近くを占めた。これは調査対象者の多くが福岡県、佐賀県出身者であることから距離の近さ、手軽さなどによるものと思われる。

　次に渡航先として人気が高かったのはアメリカであった。渡航目的もグアムやハワイという観光地も含めたためか、個人旅行が最も多かった。

　一方で、修学旅行で行った者の割合が高かったのが中国、ニュージーランド、イギリスであった。オーストラリア、カナダ、アメリカは語学研修・留学や国際交流（ホームステイ）の割合が比較的高くなっていた。シンガポール・マレーシアについては修学旅行も多かったが、国際交流の比率も高かった。具体的な交流内容として、ホームステイに加えて「青年の船」での渡航が2名含まれていたのが印象的であった。

　また、逆に海外旅行未経験者に対して「海外旅行をしたいですか」という質問をしたところ、「はい」と答えたものが160名、「いいえ」が34名で、希望する割合が非常に高かった。海外旅行希望者に対してさらに「行き

たい国」を尋ねたところ（複数回答）、アメリカと答えたものが49名と最も多かった。地域としては、イギリス、フランス、イタリア、スイスなどヨーロッパの国々を記入したものが95名、次いでカナダも含め北アメリカと答えたものが58名、韓国、中国などアジア諸国を挙げたものが23名、オーストラリア、ニュージーランドといったオセアニアが14名であった。その他モナコ、メキシコ、フィジー、ブラジル、ジャマイカなどたくさんの国名が挙げられた。なかには「世界中どこでも」と答えた者もあり、海外への興味の高さがうかがえた。一方、海外旅行をしたくないと答えたものの理由としては「日本以上に安全な国はないから」「外国はちょっと怖いから」「言葉が通じそうにないから」「英語が話せません」などの消極的なものの他、「興味がない」「めんどくさい」「行く理由がない」「お金がかかる」との意見もあった。

1-2　外国人との交流

　外国人との交友状況に関して、まず「学内に外国人の友達がいるか」について尋ねたところ、「いない」と応えた者が325名（59.6%）、「いる」と答えた者が215名（39.4%）という状況であった。「いる」と答えた者のうち「3人以上」いるとした者は115名（全体の21.1%）であり、友人がいる場合は「友達の友達」という形で複数の外国人と交流するケースが多いものと思われる。日本の大学における留学生の割合は約3割程度で、最も回答者数の多いA大学における留学生の割合も4.1%程度（学部のみの割合は0.8%）であるが、その割合からすれば、学内において外国人と交流する比率は高いといえるのではないだろうか。

　次に「学外に外国人の友人がいるか」については、「いない」とした者が366名（67.1%）、「いる」が174名（31.9%）、そのうち3人以上の友人を持つ者が55名（10.1%）という結果であった。学内と学外では、やはり学外の方が外国人の友人を作る機会が少ないようである。なお、学内外における外国人の友人の有無と海外旅行経験の有無をクロスしてみたものが**図 16-5**である。これをみると、海外旅行経験の有無は学内での外国人との交流に関し

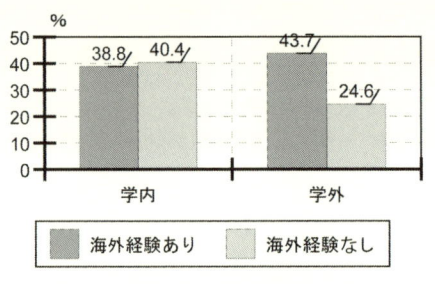

```
    %
50 ┐
40 ┤  38.8  40.4        43.7
30 ┤                          24.6
20 ┤
10 ┤
 0 ┘
        学内              学外

    ■ 海外経験あり    □ 海外経験なし
```

図 16-5　学内・学外に外国人の友人がいる割合
（海外旅行経験の有無別）

てはそれほど影響を与えないが、学外での交流においては 43.7% 対 24.6% と大きな違いがみられた。

　また、回答した者のうち、学内にも学外にも友人がいない者が 233 名 (42.8%)、さらに海外旅行の経験もない、言い換えれば直接的な異文化交流が皆無のケースは 153 名 (28%) であった。逆に海外旅行の経験があり、学内にも学外にも外国人の友人がいるという最も異文化交流が盛んなケースは 41 名 (7.5%) であった。

　さらに、学内外に外国人の友人がいない者のうち、外国人との交流を望む者が 146 名 (62.7%) 望まない者が 6 名 (2.6%)、「どちらでもよい」と答えた者が 78 名 (33.4%) であった。友人関係には至らなくても交流そのものはあるかどうかについての質問（外国人（語学の先生以外）と会話を交わしたことはありますか）に対しては、「全くない」と答えた者が 44 名 (18.9%)、「少しはある」が 169 名 (72.5%)、「かなりある」が 7 名 (3.0%)、「わからない」が 10 名 (4.3%) であった。これらのことから、外国人の友人がいないというのは心理的に拒否しているというよりは、出会う機会や交流の頻度そのものが不足していることによるものであることが推測できる。

2　外国に対するイメージ

　外国に対するイメージに関して「好感を持っている国・地域」と「あまり好感の持てない国・地域」を 3 ヶ国まで挙げてもらうとともに、「今後重視すべき国」を 1 ヶ国挙げてもらった。以下、その結果を検討する。

2-1　好感を持っている国・地域

「好感を持っている国・地域」で上位に挙げられたのはハワイも含むアメリカ（1位から3位までに挙げられたのべ数166、のべ数全体の12.3％）、オーストラリア（同148）、イギリス（同126）、イタリア（同106）、フランス（同92）、ドイツ（同80）といった西欧の国々であったが、唯一韓国（同87）がドイツを上回って上位に食い込んだ（表16-2）。

好感を持つ代表的な理由については、国ごとに特色のある理由が述べられた。例えばハワイは「日本語が通じるから」、アメリカ本土は「自由の国だから」「世界一の国だから」あるいは野球やバスケットボールが盛んだという理由を挙げた者もあった。また、ヨーロッパ諸国については全体として「環境問題に取り組んでいるから」、「第2外国語で習っているから」の他、「芸術と文化の歴史ある国だから」という意見が多く見られた。特にドイツやイタリア、イギリス、スペインはサッカーが盛んな点、イギリスは「ハリーポッター（やホームズ）が好きだから」、イタリアは「料理が美味しそう」という意見が目立った。また、少数派ながらスイスは「永世中立国だから」、スウェーデンやデンマークなどの北欧の国も「社会福祉が充実しているから」という理由で挙げられていた。

オーストラリアやカナダ、ニュージーランドは「自然が多く治安がよさそう」「平和そう」という自然や動物、平和な雰囲気を賛美する意見が多かったが、修学旅行先や語学研修先であることを反映して「旅行に行って、また行ってもいいと思った」という意見も目立った。これは、ニュージーランドも同様であった。

表16-2　高感度の高い国・地域（上位6カ国）

	第1位	第2位	第3位	総合
アメリカ	70	46	50	166
オーストラリア	75	44	29	148
イギリス	49	50	27	126
イタリア	43	36	27	106
フランス	23	44	25	92
韓国	30	28	29	87

隣国・韓国についての代表的な意見は、「近い、安い、親近感がわく」「韓流ブームだから」、というものであるが、「行った時若い人たちは友好的だったから」、「何より情を大切にする国民が多いから」といった直接的な交流を通じて好きになったという回答も多く見られた。一方、中国の場合は「留学生が多い。中国語を勉強している。地理的にも近い」「物価が安く、さまざまな料理があり、おもしろそうだから」「経済成長がめざましいから」といった理由が挙げられた。また、シンガポールも「とってもきれいな国で、ゴミのポイ捨てなど絶対にないから」「教育がしっかりしているから」といった理由で国名が挙がっていた。

全体としてよくマスコミでも取り上げられる有名な国々が挙がっており、その理由もその国のイメージを的確に表しているものが多いように感じた。一方で、その国の言葉を学んでいる、その国に行ったことがある、あるいは親戚や友人が住んでいるといった何らかのかかわりが、当然のことながらその国への親近感を増大させているように思われる。

2-2 好感の持てない国・地域

あまり好感の持てない国については、「北朝鮮」を挙げた者が大半を占めた（1位に選んだものが7割、1位から3位までに挙げられたのべ数420で、全体の35.5％）。次いで、中国（同207）、アメリカ（148）、中東諸国（イラン・イラク・イスラエル・パレスチナ：計138）、韓国（86）との記述が多かった。

特に北朝鮮と日本との関係は、2002年9月に小泉首相（当時）が北朝鮮を訪問、10月に拉致事件の「生存」者5人が帰国するなどたびたびマスコミに取り上げられていたが、この調査期間中の2006年7月に北朝鮮が日本

表16-3 あまり好感の持てない国上位国年度別データ

	2005年	2006年	2009年	合計
北朝鮮	113(60.1)	169(74.1)	64(69.6)	345(68.2)
中国	33(17.6)	14(6.1)	14(15.2)	60(11.9)
アメリカ	16(8.5)	12(5.3)	6(6.5)	34(6.7)
中東	13(6.9)	10(4.4)	5(5.4)	28(5.5)
延べ数	188(100.0)	228(100.0)	92(100.0)	506(100.0)

海に向けて7発の弾道ミサイルを発射するという事件が起こっている。**表16-3**は「あまり好感の持てない国・地域」の第1位として挙げられた国の上位国・地域を調査年度ごとに分けて提示したものであるが、これを見ると、弾道ミサイルが発射された2006年に北朝鮮を挙げる割合が前年の60.1％から74.1％に急上昇していることがわかる。印象がよくない理由としても、2005年の時点では「反日運動や拉致問題などがあるから」「独裁政治だから」という意見が大勢を占めていたが、2006年になると、拉致問題や政治体制への批判に加え「テポドン」、あるいは「ミサイルを発射したりして怖いから」といった意見が圧倒的に多くなっている。

また、中国に対するマイナス・イメージは、2005年は比較的高く、2006年は減少、2009年に再び高くなっている。これについて、まず2003年の場合は、2001年に中国人留学生等による福岡市東区の一家4人殺害事件が起こったこと、2002年に中国重慶で行われたアジア杯サッカーで中国人サポーターが日本選手に対し反日のブーイングを行ったこと（西日本新聞、2004年8月2日）、さらには2003年に「新しい歴史教科書を作る会」が制作し、検定に合格した教科書（扶桑社版）をめぐって中・韓両国から強い反発が起こったこと（西日本新聞、2005年4月10日）など両国間の関係が非常に悪化したことが影響していると思われる。したがって、2005年に中国を挙げた者の理由としては「反日デモをしたから」「サッカーを見てがっかりしたから」というものがいくつか見られた。

2009年においては、ここ数年九州で起こっている光化学スモッグの原因は大陸からの大気汚染ではないかと懸念されていることを反映して（西日本新聞　2007年5月9日）「産業廃棄物出しすぎ。CO_2排出しすぎ」といった意見もあった。また、3回の調査を通して「反日感情が強いから」「相手も嫌っているから」という声が一貫してみられた。これは韓国も同様で、「日本に対して敵対心が強すぎるから」といった理由が好感を持てない理由として挙げられていた。また、アメリカが好感の持てない国であるとする理由としては「治安が悪いから」「薬物や銃など危険物が多い」「日本はアメリカに支配されている感がぬぐえないから」「自分たちが一番と思っているから」

といった意見が出された。アメリカはよきにつけ、悪しきにつけ日本とは切っても切れない国と考えられているようだ。

2-3 重視すべき国

「これから日本が国際的に最も重視していくべき国はどこだと思いますか？ それはなぜですか？」という設問に対して、重視すべき国を1ヶ国挙げてもらったが、これに対しては、調査年度を問わず「中国」と答えたものが圧倒的に多かった（のべ199名、回答者の42.5％）。次いで「アメリカ」（86名、18.4％）、「北朝鮮」（52名、11.1％）、「韓国」（44名、9.4％）であった。中国と答えたものの理由としては、「これからの経済発展が著しいので、今しっかり協定すべき」「土地、労働力、資源がまだ大量にある」など急速な経済発展や市場としての価値に注目する意見が多数を占めたが、「隣の国だし、これからの国際社会で重要な国だと思うから」などアジアの隣国として友好関係を築くべきという意見も多かった。韓国についてもほぼ同様で、「植民地にしていたという事実があるけれど隣国同士協力し合って互いの発展に力を尽くすべきだと思うから」と、これからの友好関係に期待する意見があった。また、経済発展や近隣という理由でインドやシンガポール等の国や東南アジア、アジア諸国という地域を答えたケースもあった。

北朝鮮については、同じ重視でも「拉致問題やミサイルのこともあるし、いま一番注意しなければならない国だと思うから」と、「警戒すべき」という意味で名前を挙げたケースが多かった。また、アメリカを挙げた理由は、「世界の中心的存在だから」「世界的に見て一番権力を持っていそうなのはアメリカだから」「外交、経済、国家安全保障上で最も重要なパートナー国だから」「残念ながら経済的にも軍事的にもアメリカ無しには日本はやっていけないから」「アメリカと国交が切れてしまったら、日本はどうすることもできなくなってしまうと思うから。アメリカの属国のようだから嫌だと思う人もいるかもしれないが、アメリカと縁が切れたらおしまいだと思う」とアメリカの絶大な軍事的政治的力に頼りたい、あるいは頼らざるを得ないという意見が多かった。その他、目立ったものはスウェーデン、フィンランド、

ノルウェーなどの北欧諸国が「福祉制度は見習うべきだと思う」といった理由で挙げられていた点である。

3　在日外国人・留学生に対するイメージ

「日本にいる外国人や留学生に対するイメージはどのようなものがありますか（世間的なもの、あなた自身の意見どちらでも可。実際に困ったことなどあればそれも書いてください）」として、自由記述方式で書いてもらった。それを「肯定的意見」「否定的意見」「中間的意見」に大別した。「肯定的意見」とは「勉強熱心だと思う」「真面目」「日本人よりも積極的」といったプラスイメージの意見に「自分の生まれ故郷を離れて大変だろうなと思う」といった同情的な意見も加えている。また「否定的意見」には「真面目に勉強していないイメージが強い」「外国人による犯罪などで治安が悪くなる」といった直接的な非難や「少し近づきにくい」「話したいけど勇気が出ない」といった消極的意見「急に外国語で話しかけられたとき、どういう対応をすればいいか困った」と実際の交流で困ったという意見、「何も思わない。興味もない」といった無関心なものを含めた。「中間的意見」は、「真面目な人とそうでない人との差が極端だと思う」「みんな熱心に勉強していると思うが、日本人的な『真面目さ』というのはないと思う」という賛否両論型と「いい人もいれば悪い人もいる。私たち日本人と同じ。人間だから特に意識したことはない」「大学入学までは区別するつもりがなくても特別な目で見ていたかもしれないが、入学後は特に気にならなくなった」という特別視しないという意見を振り分けた。

その結果、自由記述をした366名のうち「肯定的意見」として分類される意見を述べた者が212名（57.9%）と6割近くにのぼった。ついで「否定的意見」が110名（30.1%）、「中間意見」が44名（12.0%）となった。

これを異文化交流経験の全くない者（海外経験もなく、学内外に外国人の友人がいないとするもの）と異文化交流経験がある者（海外旅行経験があり、学内か学外に外国人の友人がいるもの）とを抽出し、比較してみると、非常に興味深い結果が得られた。すなわち、図16-6に示されるように、異文化経験があるもの

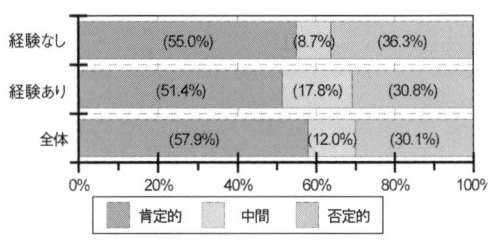

	肯定的	中間	否定的
経験なし	(55.0%)	(8.7%)	(36.3%)
経験あり	(51.4%)	(17.8%)	(30.8%)
全体	(57.9%)	(12.0%)	(30.1%)

図 16-6　異文化交流経験別外国人・留学生のイメージ

の方が「中間的意見」を述べる割合が高かったのである。

　実際のコメントの中味をみても、交流経験がないものの肯定的意見は「真面目で頭良さそうなイメージ」「フレンドリーなイメージ」など、単なる印象を語るものが多かったが、交流経験のあるものは、「留学生は学校に通うためにアルバイトなどを多くしていて、大変そうだ」「高校の時の留学生は自然とひとりぼっちになっていたりして大変だと思った」などとより具体的な例を挙げて「大変そうだ」と留学生の立場を思いやる意見が多くみられた。ただし、異文化経験があるものは「否定的意見」としても、具体的に国名を挙げて「図書館で大声でしゃべるし、携帯でも普通にしゃべる。マナーモードにもしていない」などと批判する場合も散見された。ただ、異文化経験がないものより多かった「中間的意見」として、異文化経験があるものは、賛否両論を述べる意見の他に「そういう特別な視線で見たことはない」（2度以上の渡航歴、学内外に複数の友人有り）、「別に外国人だからと気にしなくても大丈夫だと思う。そうやって壁を作りたくない」（2度以上の渡航歴、学外に友人有り）と双方の壁を作らない考えを有するものも目立った。もちろん、交流経験が全くないものでも「彼らにしてみれば日本人が留学するのと同じようなものだ」という意見を述べるものもあり、直接的な異文化経験をしなければ偏見のない（あるいは肯定、否定に偏らない）国際感覚は育たないというわけではないが、外国の文化や外国人に対して直接的な経験はやはりバランスの良い国際感覚の一助にはなり得ると思われる。

おわりに

　今回質問紙調査を行った学生のうち、海外旅行の経験がある者が約4割、学内に外国人の友人がいるという者が約4割、学外にいる者は約3割という状況であった。全体として半分に満たない数ではあるが、外国人登録者の割合（約2％）や外国人留学生の割合（約3％）からすれば、若い人たちは予想以上に交流しているといえるのではないだろうか。また、交流経験のないものも、その6割以上が外国人との交流を望んでおり、今後はさらにさまざまな形で交流の機会を提供する必要があるといえる。

　次に国のイメージについては、直接的交流というよりもマスコミによるイメージが先行する状況にあるといえる。特に北朝鮮に対するマイナス・イメージは弾道ミサイルが発射された2006年より大きく跳ね上がっている。もちろん、好感の持てる国については、「行ったことがある」「知人・親戚がいる」「第2外国語として学習している」という何らかの関係がその国への親近感の増大につながる傾向は確認できた。

　特に、中国・韓国に関しては、九州という地域性を反映してか、渡航する割合も高く、韓国は好感を持つ国の上位に、中国は最も重視すべき国の第1位に選ばれていた。しかし、その一方で、「相手も嫌っているから」「反日感情が強いから」という理由で好感の持てない国としても挙げられ、さらには留学生や外国人に対するイメージの中でも国名を挙げて批判する対象に中国、韓国の名前が挙げられるケースもあった。この原因としては、昔からいわれるアジア蔑視の感情に加えて、中国人による殺人事件や反日運動などの報道により、マイナス・イメージが増長されたということもあるだろうし、やはり一番多く接する機会の多いのが中国、韓国人留学生であることから、いくつかの文化摩擦もあったのだろうと思われる。

　しかし、この点に関しては、異文化交流経験が多いものほど「特別視しない」「良いところもあれば悪いところもある」という意見を多く述べていた点に注目したい。すなわち、直接的な異文化体験・異文化交流の機会をさらに増大させることができれば、留学生を中心とする外国人とも自然体で交流

できるようになり、お互いの価値観や態度の違いを素直にぶつけ合いながら、一方的で一面的な理解ではなく、双方向からの多面的な理解ができるようになるのではないだろうか。そのためにも、せっかくの機会があっても、「話したいけど勇気が出ない」「少し近づきにくい」「どういうふうに話しかけたらいいかよくわからない」といって尻込みしてしまいがちな日本人学生（留学生達にも同じことがいえるのかもしれないが）に対して、その背中を押すことができるような教育がこれからの国際教育に求められるのではないかと考える。

注

1　韓国・朝鮮の帰化許可者数は 1999 年から 2008 年までの 10 年間で毎年約 1 万人前後（2008 年は 7,412 人）となっている。一方中国からの帰化許可者は毎年 4 千〜5 千人である（2008 年は 4,322 人）。

引用・参考文献

修学旅行情報センターＨＰ　「平成 20 年度全国公私立高等学校海外（国内）修学旅行・海外研修実施状況調査報告」。(http://shugakuryoko.com/)
首相官邸ＨＰ「アジア・ゲートウェイ構想」。(http://www.kantei.go.jp/)
『西日本新聞』2004 年 8 月 2 日、2005 年 4 月 10 日、2007 年 5 月 9 日。
日本学生支援機構ＨＰ「平成 20 年度外国人留学生在籍状況調査結果」。
　　(http://www.jasso.go.jp/statistics/intl_student/data08.html)
防衛省ＨＰ『防衛白書平成 19 年版』。(http://www.clearing.mod.go.jp/)
法務省入国管理局ホームページ（以下ＨＰ）「平成 20 年における外国人入国者及び日本人出国者数について」他。(http://www.moj.go.jp/)
文部科学省ＨＰ『文部科学白書 2007』、『『英語が使える日本人』育成のための行動計画」、「小学校英語活動実施状況調査（平成 19 年度）」「我が国の留学生制度の概要」「留学生 30 万人計画」骨子、「平成 20 年度高等学校等における酷さ際交流の状況について」他。(http://www.mext.go.jp/)

あとがき

　本書は望田研吾教授の九州大学大学院人間環境学研究院定年退職記念事業の一環として企画されたものである。望田研吾先生は、イギリス研究を出発点とされ、以来、長年にわたって日本及び世界の比較教育学の研究をリードしてこられた。このことは先生が、九州教育学会会長、日本比較教育学会会長、アジア比較教育学会会長、そして世界比較教育学会理事をご歴任されたことからも明瞭である。ローカルからグローバルまで、多くの教育・研究者から厚い信望を集めると共に、先生は教育学、特に比較教育学の発展に寄与されてこられた。また、九州大学においても望田先生は、学部や大学院で教鞭をとるばかりでなく、大学運営においては教育学部長をはじめ、IDE 大学協会九州支部を理事として支えられるなど、FD や大学評価の礎を築いてこられた。

　望田先生はイギリス教育の研究では長年、指導的立場におられるが、比較教育学者として、日本・アジアの教育研究も重視され、これまでにアジアの中等教育の多様化研究や教育の国際化の研究プロジェクト等も企画、運営されてこられた。これらのプロジェクトには私たちも参加させていただき、研究会では研究の方向性やプロジェクト運営の方法について的確なアドバイスを頂いた。また、現地調査の実施では、国際共同研究の進め方など、多くの貴重な経験をさせていただいた。この他、九州大学内で教育人類学の専門領域と共同した『国際教育文化研究紀要』の発行は、旧比研（比較教育文化研究施設）紀要に代わる研究誌となり、これまでの伝統を引き継ぐばかりでなく、新しい研究成果を発表する貴重な場となり、望田先生と同じ研究の「途」を歩む私たちにとって大変な励みとなった。

　本書が望田先生の編集で、先生の薫陶を受けた後輩、元指導学生が、現在

の、それぞれの研究課題やフィールドから、書名でもある「21世紀の教育改革と教育交流」というテーマに集い、論文を上梓できたことは、退職記念事業の世話人として、少しは望田先生のご恩に報いることができたのではないかと思っている。

　もっとも、私たちの力不足からまだまだ研究、調査が不十分であることは重々承知しているつもりである。しかし、研究の一つの区切りとして、また、グローバル化が進む今日の教育研究への道標として、本書が活用されれば幸いである。

　本書は、望田研吾先生のご退職を期して刊行される予定であったが、諸般の事情で発行予定日が数ヶ月延びることとなった。刊行を引き受けて下さった東信堂の下田勝司社長には、本書の企画から発行まで、大変お世話になった。途中、何かとご迷惑もおかけしたが、こうして出版の運びとなったことに心より感謝申し上げたい。

　　平成２２年４月

望田研吾教授退職記念事業会
世話人代表　　稲葉継雄
竹熊尚夫

執筆者紹介

序・1		望田　研吾	編者紹介参照
2		坂本真由美	九州龍谷短期大学保育学科准教授
3		飯田　直弘	九州大学大学院人間環境学研究院助教
4		木村ゆり子	佐賀大学留学生センター非常勤講師
5		川野　哲也	山口学芸大学教育学部専任講師
6		川上　具美	九州大学大学院人間環境学府博士課程
7		松尾　智則	中村学園大学短期大学部教授
8		王　　暁燕	中国教育部国家教育発展研究中心准教授
9		長濱　博文	九州女子大学人間科学部専任講師
10		中里　　彰	九州国際大学経済学部教授
11		平田　利文	大分大学教育福祉科学部教授
12		森下　　稔	東京海洋大学海洋工学部准教授
13		日下部達哉	広島大学教育開発国際協力研究センター准教授
14		竹熊　尚夫	九州大学大学院人間環境学研究院准教授
15		白土　　悟	九州大学留学生センター准教授
16		竹熊　真波	福岡国際大学国際コミュニケーション学部准教授

索　引

〔欧字〕

CTC（City Technology College）
　→シティ・テクノロジー・カレッジ
Education Action Zones：EAZ
　→教育アクションゾーン
Goal 2000（Educate America Act）　111,112
ICT（Information Communication and Technology）
　　　　　　　　　　　　　　　59,60-62
LEPP　　　　　　　　　　　　　　　40
NGO　　　　　　　　　　　　　　　227
OECD　　　　　　　　　　　　　　16
PFI　　　　　　　　　　　　　　　84
PISA　　　　　　　　　　　　　17,18
PPP　　　　　　　　　　　　　　　86

〔ア行〕

アイデンティティ　　　17,160,187,188,244
アカウンタビリティ　　　　　　　　15,25
アカデミー（Academies）　52,82,89,90,93
アファマティブ・アクション　　　　　101
イスラム　　　　　　　　　　　　　121
イスラム教　　　　　　　　　　　　120
落ちこぼしのない教育法（No Child Left
　Behind 法：NCLB 法）　　　　106,121
オルタナティブスクール　　　　　　206

〔カ行〕

外国人学校　　　　　　　　　　　　239
外国人留学生　　　　　　　　　　　259
価値教育　　　　　　　　153,157,158,182
価値相対主義　　　　　　　　　　　157
価値地図　　　　　　　　　　　160,161
学校間協働　　　31-33,35,40,44,45,46,50
学校選択　　　　　　　　　　25,51,106
学校理事会　　　　　　　　　　25,28,43
学校連合　　　　　　　　　　33,34,39,40
学校を基盤とした経営（School Based
　Management：SBM）　　　　　　　212
学校を基盤とするカリキュラム開発
　（School Based Curriculum Development：SBCD）
　　　　　　　　　　　　　　　　　209
『危機に立つ国家』（A Nation At Risk）
　　　　　　　　　　　　　106,111,114
ギデンズ（Giddens, A.）　　　　　　　5
機能的非識字　　　　　　　　　　　174
義務教育　　　　　　　　189,205,218,221
キムリッカ（Kymricka, A.）　　241,248
キャメロン（Cameron, D.）　　　　　49
キャラクター・エデュケーション　　166
教育アクションゾーン（Education Action
　Zones：EAZ）　　　27,40,51,82,88,93
教育技能省（Department for Education and
　Skills：DSES）（イギリス）　　34-36
　　　　　　　　　　　　　　43,70,71,73
教育雇用省（Department for Education and
　Employment：DfEE）（イギリス）　27,70
教育省（アメリカ）　　　　　　　　111
教育水準・質の保証評価事務局（タイ）　208
教育水準局（Office for Standard in Education
　：Ofsted）（イギリス）　　　36,56,240
教育統計　　　　　　　　　　　　　126
教育部（中国）　　　　　　　　139,254
教員契約任期制　　　　　　　　　　148

教員研修	144,145,148	新自由主義	9-11,14,19,20-22,51,85
教員資格制度	146	頭脳流出	170,180
教師教育	137	スペシャリスト・スクール	29,32,43,51
教授用語	179	総合制中等学校	27,28,31,48
近代化論	246	粗就学率	217

グローバリゼーション　187,200,209,249

契約任期制　143

〔タ行〕

校長責任制　141-143,148

高等教育	181,254	第三共和国	135

コーポラティブ・トラスト・スクール

（Co-operative Trust School：CTS）	46,52	第3の道	50
国際教育	269	多文化市民権	241
国際的資質	271	単一公有制度	141
国内比較（intra-national）	224	知識経済	140,262
個人化	34,72,77,78	チャータースクール	105
国家教育委員会（中国）	142,146	中華人民共和国義務教育法	144
子ども・学校・家族省（イギリス）	47,75	中等教育	29,180,182,201,270,273
		デューイ（Dewey, J.）	100,154
		デルファイ調査法	194
		道徳教育	153
		土日補習校	240,243
		トラスト・スクール	41-44,46,50
		ドロニラ（Doronila, M.）	178

〔サ行〕

〔ナ行〕

サービスランニング	107	内発的発展論	223
再生産理論	102	ナショナリズム	22,40,160
在日外国人	285	ナショナル・カリキュラム（National	
サッチャー（Thatcher, M.）	13,83	Curriculum）	15,30,56,85
シグナリング	231	ナショナル・スタンダード	110,114
資質教育	140	2001年基礎教育カリキュラム	186
市場原理	10,12,14,85,139,150,151	日本留学試験	274

下からのグローバリゼーション　20-22

〔ハ行〕

シティ・テクノロジー・カレッジ	26,31		
	87,92,93		
シティズンシップ（citizenship：市民性）	238	ハイステークス・テスト	114,122,123
シティズンシップ（市民性）教育	103,153	パクヤワン制	173
	185,190	バランガイ・ハイ・スクール	181
自費留学	253	万人のための教育世界宣言（Education for	
社会主義市場経済	137	All：EFA）	216,225
宗教学校	229,240	評価の同等（General parity of esteem）	70,76
従属理論（dependency theory）	222		
初等教育	157,177,179,270,273		
ショルテ（Sholte, A.）	6		

標準テスト（Standardized Tests）
　　　　　　　　　110,113,117,118
ファンデーションステージ　　59,60
フィリピン2000年開発計画　　158
ブレア（Blair, T.）　　41,74,82,84
フレイレ（Freire, P.）　　　　　21
ベック（Beck, U.）　　　　　　7, 8
ヘルド（Held, D.）　　　　　　　5
母語（mother tongue）　　　　237
ポパー（Popper, K.）　　　　　99
ホプキンス（Hopkins, D.）　40,41

〔マ行〕

マイノリティ　　　99,102,103,122,
　　　　　　　　　237-239,243,245
マカバヤン（Makabayan）　158,159

マドラサ　　　　　　　　　　229
マルチレベル分析　　　　　　224
民営化　　　　　　12,13,49,84,87
民主主義　　96,97,101,105,186
民族学校　　　　　　　　242,245

〔ラ行〕

リーグ・テーブル　　　　　36,39
リーディングエッジ・スクール　35,41
リーディングエッジ・パートナーシップ・
　プログラム（Leading Edge Partnership
　Programme : LEPP）　　　　35
リコーナ（Lickona, T.）　　　166
留学生　　　　　　　　　251,259
「留学生10万人計画」　　　　274
「留学生30万人計画」　　　　275

編著者紹介

望田　研吾（もちだ　けんご）

1947年生まれ。1974年九州大学大学院教育学研究科博士課程単位取得退学。1976年ロンドン大学教育インスティテュート大学院修士課程修了。島根大学教育学部専任講師、九州大学教育学部助教授、同教授、九州大学大学院人間環境学研究院教授を経て、九州大学名誉教授。現在、九州産業大学国際文化学部特任教授。前日本比較教育学会会長。アジア比較教育学会会長。博士（教育学）。

主要著書等

『現代イギリスの中等教育改革の研究』（九州大学出版会、1996年）、『現代教育学を学ぶ』（共編著、1996年、北樹出版）、『比較教育学の理論と方法』（共訳、東信堂、2000年）、*Common Interests, Uncommon Goals: Histories of the World Council of Comparative Education Societies and its Members*（共著、Springer、2007年）ほか

21世紀の教育改革と教育交流

2010年7月20日　初　版第1刷発行　　　　　　　　〔検印省略〕

定価はカバーに表示してあります。

編著者ⓒ望田研吾／発行者 下田勝司　　　　印刷・製本／中央精版印刷

東京都文京区向丘1-20-6　　郵便振替 00110-6-37828

〒113-0023　TEL (03)3818-5521　FAX (03)3818-5514　　発行所　株式会社 東信堂

Published by TOSHINDO PUBLISHING CO., LTD.
1-20-6, Mukougaoka, Bunkyo-ku, Tokyo, 113-0023 Japan
E-mail : tk203444@fsinet.or.jp　http://www.toshindo-pub.com

ISBN978-4-7989-0007-0 C3037　　　　　Ⓒ K., Mochida

東信堂

比較教育学——越境のレッスン	M・ブレイ編 馬越徹・大塚豊監訳	三六〇〇円
比較教育学——伝統・挑戦・新しいパラダイムを求めて	馬越徹・大塚豊監訳	三八〇〇円
世界の外国人学校	末福嘉津誠治編著	三六〇〇円
ヨーロッパの学校における市民的社会性教育の発展——フランス・ドイツ・イギリス	新井浅孝美典編著	三八〇〇円
世界のシティズンシップ教育——グローバル時代の国民／市民形成	嶺井明子編著	二八〇〇円
市民性教育の研究——日本とタイの比較	平田利文編著	四二〇〇円
多様社会カナダの「国語」教育（カナダの教育3）	関口礼子編著	三八〇〇円
国際教育開発の再検討——途上国の基礎教育普及に向けて	小川啓一・西村幹子・北村友人編著	二四〇〇円
中国教育の文化的基盤	大塚豊達	二九〇〇円
中国大学入試研究——変貌する国家の人材選抜	大塚豊	三六〇〇円
中国高等教育独学試験制度の展開	南部広孝	三二〇〇円
大学財政——世界の経験と中国の選択	大塚豊監訳	三四〇〇円
中国の民営高等教育機関——社会ニーズとの対応	呂達龍威	四六〇〇円
「改革・開放」下中国教育の動態	阿部洋編著	五四〇〇円
中国の職業教育拡大政策——江蘇省の場合を中心に	劉文君	五〇四八円
中国の後期中等教育の拡大と経済発展パターン——江蘇省と広東省の比較	呉琦来	三八二七円
中国高等教育の拡大と教育機会の変容	王傑	三九〇〇円
バングラデシュ農村の初等教育制度受容	日下部達哉	三六〇〇円
オーストラリア学校経営改革の研究——自律的学校経営とアカウンタビリティ	佐藤博志	三八〇〇円
オーストラリアの言語教育政策——多文化主義における「多様性」と「統一性」の揺らぎと共存	青木麻衣子	三八〇〇円
マレーシア青年期女性の進路形成	林初梅	四六〇〇円
「郷土」としての台湾——郷土教育の展開にみるアイデンティティの変容	鴨川明子	四七〇〇円
戦後台湾教育とナショナル・アイデンティティ	山崎直也	四〇〇〇円

〒113-0023 東京都文京区向丘1-20-6 TEL 03-3818-5521 FAX 03-3818-5514 振替 00110-6-37828
Email tk203444@fsinet.or.jp URL:http://www.toshindo-pub.com/
※定価：表示価格（本体）＋税

東信堂

グローバルな学びへ――協同と刷新の教育	田中智志編著	二〇〇〇円
教育の共生体へ――ボディ・エデュケーショナルの思想圏	田中智志編	三五〇〇円
人格形成概念の誕生――近代アメリカの教育概念史	田中智志	三六〇〇円
社会性概念の構築――アメリカ進歩主義教育の概念史	田中智志	三八〇〇円
教育の自治・分権と学校法制	結城忠	四六〇〇円
ミッション・スクールと戦争――立教学院のディレンマ	前田一男編 老川慶喜	五八〇〇円
教育の平等と正義	大桃敏行・中村雅子・後藤武俊訳 K・ハウ	三三〇〇円
教育制度の価値と構造	井上正志	四二〇〇円
学校改革抗争の100年――20世紀アメリカ教育史	D・ラヴィッチ著 末藤・宮本・佐藤訳	六四〇〇円
国際社会への日本教育の新次元――今、知らねばならないこと	関根秀和編	一二〇〇円
フェルディナン・ビュイッソンの教育思想――第三共和政初期教育改革史研究の一環として	尾上雅信	三八〇〇円
ヨーロッパ近代教育の葛藤――地球社会の求める教育システムへ	太田美幸	三二〇〇円
多元的宗教教育の成立過程――アメリカ教育と成瀬仁蔵の「帰一」の教育経験・他者・関係性	関啓子編	三六〇〇円
文化変容のなかの子ども	大森秀子	三六〇〇円
教育的思考のトレーニング	高橋勝	二三〇〇円
いま親にいちばん必要なこと――「わからせる」より「わかる」こと	相馬伸一	二六〇〇円
NPOの公共性と生涯学習のガバナンス	春日耕夫	二六〇〇円
教育と不平等の社会理論――再生産論をこえて	大森秀子	三六〇〇円
オフィシャル・ノレッジ批判――保守復権の時代における民主主義教育	高橋満	二八〇〇円
新版 昭和教育史――天皇制と教育の史的展開	小内透	三二〇〇円
地上の迷宮と心の楽園〈コメニウス〔セレクション〕〉	M・W・アップル著 野崎・井口・小澤・池田監訳	三八〇〇円
〈現代日本の教育社会構造〉（全4巻）〈第1巻〉教育社会史――日本とイタリアと	J・コメニウス 藤田輝夫訳	三六〇〇円
	久保義三	一八〇〇円
	小林甫	七八〇〇円

〒113-0023 東京都文京区向丘1-20-6　TEL 03-3818-5521　FAX03-3818-5514　振替 00110-6-37828
Email tk203444@fsinet.or.jp　URL:http://www.toshindo-pub.com/
※定価：表示価格（本体）＋税

東信堂

転換期を読み解く――時評・書評集	潮木守一	二六〇〇円
大学再生への具体像	潮木守一	二五〇〇円
フンボルト理念の終焉？――現代大学の新次元	潮木守一	二五〇〇円
いくさの響きを聞きながら――横須賀そしてベルリン	潮木守一	二四〇〇円
国立大学・法人化の行方――自立と格差のはざまで	天野郁夫	三六〇〇円
大学の責務	D・ケネディ著／立川明・井上比呂子訳	三八〇〇円
私立大学マネジメント	立川明・坂本辰朗 ㈳私立大学連盟編	四七〇〇円
30年後を展望する中規模大学	市川太一	二五〇〇円
もうひとつの教養教育――マネジメント・学習支援・連携	近森節子編著	二三〇〇円
政策立案の「技法」――職員による教育プログラムの開発	伊藤昇編著	二五〇〇円
大学の管理運営改革――職員による大学行政政策論集	杉原武一編著	三六〇〇円
教員養成学の誕生――弘前大学教育学部の挑戦	福島裕敏編著 遠藤孝夫	三六〇〇円
改めて「大学制度とは何か」を問う――日本の行方と諸外国の動向	舘昭	一一〇〇円
戦後日本産業界の大学教育要求	舘昭	五四〇〇円
原点に立ち返っての大学教育改革	飯吉弘子著	五四〇〇円
――経済団体の教育言説と現代の教養論		
現代アメリカの教育アセスメント行政の展開	北野秋男編	四八〇〇円
――マサチューセッツ州（MCASテスト）を中心に		
アメリカの現代教育改革	松尾知明	二七〇〇円
――スタンダードとアカウンタビリティの光と影		
現代アメリカのコミュニティ・カレッジ	宇佐見忠雄	二三八一円
――その実像と変革の軌跡		
アメリカ連邦政府による大学生経済支援政策	犬塚典子	三八〇〇円
戦後オーストラリアの高等教育改革研究	杉本和弘	五八〇〇円
大学教育とジェンダー	ホーン川嶋瑶子	三六〇〇円
――ジェンダーはアメリカの大学をどう変革したか		
〔講座「21世紀の大学・高等教育を考える」〕		
大学改革の現在〔第1巻〕	有本章編著	三三〇〇円
大学評価の展開〔第2巻〕	山野井敦徳・山本眞一編著	三三〇〇円
学士課程教育の改革〔第3巻〕	絹川正吉・舘昭編著 清水一彦	三三〇〇円
大学院の改革〔第4巻〕	江原武一・馬越徹編著	三三〇〇円

〒113-0023 東京都文京区向丘1-20-6
TEL 03-3818-5521　FAX 03-3818-5514　振替 00110-6-37828
Email tk203444@fsinet.or.jp　URL:http://www.toshindo-pub.com/

※定価：表示価格（本体）＋税